家康伝説の謎

渡邊大門 編

草思社文庫

はじめに

徳川家康が亡くなったのは元和《げんな》二年（一六一六）四月十七日なので、今年（平成二十七年・二〇一五年）は四百回忌ということになる。

戦国時代から江戸幕府の開幕に至るまで、天下人と称された三人の人物がいた。織田信長、豊臣秀吉、そして徳川家康である。

この中で、圧倒的な人気を誇るのが信長である。最近の研究により、政策の革新性などが否定されたという側面はあるが、歯向かう大名を次々と打ち滅ぼす気性の激しさや謎の最期など、話題には事欠かない。次に人気がある秀吉は、太閤《たいこう》検地、刀狩《かたながり》、伴天連《ばてれん》追放令など、高校の教科書にも出てくる政策を次々と実行したアイデアマンである。出自は賤《いや》しいながらも、頭脳は明晰で機転が利き、親しみやすい性格と立身出世伝が人気の源泉となった。

肝心の家康は、いささか分が悪く、地味な印象が強い。信長、秀吉の下でコツコツと実績を積み重ね、二人の死後、大した苦労もなく天下を掌握したように思われている。一応、関ヶ原の戦い、大坂の陣という修羅場は潜り抜けているものの、何となく「棚からぼた餅」というイメージがあるのだ。

これまで家康は、小説などで「腹黒い」「ずる賢い」「狸親父」というダーティーな書き方をされてきた。特に、豊臣秀頼《ひでより》に対しては、無理難題を吹っ掛けて、最初から滅亡に追い込もうとしたと思われている。しかし、それは俗説によるところが多く、家康に関しては改められなくてはならない点が多々あると言えよう。本書はそうした疑問に答えるべく、編まれたものである。

それでは、本書の構成を確認しておこう。

第一部「権力確立期の家康」では、主として、三河時代や信長と同盟関係にあった頃を対象としている。草創期の家康は、織田、今川、武田、北条などの大名と渡り合いながら、独自の強固な家臣団を編制し、本能寺の変後も生き残った。こうした経緯を確かな史料で跡づけ、論証した。

第二部「豊臣政権下の家康」では、豊臣秀吉に従った家康の動向を追っている。この頃の家康は、秀吉の配下でありながらも、したたかに行動した。小牧《こまき》・長久手《ながくて》の戦いにおける謎、また江戸を本拠地に選んだ謎などを究明し、豊臣政権末期における五大老としての立場、さらに石田三成との関係にも論及した。

第三部「関ヶ原の戦い・大坂の陣における家康」では、家康のターニングポイントとなった二つの合戦の分析を行った。小山評定《おやまひょうじょう》や「直江《なおえ》状」の真偽、そして大坂の陣に至るまでの多くの謎に迫っている。

第四部「家康の戦略」では、まず三河時代以降の家康の戦さの実態について取り上げ、さらに家康による大名統制の仕方や、対天皇・公家政策を取り上げた。家康が「真の天下人」となるためにとった戦略を考える上で、いずれも興味深いテーマである。

これまで漠然と信じられてきた家康のイメージは正しいのだろうか。小説やテレビなどで描かれている家康の姿や言動は本当に正確なのだろうか。家康のファンでなくても、誰もが感じることだろう。本書は、そうした疑問にも答えるはずである。

なお、本書では読みやすさを重視して、細かい研究文献の注記を省略し、また難解な史料の掲出もあえて控えるようにした。興味のある項目から読んでいただいても構わないし、最初から順番に読んでいただいても構わない。

きっと、読者諸氏の家康観が大きく変わるはずだ。

家康伝説の謎

目次

第四章　家康と本能寺の変をめぐる謎　87

第二部 豊臣政権下の家康

第七章　豊臣五大老としての家康　151

第八章　最初から家康は石田三成と仲が悪かったのか？　170

第十二章　方広寺鐘銘事件の真相とは？　

第十四章　家康はどのように大名統制を進めたか？　309

第十五章 家康と天皇・公家衆 330

第一部

権力確立期の家康

第一章 「徳川四天王」の実像

「徳川四天王」と「徳川三傑」

「徳川四天王」とは、酒井忠次《さかいただつぐ》・本多忠勝《ほんだただかつ》・榊原康政《さかきばらやすまさ》・井伊直政《いいなおまさ》の四人を一括した総称である。しかし、家康時代の徳川家中において、この四人が揃って同等の格式・権限を付与されて活動したわけではない。四人の子孫が、江戸時代に譜代大名として高位にあったことを前提とした総称だろう。

また、「四天王」から酒井忠次を除き、本多忠勝・榊原康政・井伊直政を「徳川三傑」とする総称も存在する。酒井忠次の場合、家康の年少期から岡崎松平《おかざきまつだいら》氏（徳川氏の前身）の重臣として活動していたが、本多忠勝・榊原康政・井伊直政の三人は、いずれも家康の側近から直轄軍団の指揮官に取り立てられて戦歴を重ね、さらに同時期に領域支配を開始するようになった。「四天王」よりは、相対的に実態に合致した総称である。

ところで、家康の家臣団については、三河武士とほぼ同義で語られることもある。さらに、江戸時代に形成された創業伝説によると、徳川氏（岡崎松平氏）は家康の祖父清康《きよやす》の代に、安城《あんじょう》→山中《やまなか》→岡崎の順に本拠地を移転しており、家臣団を主従関係形成の時期で分類する「安城譜代」「山中譜代」「岡崎譜代」という概念も存在する。清康の代よりも前から仕えてきた家が「安城譜代」、清康の代よりも後に仕えた家が「山中譜代」「岡崎譜代」である。

しかし、家康の人材登用は、三河国の出身であること、由緒の古い家柄であることを、必ずしも重視していなかった。「四天王」「三傑」でも、井伊直政は遠江《とおとうみ》国の出身であり、榊原康政は数代前に伊勢国から三河国に移住した一族の出身だった。

そもそも、徳川氏は家康の代に初めて三河国を統一したのであって、譜代と新参（特に家康の勢力拡大によって従属した国衆《くにしゅう》）では、主従関係に相応の濃淡があった。さらに譜代についても、しばしば謀反人や内通者が現れており、家康としては無条件に信頼することはできなかった。そのため、家康は自身との情義的結合を拠所とする側近集団を育成し、やがて本多忠勝・榊原康政・井伊直政の地位を引き上げたのである。

なお、「四天王」「三傑」の生年に着目すると、酒井忠次は大永七年（一五二七）、本多忠勝・榊原康政は天文十七年（一五四八）、井伊直政は永禄四年（一五六一）であり、天文十一年（一五四二）に生まれた家康にとって、忠次は一世代上の年長者、忠勝・康政はほぼ同世代の年少者、直政は一世代下の年少者にあたった。

家康の家中運営を概観すると、まず熟練した手腕を有する年長の酒井忠次を重用しつつ、側近たちの成長に応じて、その権限を順次強化していき、最終的に本多忠勝・榊原康政・井伊直政に突出した地位を与えた、と整理することもできる。

酒井一族の由緒と左衛門尉家

伝承によると、徳川氏と酒井氏は、三河松平一族の初代とされる松平親氏《ちかうじ》を共通の祖先としていた。親氏は松平郷の有徳人太郎右衛門尉《うとくにんたろうえもんのじょう》の婿となる前に時宗僧《じしゅう》として活動しており、坂井郷で妾《めかけ》との間に子息をもうけたことがあり、のちにその子息は松平氏に仕え、酒井氏の祖になったとされる（『三河物語』など）。事実とは認め難いものの、血脈によって、徳川家中における酒井氏の家格の高さを説明しようとする伝承であろう。

徳川氏の重臣としての酒井氏は、左衛門尉《さえもんのじょう》家・雅楽助《うたのすけ》家に分立しており、忠次は左衛門尉家の系譜に属した。

岡崎松平氏の重臣が、弘治三年（一五五七）十一月に三河浄妙寺《じょうみょうじ》へ不入《ふにゅう》特権を安堵した連署状を参照すると、署名者七人のうち、酒井一族として将監忠尚《しょうげんただよし》・雅楽助政《まさ》家《いえ》・左衛門尉忠次の三人が確認される。当時の岡崎松平氏は、駿河今川氏に従属しており、家康が一門格として駿府に常時在府する立場となり、今川氏の城番が岡崎城に入るなど、自立性を著しく制限されたものの、酒井一族を中心とする統治機構はある程度維持されていたのである。

なお、『三河物語』によると、家康の父広忠《ひろただ》は、雅楽助家の政家を重用しており、「酒井左衛門尉」は広忠に対し、政家の排斥を求めて拒絶され、一時的に岡崎松平氏の家中から離脱したという。この逸話との関連性は不明確だが、忠次の兄（叔父とも）とされる将監忠尚は、広忠時代に岡崎松平氏に敵対している。あるいは、忠次は忠尚の造反に同調せず、家中にとどまったことから、左衛門尉家の家督継承を認められたのかもしれない。

結局、忠尚は広忠死去の前後に岡崎松平氏の家中に復帰して、政家・忠次と同じく重臣として政務に参与した。さらに、忠尚は三河上野《うえの》城主として独自の勢力を形成しており、今川氏も忠尚の配下を「上野衆」と称し、「岡崎衆」とは別個の存在として認識していた。榊原康政の父長政《ながまさ》や、のちに家康の腹心となる本多正信《まさのぶ》も、もともとは「上野衆」の所属であった。

家康・忠次体制の成立

今川氏が永禄三年（一五六〇）五月の桶狭間《おけはざま》の戦いで大敗すると、家康はその直後に岡崎城に復帰し、岡崎松平氏の自立性を回復させた。初期の家康は、今川方から明確に離反しておらず、同年には尾張緒川《おがわ》城（愛知県東浦町）の水野信元《みずののぶもと》と石ヶ瀬《いしがせ》で交戦している。そして、酒井忠次はこの合戦における覚重成の軍功を家康に上申しており、今川氏の岡崎支配が解消され、家康が実権を掌握した段階でも、重臣の地位を保っていたことを確認できる。

さらに永禄四年（一五六一）に入ると、家康は今川氏に敵対する姿勢を鮮明化させ、東三河に出兵するようになった。この対今川氏戦争において、酒井忠次はしばしば別働隊を指揮し、家康の本隊と連携して、今川方の軍勢と交戦したとされる。長篠《ながしの》の戦いにおける鳶ヶ巣山《とびがすやま》奇襲、小牧《こまき》の陣における羽黒《はぐろ》の戦いなど、徳川軍が大規模な別働隊を運用する場合に、酒井忠次がその指揮を執る体制は、家康の岡崎城復帰から間もなく成立したのであろう。

また、相模国の北条氏康《うじやす》は、縁戚関係にある今川氏の苦境を憂慮し、家康に今川方との和平を勧告するに当たって、特に酒井忠次に家康の説得を要請している。北条氏の認識において、忠次が家康の右腕として位置づけられていたことが判明する。

結局、家康は永禄八年（一五六五）に今川方の勢力を東三河から排除し、さらに酒井忠次を吉田《よしだ》城（愛知県豊橋市）に配置して、東三河における諸領主の統制や、寺社権益の保護・認可などを委任するようになった。つまり、家康は三河国全体に拡大した版図を支配する上で、忠次に領国運営に関する権限を分与したのである。

なお、江戸時代の史書では、三河国統一後の家康が、酒井忠次を東三河の旗頭《はたがしら》、石《いし》川家成《かわいえなり》を西三河の旗頭に起用して、従属国衆や城主（田原《たはら》城〈愛知県田原市〉の本多広《ひろ》孝《たか》や西尾《にしお》城〈愛知県西尾市〉の酒井政家）を指揮させるようになり、家成が遠江懸川《かけがわ》城（静岡県掛川市）に転出すると、同族の数正《かずまさ》が西三河の旗頭を引き継いだ、という構図が語られており、近代以降の徳川氏研究にも踏襲された。しかし、近年の研究は、一五六〇年代から一五八〇年代にかけて、石川家成・数正が酒井忠次に次ぐ地位にあったことを認めながらも、西三河全体を統括・支配する権限は付与されていなかったことを指摘しており、忠次の特別な立場を一層浮き彫りにしている。

このように、家康は独立を機に酒井忠次を重用しつつも、酒井政家を西三河の西尾城に配置し、同城が所在する幡豆《はず》郡の経略を担当させた。酒井左衛門尉家・雅楽助家を両立させ、かつ政家の老練な手腕を活かそうとする配慮であった。その一方で、酒井忠尚は三河一向一揆に際して家康に敵対したために没落し、忠尚配下の上野衆も解体して、家康の直臣として再編されることになった。

ところで、酒井忠次の妻は、家康の叔母にあたる碓氷姫《うすいひめ》であり、もとは三河国宝飯《ほい》郡の長沢城《ながさわ》（愛知県豊川市）を本拠とした松平政忠《まさただ》の妻だったが、政忠が桶狭間の戦いで討死したために忠次と再婚したとされる。本来、忠次の経験・勢力は、忠尚や政家に及ばなかったものの、家康は忠次を重用するために叔母の夫という箔を付けたのであろう。

本多忠勝・榊原康政の登用

本多忠勝と榊原康政は同年に生まれ、少年期から家康に近侍し、一五六〇年代の末頃に一手（部隊）の指揮官に引き立てられたとされる。

本多氏・榊原氏は、安城譜代とも岡崎譜代とも伝えられ、複数の系統が存在する氏族であった。本多忠勝の場合は、「平八郎《へいはちろう》」を仮名《けみょう》とする家の正嫡《せいちゃく》であったが、誕生の前後に父の忠高《ただたか》が討死し、叔父の忠真《ただざね》（三方原《みかたがはら》の戦いで戦死）に後見されて成長したという。また、榊原康政の場合は、「七郎右衛門《しちろうえもん》」を仮名とする家の庶子《しょし》（康政の仮名は「小平太《こへいた》」）であり、父長政や兄清政《きよまさ》は酒井忠尚の上野衆に属していた。

このように、本多忠勝は存立の危機に瀕した家を再興すること、榊原康政は庶子の身から新たに家を創出することを課題としていた。それゆえに、忠勝・康政は家康への忠勤に励み、徳川家中における地位を向上させていった、と整理することもできるだろう。

なお、本多忠勝・榊原康政の軍事的地位について、江戸時代の史書は「旗本先手《さきて》役《やく》」などと記す。家康直属軍（旗本）の前衛（先手）の指揮官という理解である。もっとも、本多忠勝と榊原康政の境遇では、部隊を構成するに足る十分な親族・家臣は持ち得ず、当初は家康から配属された与力を指揮していた。そして、こうした与力は、譜代・新参を問わず、所領の規模が小さく、動員力を限定された小身家臣を中心としていた。つまり、家康が忠勝・康政に求めた役割とは、単独では戦闘単位と成り難い小身家臣を束ね、部隊として運用することにあったのである。

ところで、『三河物語』には、大久保《おおくぼ》忠佐《ただすけ》が戦場で敵の首級を挙げたところ、榊原康政配下の上方《かみがた》牢人によって奪い取られ、康政もその不正を擁護したという逸話が紹介されている。康政は戦力を補充する上で、少なからぬ牢人衆を傭兵として確保しており、無軌道な振る舞いがあったとしても、容認せざるを得なかったのであろう。

本多忠勝・榊原康政の戦歴は、江戸時代の家譜や軍記などによって潤色されており、実態は必ずしも明らかではない。ただし、『信長公記《しんちょうこうき》』には、天正九年（一五八一）三月に徳川氏が遠江高天神城《たかてんじんじょう》（静岡県掛川市）を攻略した際の首注文《くびちゅうもん》が収載されており、榊原康政が四十一、本多忠勝が二十二の首級を得たことを確認できる。首級の数を基準にした場合、戦功第一位は大須賀《おおすが》康高《やすたか》（遠江横須賀《よこすか》城将）の百七十七、第二位は足助《あすけ》鱸《すずき》氏（三河国衆）の百三十八、第三位は大久保忠世《ただよ》（遠江二俣《ふたまた》城将）の六十四であって、榊原康政は第五位、本多忠勝は第七位にとどまるものの、一五八〇年代までに両人が有力な部隊長に成長していたことが判明する。

徳川氏領国の拡大と「方面軍」

徳川家康は永禄十一年（一五六八）から遠江国に進出し、やがて居城を浜松城に移して、甲斐国の武田氏と対戦するようになった。

その過程で、家康は信頼する諸将を前線の城郭に配置して、特定方面の軍事行動の中心となる「方面軍」を創出していった。まず永禄十二年（一五六九）頃に石川家成が懸川城に入り、一五七〇年代には、東条《とうじょう》松平家忠《いえただ》（『家忠日記』の著者深溝《ふこうず》松平家忠とは別人）が牧野《まきの》城（諏訪原城を改称。静岡県島田市）、大久保忠世が二俣城（静岡県浜松市天竜区）、大須賀康高が横須賀城（静岡県掛川市）に入った。

天正十年（一五八二）三月に織田信長が武田氏を滅亡させると、徳川氏は信長から駿河国の領有を認められ、徳川氏領国は北条氏領国と隣接する状況となった。そこで、家康は牧野城の東条衆を駿河沼津城（静岡県沼津市）に移して国境の防備を整えた。東条松平家忠は前年に死去していたが、家康は四男忠吉《ただよし》に東条松平氏の家督を相続させ、同氏の重臣松井忠次《まついただつぐ》を後見として、東条衆の軍事力を維持しようとした。

また、同じく天正十年六月に本能寺の変が勃発し、織田氏の甲信支配が瓦解すると、家康は甲斐国に出陣し、酒井忠次に信濃国の経略を委ねた。領国の拡大に備えて、忠次に、より大きな権限を付与しようとしたのである。もっとも、同時期に北条氏も信濃国に進出しており、忠次は諏訪《すわ》氏の従属化に失敗、信濃国から甲斐国に撤退して家康と合流した。

結局、同年中に徳川氏・北条氏は講和し、甲斐・信濃両国は徳川氏の領国に組み込まれたが、家康は酒井忠次に信濃国支配を再び委ねるのではなく、大久保忠世を信濃小諸《こもろ》城（長野県小諸市）、芝田康忠《しばたやすただ》を信濃高島《たかしま》城（長野県諏訪市）に入れた。さらに甲斐国内では、平岩親吉《ひらいわちかよし》が甲府、鳥居元忠《とりいもとただ》が郡内《ぐんない》（山梨県の東部地域）に配置された。なお、大久保忠世は遠江二俣城の守将として対武田氏戦争の最前線に立ってきたが、領国の拡大に対応して、配置転換が行われたのである。

ところで、家康が起用した前線諸将のうち、大須賀康高・大久保忠世・平岩親吉・鳥居元忠・芝田康忠は、本多忠勝・榊原康政と同様に、「旗本先手役」を務めていたとされる。

多くの戦国大名は、領国の拡大と共に、一門・重臣などに遠方の拠点を委ね、軍事・内政・外交について相応の権限を分与して、戦争遂行や領国経営の効率化を図る。酒井忠次の吉田入城もその一例に当たる。一五七〇年代以降の家康は、旗本前衛の指揮官を領国外縁部に順次転出させることで、領国経営や戦争遂行に関する主導性を確保しようとしていたものと推測される。

本多忠勝と榊原康政の場合は、特定方面の経略を委ねられず、旗本前衛の指揮官にとどまり続けたものの、年長の指揮官たちの転出は、忠勝・康政の旗本前衛における存在感を相対的に上昇させていったとも考えられる。

井伊直政の抜擢と武田氏旧臣

徳川氏の甲斐国平定は、多数の武田氏旧臣を家中に参入させる展開に繋がった。そして、家康はこうした武田氏旧臣を再編する上で、側近の井伊直政の指揮下に、山県《やまがた》昌満《まさみつ》・土屋《つちや》昌恒《まさつね》・原昌栄《はらまさひで》・一条 信就《いちじょうのぶなり》の同心衆《どうしんしゅう》を配属した。いずれも武田氏滅亡の前後に寄親《よりおや》が死亡・没落した同心衆であり、直政の配下とすることで、部隊としての機能を回復したのである。また、直政も「旗本先手役」で最大級の戦力を擁する存在となった。

元来、井伊直政は「四天王」「三傑」における唯一の新参であった。井伊氏は遠江国の国衆であり、戦国時代に今川氏に従属したが、直政の父直親《なおちか》は、徳川氏に内通したという疑惑のために、今川氏真《うじざね》によって謀殺されたと伝えられる。そのため、直政は流浪の身となり、やがて家康に見出されて近侍に加えられたともいう。

ただし、井伊氏は永禄八年（一五六五）頃に直虎《なおとら》を当主として存立を保っており、直親の粛清や直政の流浪に関する伝承を史実と認定すべきか、小さからぬ疑問符を付けざるを得ない。少なくとも、直政の立身については、井伊氏の国衆としての実力を背景とするものではなく、家康との強い信頼関係を拠所としていたと理解するべきだろう。

もっとも、家康も経験不足の直政を取り立てることに若干の不安を抱いたのか、山県衆などの配属に先行し、直臣の木俣秀勝《きまたひでかつ》を直政の与力として出向させ、やがて同心衆の統括なども委ねるようになった。

この木俣秀勝は、三河国の出身ながら、明智光秀に仕えた経歴も有したが、本能寺の変以前に徳川家中に帰参していた。なお、秀勝の実名《じつみょう》は一般に「守勝」とされるが、一五八〇年代の自署は「秀勝」であって、「秀」字は明智光秀から拝領したものと推測される（「石谷家文書」）。

また、家康は井伊直政に山県衆などを配属して、旗本前衛の最大戦力を形成させる一方で、自身の親衛隊も武田氏旧臣によって充実させた模様である。江戸時代に存在した徳川将軍の親衛隊のうち、特に成立の古い大番組《おおばんぐみ》は、初期段階で武田氏旧臣が大きな比率を占めており、武田氏の軍制を参考に編制されたという伝承すらあった（『武徳編年集成《ぶとくへんねんしゅうせい》』）。さらに家康は、軍令の伝達・監察を担う使番《つかいばん》についても、武田旧臣から城昌茂《じょうまさもち》・横田尹松《よこたただとし》・初鹿野昌久《はじかのまさひさ》・真田信昌《さなだのぶまさ》などを起用している。

古今東西を問わず、君主が権力集中の手段として、組織内部の異分子で構成される直轄軍団を編制する事例（オスマン＝トルコ帝国のイエニチェリなど）は少なくない。君主は一般臣民に対する暴力装置としても機能し得る異分子軍隊を運用し、異分子も組織における存立を図る上で、君主との強固な結合を志向する、という構図である。

徳川氏の家中において、武田氏旧臣の存在はまさに異分子にほかならず、家康の集権化を軍事面で支える基盤となった。そして、井伊直政も最有力の武田旧臣統括者として、その権勢を増大させていったのである。

「三傑」の地位向上と酒井忠次の引退

井伊直政・本多忠勝・榊原康政の三者は、領国の前線に配置されて特定方面の経略を委任された経歴こそ欠くものの、家中における地位は一五八〇年代に大きく向上した。

天正十四年（一五八六）三月に徳川氏・北条氏が行った伊豆国三島《みしま》の会見では、徳川方の家康・酒井忠次・榊原康政と、北条方の氏政《うじまさ》・伊勢貞運《さだかず》・埖和《はが》伊予守が対座している。当時の榊原康政が、酒井忠次と共に徳川家中を代表し、かつ北条氏から伊勢氏・埖和氏（特に伊勢氏は足利将軍家の政所《まんどころ》頭人《とうにん》伊勢氏の系譜を引く名家）との対座を承認され得る地位にあったことを意味する。

また、家康は羽柴秀吉との婚姻交渉を進める過程で、天正十四年四月に天野景能《あまのかげよし》を使者として派遣したが、秀吉は使者の選定に不満を示し、酒井忠次か本多忠勝・榊原康政のように、豊臣方でも名前を把握している要人を改めて派遣するよう要求した（『家忠日記』）。この段階で、本多忠勝・榊原康政の両人は、酒井忠次と同程度の知名度を得ていたのである。

さらに徳川氏が豊臣政権に従属すると、秀吉の執奏《しっそう》による徳川家臣の叙位任官も相次ぎ、特に井伊直政は侍従《じじゅう》に任じられた。豊臣政権の官位秩序では、大名の侍従任官を「公家成《くげなり》」と位置づけており、通常の「諸大夫成《しょだいぶなり》」よりも上位の待遇であった。一五八〇年代の徳川家中において、直政の地位が急速に上昇していたことに対応した措置であろう。

このように、「三傑」の台頭が明確となる中で、酒井忠次は天正十六年（一五八八）

十月に引退し、家督と吉田城を嫡子の家次《いえつぐ》に譲り、慶長元年（一五九六）十月二十八日に死去した。なお、家次の母親は、家康の叔母碓氷姫であり、家康・家次は従兄弟の間柄にあった。家次の「家」字も、家康の偏諱《へんき》であって、家康が譜代の家臣に「家」字を下賜した数少ない事例だった。忠次の功績に報いるために、その後継者に高い格式を付与したのである。

また、酒井忠次の次男康俊《やすとし》は三河国宝飯郡伊奈《いな》の本多氏、三男信之《のぶゆき》は信濃国伊那《いな》郡松尾《まつお》の小笠原《おがさわら》氏を継承している。伊奈本多氏と松尾小笠原氏は、共に徳川氏の従属国衆であり、徳川家中における存立を確固たるものにする上で、忠次の子息を養子に迎え、家康・忠次との親和性を高めようとしたのである。

関東移封と関ヶ原の戦い

徳川氏が天正十八年（一五九〇）に北条氏没落後の関東に移封されると、井伊直政は上野箕輪《こうずけみのわ》城（群馬県高崎市。のちに高崎《たかさき》城に移転）、榊原康政は上野館林《たてばやし》城（群馬県館林市）、本多忠勝は上総大多喜《かずさおおたき》城（千葉県大多喜町）に配置された。知行高については、直政が十二万石、康政・忠勝が十万石であった。この段階に至り、直政・康政・忠勝は初めて特定領域の管轄を委ねられたのである。

また、酒井家次は下総臼井城《しもうさうすい》（千葉県佐倉市）に入部したが、その知行高は三万石であり、井伊直政・榊原康政・本多忠勝と比較して、四分の一から三分の一程度だった。この家次の待遇について、かつて忠次が織田信長に不行跡（謀叛疑惑とも）を追及された家康の長男信康《のぶやす》を弁護せず、そのために信康が自害に追い込まれた報復として、家康から石高を過少に設定されたという逸話もある（詳細は本書第二章を参照）。しかし、井伊直政・本多忠勝・榊原康政の知行高は、豊臣政権下の大名家臣としては破格の高禄であって（上杉家中の直江《なおえ》兼続《かねつぐ》は、最盛期でも六万石）、特に酒井家次が冷遇されたわけではない。

なお、井伊直政などの所領設定には、秀吉の意向も介在していた。ただし、これについては、徳川家中の主従関係に楔を打ち込もうとする秀吉の政略ではなく、領域支配の経験を欠く直政らに大規模な所領を与える上で、家康が秀吉の権威・権力を必要としたためと捉えるべきだろう。

さらに十～十二万石という知行高は、井伊直政・榊原康政・本多忠勝に預けられた与力への支給分も含んでいた。つまり、家康は関東移封を契機として、直政・康政・忠勝が指揮してきた軍団を家中に改編し、徳川氏を支える藩屏《はんぺい》を創出しようとしたのである。

ところで、家康の四男忠吉は、前述したように東条松平氏を継承しており、関東移封後は武蔵忍《おし》城（埼玉県行田市）の城主として十万石を与えられ、井伊直政の娘と結婚した。直政の舅《しゅうと》は、東条衆を実質的に指揮してきた松井忠次であったが、天正十一年（一五八三）に死去していた。そこで、家康は直政に忠吉の後見を託し、東条衆を指導させようとしたのである。

そして、慶長五年（一六〇〇）の関ヶ原の戦いにおいて、井伊直政・松平忠吉は家康に先行して江戸から西上し、九月十五日の本戦でも、外様諸将を出し抜き、戦端を開く役割を担っている。本多忠勝もこの先遣部隊に参加したが、これは直政の急病に対応した臨時の措置であって、戦力のほとんどは嫡子忠政《ただまさ》の指揮下にあって参戦しなかった。つまり、関ヶ原の戦いで徳川軍の主力を構成したのは、井伊直政・松平忠吉の軍勢だったことになる。

関ヶ原の戦いののち、徳川氏の支配領域（直轄地および一門・譜代領）は飛躍的に拡大し、井伊直政は近江佐和山《さわやま》城（十八万石。滋賀県彦根市）、本多忠勝は伊勢桑名城（十万石。三重県桑名市）に転出した。慶長五年以降の家康は、伏見城や二条城を「天下」（京都とその近国を中心とする領域）の政庁として位置づけ、関東・畿内の間を往来するようになっていた。井伊直政と本多忠勝の配置は、関東と畿内を繋ぐ要衝を委ねると共に、有事には、伏見城・二条城に急行させるための措置であろう。

その一方で、榊原康政は慶長五年以降も館林城主の地位に据え置かれた。康政は家康の嫡子秀忠と共に関ヶ原の戦いに遅参しており、転封・加増を見合わされた模様である。ただし、康政はすでに天正二十年（文禄元年、一五九二）から秀忠を補佐する立場も兼ねており、引き続き関東にとどまって秀忠を支えることを求められた、という側面もあった。

「三傑」の後継者たち

「三傑」は家康よりも年少だったが、いずれも家康に先立ち、慶長年間（一五九六〜一六一五）に死去した。井伊直政は慶長七年（一六〇二）二月、榊原康政は慶長十一年（一六〇六）五月、本多忠勝は慶長十五年（一六一〇）十月に死去している。

「三傑」の死後、家康はその後継者たちに所領の相続を認めたが、井伊氏・榊原氏の存立を安定させることに少なからず苦慮した。

井伊直政の後継者は、長男の直勝《なおかつ》であったが、慶長七年当時は十三歳であり、十分な統制力を発揮できず、慶長十年（一六〇五）には、重臣の鈴木《すずき》重好《しげよし》が家中騒動のために失脚した。また、直勝は病弱で満足に軍役を履行できず、慶長十九年（一六一四）の大坂冬の陣では、弟の直孝《なおたか》が名代として出陣し、翌年には直孝と家督を交代させられた。直孝は夏の陣にも出陣し、薩摩国主の島津家久《いえひさ》から「日本一の大手柄」（『旧記《きゅうき》雑録《ざつろく》』）と称えられる勇戦を見せ、その名声は井伊氏当主としての地位を確立する方向にも作用した。

榊原康政の後継者問題は、さらに複雑な経緯を辿った。康政の舅は、遠江横須賀城で対武田氏戦争の最前線を担当した大須賀康高であり、天正十七年（一五八九）に康高が死去すると、男子がいなかったため、康政の長男忠政《ただまさ》が大須賀氏の家督を継いだ。康政の次男忠長《ただなが》は夭折《ようせつ》して、三男の康勝《やすかつ》が後継者となり、大坂両陣にも参戦したものの、夏の陣直後に急死した。その結果、康勝の甥に当たる大須賀忠次《ただつぐ》（忠政嫡子）が榊原氏の家督を継ぎ、引き換えに大須賀氏は断絶した。

井伊直政・榊原康政と比較すると、本多忠勝の後継者は、成熟した状態で家督を相続した。忠勝の後継者は、長男の忠政であり、小田原の陣の武蔵岩付《いわつき》城攻めで初陣を果たし、守将の一人を討ち取ったとされる。また、関ヶ原の戦いでは、忠勝に代わって本多勢の主力を指揮し、信濃上田《うえだ》城攻めに参加した。

家康も本多忠政に大きな期待を寄せており、天正十八年（一五九〇）頃に孫の妙光院（松平信康次女）と結婚させた。忠勝一代で向上した家格を、婚姻によって固定しようとする措置でもあった。

また、本多忠勝の次男忠朝《ただとも》は、桑名に転出した父と兄に代わり、上総国大多喜領（五万石）を引き継いだ。実質的には、関ヶ原の戦いにおける忠勝の功績に応じた登用である。

忠政・忠朝兄弟も大坂両陣に参加し、忠朝は夏の陣で討死したが、忠政は全軍中で第八位（譜代としては、井伊直孝に次ぐ第二位）となる数の首級を挙げている（『駿府政《せい》事録《じろく》』）。

この戦功を評価され、本多忠政は元和三年（一六一七）に播磨国姫路に転封され、諸大名が保有を禁じられていた安宅船《あたけぶね》（大型軍用船）も配備された。また、忠政次男の政朝《まさとも》（忠朝の遺跡を継承）は同国龍野《たつの》、忠政夫人の甥に当たる小笠原忠真（母親は松平信康の長女峯高院《ほうこういん》）も同国明石《あかし》に入部した。徳川氏は本多忠政の一族に播磨国を分与して、西国支配を進展させる要に位置づけたのである。

なお、本多忠政の嫡子忠刻《ただとき》は、羽柴秀頼未亡人の千姫《せんひめ》（徳川秀忠の娘）の再婚相手であり、二代にわたって主家と婚姻関係を結ぶ形となった。ただし、忠政・忠刻の死後、本多氏は傍流相続を重ね、勢力を縮小させていった。

その一方で、井伊直孝は三代将軍家光、榊原忠次は四代将軍家綱《いえつな》の代に政務参与を命じられ、特に井伊氏は幕末まで数人の大老を出すことになった。

【主要参考文献】
笠谷和比古『関ヶ原合戦――家康の戦略と幕藩体制』（講談社学術文庫、二〇〇八年）
小宮山敏和『譜代大名の創出と幕藩体制』（吉川弘文館、二〇一五年）
柴 裕之『戦国・織豊期大名徳川氏の領国支配』（岩田書院、二〇一四年）
平野明夫『徳川権力の形成と発展』（岩田書院、二〇〇六年）
矢部健太郎『豊臣政権の支配秩序と朝廷』（吉川弘文館、二〇一一年）

小川 雄（おがわ・ゆう）
一九七九年生まれ。日本大学文理学部准教授。博士（文学）。
◉主要業績 『徳川権力と海上軍事』（岩田書院、二〇一六年）、『水軍と海賊の戦国史』（平凡社、二〇二〇年）、『徳川海上権力論』（講談社、二〇二四年）など。

第二章

松平信康事件は、なぜ起きたのか？

松平信康事件をめぐって

天正七年（一五七九）八月三日、徳川家康は本城《ほんじょう》（居城）の遠江《とおとうみ》浜松城（静岡県浜松市中区）から三河岡崎城（愛知県岡崎市）に入り、翌四日に嫡男の松平信康《のぶやす》との争論後に、信康を同城から大浜《おおはま》（愛知県碧南《へきなん》市）へ退かせた。その後、家康は西尾《にしお》城（愛知県西尾市）に一族の長沢《ながさわ》松平康忠《やすただ》や直属武将の榊原康政《さかきばらやすまさ》を配備した上で、九日には信康を大浜から遠江堀江《ほりえ》城（静岡県浜松市西区）へと追いやる。その上で十日、家康は岡崎城に松平一族や徳川家へ従属する地域領主（三河国衆《くにしゅう》）らを集めて、「以後は信康と関わりを持たない」という起請《きしょう》文《もん》（誓約書）を提出させ、十二日に浜松城へ帰還した

(『家忠《いえただ》日記』)。

その後、信康は遠江二俣城《ふたまた》(静岡県浜松市天竜区)へ移され、九月十五日に家康の命令により同城にて自刃した。享年は二十一。また、この間の八月二十九日には、信康の生母である築山殿《つきやまどの》(関口氏《せきぐち》)が、「日頃ノ悪逆」を理由として、遠江国富塚《とみつか》(静岡県浜松市中区)で殺害されている(『松平記』ほか)。

この天正七年八月における徳川家内部の政争の果てに、築山殿が殺害され、そして九月には嫡男信康が自刃に追い込まれるという事件(松平信康事件、以下「信康事件」と略記)は、なぜ起きたのであろうか。信康事件の政治背景と要因については、これまでにも多くの見解が出されている。

このうちよく知られているのが、信康の正妻で、この頃信康とは不仲にあった五徳《ごとく》(徳姫)が、父である織田信長へ信康と姑の築山殿の不行儀《ふぎょうぎ》を書状で伝え、それを受けて信長が激怒し、家康へ処断を指示した結果、信康自刃・築山殿殺害という事態へと至ったというものである。これは、江戸時代初頭(一六〇〇年代前半)に著された史書の『松平記』『三河物語』などに見られるものに基づく。さらには、このことを踏まえた上で、信長が嫡男信忠《のぶただ》と信康を比べて、信康の器量を恐れて自刃へ追いやったという説などもある。

確かに信康と五徳との夫婦関係が不仲であったことは、『家忠日記』天正七年六月五日条によると、同日に家康が両人の仲直りを図るために浜松より赴いていることなどから確認される。また、同年八月八日には、家康が信長の近臣である堀秀政《ほりひでまさ》を通じて、信長に八月四日の信康へなされた処断を書状で伝えている（「信光明寺文書」）。このことから、信康事件への対応が徳川家内部だけの解決ではなく、織田権力との政治関係の中で行われていることが確認できる。

だが、この事件を伝える同時代史料は少ない。この背景には、その後に徳川氏が天下人となり、江戸開幕による時代を創設したことに伴う、徳川家を崇める歴史観（松平・徳川中心史観）の展開が大きく影響している。

このような状況の中で、松平・徳川中心史観を排して、同事件について史料を博捜《はくそう》した上で本格的に検討したのが、新行紀一《しんぎょうのりかず》氏である（新行：一九八九）。その検討の結果、新行氏は要因として、信康・築山殿周辺に「謀叛ないしはそれに近い事実があったのではなかろうか」とする。そして、また諸書に見られる信康の行動から、主君としての能力である「器用」を備えず、ふさわしくない「非器《ひき》」の行動が家臣の支持を失わせ、家康に処断せざるを得ない事態を引き起こしたとして、信康事件を捉えた。

このように新行氏の検討に基づく見解は、前述の通り、史料博捜の上に同時代の社会認識をも踏まえて、信康事件の本質に迫るものである。ただし、平野明夫氏が指摘するように、信康の「非器」の行動が主君としてふさわしくないのなら、なぜ廃嫡《はいちゃく》（家督継承の権利剝奪）にするのみで済まなかったのであろうか、疑問がある（平野：二〇〇六）。

そこでこの疑問を前提にして、信康事件はなぜ起きたのか、当時の徳川氏が置かれていた政治状況、それに伴う対応や展開を見ていき、この事件に迫っていきたい。

松平信康の立場と活動

信康事件の検討を行うにあたり、まずは松平信康自身がどのような立場にあったのか、また、その活動を確認しておきたい。

信康の誕生は、永禄二年（一五五九）三月のことで、幼名は父の家康（正確には、この時は松平元康《もとやす》であるが、煩雑を避けて「家康」とする）と同じ竹千代《たけちよ》を称した（『松平記』）。この時、家康は駿河今川氏に従属する松平（徳川）家当主として、今川氏の本拠である駿河国府中（駿府、静岡市葵区）にあった。また信康の母築山殿は、今川家一門の関口氏純《うじずみ》を父とし、母は今川義元の妹で、弘治二年（一五五六）正月に家康と婚姻したとされる（『松平記』）。このように松平（徳川）家は、今川氏への従属下で、今川家親類衆として位置づけられ、信康はその立場を引き継ぐべき嫡男としてあったのである。

ところが永禄三年（一五六〇）五月の桶狭間の戦いで、今川氏は最高権力者の今川義元が戦死するという敗退によって勢威を後退、それに伴い三河国西部（西三河）は尾張織田氏との勢力圏（領国範囲）をめぐる境界地域へと位置することになった。その中で松平（徳川）氏の本城である三河岡崎城に戻り、管轄地域（領国）の保全に努めていた家康は、やがて今川氏から自立し始め、その結果として翌四年四月には本格的に敵対の態度を示し、戦争へと至る（柴：二〇一四）。このように家康が今川氏から自立し、敵対に至ったのは、桶狭間の戦い後の中での領国の置かれていた情勢への対応であった。

これは、戦国時代の各地域に展開した戦国大名・国衆という政治権力（領域権力）が、自家に属す家中《かちゅう》（家臣団）とその領国で構成された「国家」（地域「国家」）という政治集団の存立に努めることを、その責務としたことによる。このように戦国時代の領域権力は、自家のもとの「国家」存立をめぐる関係に規定され、政治活動を展開していた。今川氏からの自立、そして敵対も、この松平（徳川）家の権力基盤である地域「国家」（徳川地域「国家」）の存立との関係の中で、松平（徳川）氏が選んだ政治行為であったのである。

しかし、松平（徳川）氏の今川氏への敵対行為は、当時駿府に人質としてあった信康を生命の危機へと追いやった（この時、母の築山殿はすでに岡崎にいる）。この事態に対して、松平（徳川）氏は、永禄五年（一五六二）二月に攻略した西郡《にしのごおり》鵜殿《うどの》氏の子息二人との交換交渉により、信康を岡崎へ迎えるに至る（『松平記』）。

その一方、松平（徳川）氏は、それまで敵対していた織田氏とは、永禄四年（一五六一）二月に三河国苅屋《かりや》（愛知県刈谷市）の国衆水野《みずの》氏を介して和睦を遂げる（新行：一九八九）。この和睦の締結により、互いの勢力圏（領国範囲）の承認（国分《くにわけ》）の上に、松平（徳川）氏は対今川氏へ、織田氏は尾張平定に伴う懸案であった美濃一色《いっしき》（斎藤《さいとう》）氏へ対する政治活動に集中していくこととなる。そして永禄十年（一五六七）五月、徳川・織田両氏は互いの政治関係を深化させるべく、信康は織田信長の娘五徳と婚姻する（『家忠日記増補』ほか）。

このような織田氏との政治関係の中で、徳川家の嫡男信康は、『松平記』によると、元亀元年（一五七〇）八月に十二歳で元服を遂げて、舅《しゅうと》信長の一字を受け、「次郎三郎信康」となる。なお、松平氏は永禄九年（一五六六）十二月に徳川へ改姓する。これに従えば、信康は「徳川信康」であるが、天正三年（一五七五）に年次比定される六月二十八日付佐久間信盛《さくまのぶもり》宛て信長黒印状《こくいんじょう》（「野崎達三氏所蔵文書」）では、娘婿信康のことを信長が「松平三郎」と記している。このことから、信康は父家康と異なり、名字が松平のままであったことがわかる。このような改姓後に当主と嫡男で名字が異なるのは、徳川家だけの特例ではない。例えば相模北条氏（後北条氏）でも、北条氏綱《うじつな》による伊勢から北条への名字改姓後、しばらく北条名字を称したのは当主氏綱のみで、嫡男氏康《うじやす》をはじめ、子弟は伊勢名字を名乗っていたことが確認されている（黒田：二〇一二）。したがって、当時の大名家においては改姓後も家の名字として定着するまで、当主と嫡男ほか子弟とでは名字が異なることが見られる。当時の改姓の有様を踏まえて、本稿では信康を「松平信康」とする。

さて、この前々年の永禄十一年（一五六八）十二月に徳川氏は甲斐国の武田信玄と連携して、今川領国の遠江国へ侵攻し、翌十二年五月に懸川城《かけがわ》（静岡県掛川市）に籠もった今川氏真《うじざね》を降《くだ》して、遠江国を領有するに至る。そして、翌元亀元年九月には信長の指示も踏まえて、家康は本城を遠江浜松城へと移す（『当代記』）。これに伴い、元服したばかりの信康は、父家康に代わって三河岡崎城主となり、家康から平岩親吉《ひらいわちかよし》ら家臣団を配された上で、三河国への統治に当たっていく。このように信康が岡崎城主として据えられたのは、遠江国の領有に伴う領国の拡大・浜松移城の中で、徳川地域「国家」の政務を潤滑に運営していくに当たり、三河国における松平一族や従属した国衆を徳川家の下に統《す》べ続けるのには、それまでの統治形態を継続させつつ統括していくのが、最良の統治手段であったことによる。

一方、信康の母築山殿は、家康と共に浜松城へは移らず、若い信康を後見すべく岡崎城に在住し続けた。また五徳との夫婦関係は、相次ぐ女子の出産、姑築山殿との関係から、天正五年（一五七七）頃より不和になっていったと、『松平記』は記す。そして天正七年（一五七九）六月五日には、前述の通り、家康が両人の仲を直すために岡崎へ赴くまでに事態は至るのである。

信康は、このような環境の中で、天正三年より、父家康と共に甲斐武田勢との攻防戦に出陣するが、その戦歴は、新行紀一氏が「ほとんど家康と行動を共にしており、独立して一隊を率いて行動したことはなかった」と指摘するように（新行：一九八九）、特に目立った活躍は見られない。また、信康は『三河物語』などによると、日々軍事鍛錬に励んでいたが、その一方で、気に食わぬことで人を惨殺するなど荒れた行為が見られ出す。このような信康に対して、『松平記』は武勇には優れていたが、慈悲に乏しい武将であったと評価する。

そして、こうした信康の資質・不行儀な行動が、五徳の父信長への伝達によって事件に至ったというのが、諸書に見られる見解である。しかし繰り返しになるが、それではなぜ家康は信康を廃嫡にするのみで済ませず、自刃にまで追い込む必要があったのか、この信康の資質・不行儀な行動だけでは理由として不十分である。そこで注目したいのが、信康が徳川家の嫡男にあり、三河岡崎城主としてあったことである。すなわち、信康が徳川領国の統治に携わる政治的存在であったからこそ、個人的資質・

不行儀な行動と併せて別の要因があると言えるのではなかろうか。このことを考慮して探っていくと、当時の徳川氏が置かれていた政治情勢、具体的には甲斐武田氏との徳川地域「国家」の存立をめぐる攻防との関係が、事件の政治背景として浮かび上がってくるのである。

甲斐武田氏との攻防と信康周辺

それでは、甲斐武田氏との徳川地域「国家」の存立をめぐる攻防の展開はどのようなものであったのか。そして、それは信康とその周辺へどのような影響を与えたのであろうか。

甲斐武田氏との政治関係は、永禄十一年（一五六八）十二月、武田信玄が今川領国の駿河国へ侵攻した時に始まる。この時、徳川氏は同年十月に室町幕府十五代将軍足利義昭《よしあき》の下に「天下静謐《てんかせいひつ》」（畿内平定）を成し遂げ、室町幕府の再興を果たした織田信長の要請に従い、武田氏と連携して遠江国へ侵攻し、今川氏真を降して同国を領有するに至る。しかし、この時に武田氏も駿河国のみでなく、遠江国の領有を企てていた。そのため同国の領有問題を起因として、やがて徳川・武田両氏は政治関係を悪化させていき、対立することになる。

そして、武田・徳川両氏の政治関係の悪化・対立は、やがて両氏の仲介を果たしていた信長をも巻き込んでいく。この結果、元亀三年(一五七二)十月に、武田信玄は大坂《おおざか》本願寺・越前国の朝倉義景《あさくらよしかげ》との外交提携の上で、徳川領国への侵攻を開始し、織田氏とも敵対することになった(柴:二〇一四)。この徳川領国への侵攻により、武田氏は北遠江・奥三河地域を勢力下に置き、十二月の遠江三方《みかたがはら》原の戦いでは織田・徳川連合軍を打ち破る。そして、この勝利を受け、やがて信長に敵対した将軍足利義昭らと提携を結び、反織田連合を展開の上で、三河国へ侵攻を続ける。しかし、この侵攻途上に信玄は発病、病状悪化のために侵攻は中断し、甲斐国へ帰国することとなるが、翌四年(天正元年〈一五七三〉)四月十二日、帰国の途中で死去した。

信玄死去の情報を、早くも五月に摑んだ家康は反攻へ転じて、駿府周辺に攻撃を加えた上、七月には武田方としてあった徳川・武田両勢力圏の境界(「境目」)に位置した要地の三河長篠城(愛知県新城市)の攻撃を開始し、九月に落城させている。この徳川氏の攻勢に対して、十一月になると信玄の跡を継いだ武田勝頼《かつより》は反攻を開始し、徳川家の本城である遠江浜松城を攻撃の上に、榛原《はいばら》郡に諏訪原《すわばら》城(静岡県島田市)を築いて徳川方と対峙する。また翌天正二年(一五七四)五月には、勝頼は東遠江へ侵攻し、徳川方にあった遠江従属国衆小笠原氏の本城であった高天神《たかてんじん》城(静岡県掛川市)を攻撃した。この事態に、徳川氏は信長の救援を求めるが間に合わず、城主小笠原氏は六月十七日に武田氏へ降る。このように武田氏との攻勢の前にして、この頃の徳川氏は勢力圏（領国範囲）を縮減させていた。

そして天正三年（一五七五）三月下旬に、奥三河へ侵攻した武田氏は、四月に足助《あすけ》城（愛知県豊田市）、その直後に近辺の浅賀井《あさがい》などの諸城（豊田市）を落城させた。そのあとに遅れて進発した当主勝頼が合流の上で、徳川方に属する野田《のだ》城（愛知県新城市）を攻略後、徳川方の東三河地域の統治拠点である吉田《よしだ》城（愛知県豊橋市）へ侵攻し、周辺の二連木《にれんぎ》城（豊橋市）を開城、吉田へ救援に赴いた家康の軍勢を退散させた上で、五月一日には前々年に徳川氏に攻略された要衝の長篠城の奪還を開始する（平山：二〇一四、柴：二〇一四）。

このような武田氏の徳川領国への攻勢を前にして、徳川氏へ従う家中の中には徳川地域「国家」の存立を問い、武田氏との敵対関係を続ける事態に対して見直す動きが生じてくる。そして、この動きには徳川家の嫡男で岡崎城主としてあった松平信康も無関係ではなく、前述の天正三年四月に武田氏が奥三河へ侵攻する中で、その周辺で事件が起きることとなる。この事件こそが、大岡弥四郎《おおおかやしろう》事件である（一般に、大岡弥四郎は松平・徳川中心史観の影響により、「大賀《おおが》弥四郎」とされ、事件は「大賀弥四郎事件」として知られる）。

大岡弥四郎事件とは、信康の家臣で、岡崎町奉行を務めていた大岡弥四郎らの家臣一派が、武田勝頼へ通謀して、武田氏の軍勢を三河国足助方面から岡崎城へ引き入れようと企てた徳川家の内紛である。この事件は、史料が少なく詳細の不明なことが多い中で、築山殿の関与も伝えられているように、信康の周辺で企図されたものであった。結局、この企ては一派の者の通報によって発覚し、大岡らは極刑に処された（新行：一九八九）。そして、この事件の結果を受けて、事件を伝える諸書は、武田氏の軍勢が東三河方面や長篠へ向かったとする。このように、この時の武田氏の三河侵攻は、信康周辺で起きた大岡弥四郎事件という徳川家の内紛を受けた軍事行動でもあったのである。

それでは、なぜ信康周辺で大岡弥四郎事件は起きたのであろうか。この時、徳川地域「国家」全体の存立に関わる政務は、本城の遠江浜松城で当主家康とその周辺からなる権力中枢の判断の下で行われている。そして徳川氏の親織田氏・対武田氏の外交路線は、その下で示され進められているものである。しかし、その外交路線の結果、武田氏の攻勢によって、勢力圏（領国範囲）を縮減しているという現状があった。この事態は、徳川地域「国家」の存立の危機に繋がりかねない。恐らくこのような危機意識の下で徳川地域「国家」の存立が問われ出し、そして徳川氏の権力中枢が進める外交路線に疑問を呈する声が出されていたのであろう。

そう考えていくと、この事件の政治背景には、やはり武田氏の攻勢・徳川領国の勢力範囲縮減を前にして、徳川地域「国家」の存立が問われ出し、家康を中心とした権力中枢の対武田氏主戦派が進める外交路線に対する、家中の反発が要因としてあったと考えられる。そして、その反発・武田氏の攻勢に伴う徳川地域「国家」の存立への不安意識が、不安定な奥三河情勢と併せて、前線でなく後衛にあった岡崎城に詰める徳川家中に強くなっていき、それがやがてこの頃家康と不仲にあった築山殿をも巻き込んで、事件へと発展していったのであろう。このように、この時すでに武田氏との敵対続行という外交関係をめぐり、当主家康を中心とした権力中枢からなる浜松城の主戦派と、後衛にあって路線の見直しを求める岡崎城の信康周辺との間では、政治的対立が存在したのである。

大岡弥四郎事件の発覚を受けて、当主家康を中心とした対武田氏主戦派は、大岡ら首謀者を極刑に処すことで、その路線固持を領国内外に示す一方、長篠城の奪還を進める武田氏に対しては信長へ早急の救援を求める。徳川氏の救援要請に対して、この頃、武田勝頼と提携の上で敵対していた中央(「天下」)における将軍足利義昭方の勢力の駆逐を遂げ、優位な戦況を得ていた信長は、五月十三日に出馬し、岡崎で徳川氏の軍勢と合流した上で、十八日に設楽《したら》あるみ原(愛知県新城市)へ着陣する。そして二十一日に織田・徳川両氏は、武田氏との長篠の戦いに勝利した(『信長公記《しんちょうこうき》』ほか)。

長篠の戦いでの勝利は、それまで劣勢であった徳川氏の勢力を挽回させた。そのうえ同年中に徳川氏は奥三河を平定し、さらに諏訪原・二俣などの遠江諸城を攻略して、武田氏の勢力範囲を高天神城・小山《こやま》城（静岡県吉田町）などの東遠江地域へ後退させている。こうした徳川氏の攻勢に対して、今度は武田氏が地域「国家」存立の危機に追われ、立て直しのための支配体制の早急な再編が求められていく事態となる（柴：二〇〇七）。

天正五年（一五七七）閏七月、家康は遠江高天神城を攻撃した（「名古屋大学文学部所蔵文書」）。この徳川氏の攻撃に対して、武田勝頼も自ら出陣して応じ、武田勢は小山城、徳川勢は懸川城にそれぞれ陣取り、十月中旬まで対陣した（『家忠日記』）。そしてこのつち、徳川氏は遠江諏訪原改め牧野《まきの》城・横須賀《よこすか》城（静岡県掛川市）、武田氏は遠江高天神・小山両城、駿河田中城（静岡県藤枝市）を攻守拠点に、両者の攻防は一進一退の展開を続けていた。

このような徳川・武田両氏の攻防が続く中で、天正六年（一五七八）三月の上杉謙信死去に伴い、越後国では政治路線をめぐって、後継の景勝《かげかつ》と反景勝方が擁する景虎《かげとら》（相模北条氏からの養子）との間で内乱（御館《おたて》の乱）が起きた。この内乱の中で、武田氏は景勝・景虎双方の和睦を図るが失敗し、結果として景勝と与《く》むこととなる。それに伴い、武田氏がそれまで結んでいた相模北条氏との甲相同盟は決裂する。

甲相同盟の決裂により、北条氏は武田氏と敵対する織田・徳川両氏へ接近し始め、徳川氏はこの情勢に対して、地域「国家」の存立の上にどのように対応していくか、迫られることとなるのである。

信康事件の政治背景とその後の展開

それでは、このような武田氏との攻防の中で、信康事件はなぜ起きたのであろうか。そして、事件を経て徳川氏の政治活動はどのように行われていったかを俯瞰《ふかん》することによって、この事件の政治背景と、その後の展開に迫りたい。

これまで見てきたことから、甲斐武田氏との攻防の中で、岡崎城の松平信康周辺は徳川地域「国家」の存立が危ぶまれると、当主の徳川家康を中心とした権力中枢の対武田氏主戦派の外交路線に対して反発を示し、それが天正三年（一五七五）四月には大岡弥四郎事件の勃発となったことを確認した。しかし、その直後の長篠の戦いでの勝利以降、徳川氏は反攻へ転じて、武田氏との攻防の中で、徳川地域「国家」の存立が危ぶまれる事態には至っていない。このような情勢の中で、なぜ信康事件は起きたのであろうか。

まず注目したいのは、この頃、武田氏との攻防が前述の通り、一進一退の戦況にあり、長期化していたことが挙げられよう。現在の私たちは、この攻防が最終的には天正十年（一五八二）三月の武田氏の滅亡により、徳川氏の勝利に帰すという結果を知っている。しかし、結果を知らない時の人々にとって戦争は、その遂行に当たって人員・物資の提供を家中・領国内の地域へ継続する限り求め続け、その長期化はやがてそれぞれの存立自体に影響する大きな負担となっていく。また戦争の最中には、『家忠日記』でも確認されるように、人・家畜の略奪である乱取り行為や、稲や麦の生育時期に応じた生産の破壊と食糧獲得を目的とした狼藉行為（稲薙《いねなぎ》・麦薙《むぎなぎ》）とが、両軍の足軽らの下級兵士の下で繰り返し実施され、戦場周辺の地域は存立の危機に瀕し続けた。このような状況は、戦場で負担を負い続ける兵士たちだけでなく、それに巻き込まれる地域にも厭戦《えんせん》感情を広めていく。

また、御館の乱によって相模北条氏とも敵対することとなった武田氏は、その勢力圏の東西を敵対勢力で囲まれ、挟撃を受ける恐れが生じていた。この事態に武田家内部には、地域「国家」の存立を保持するために、のちに信長との講和（甲江和与《こうごう》）交渉を進めていることから、徳川氏とも敵対続行を見直し、徳川方と接触を試みる動きが生じていたことが推察される。恐らく信康事件を記す『松平記』など諸書に、岡崎城の信康周辺、特に築山殿の許へ武田方の者が出入りしていたというのは、この武田家内部の動きに関わろう。彼らが三河岡崎城に近づいていたのは、大岡弥四郎事件時に信康周辺が武田氏との敵対路線を見直しの上で接触を持ったことを踏まえてのものであろう。そして信康も、この動きに巻き込まれていったと、『松平記』など諸書の記載から推測できる。

一方、家康を中心とする権力中枢の主戦派がいる遠江浜松城には、前述の通り、武田氏と敵対する相模北条氏が接近を示していた(『静嘉堂本集古文書』)。この結果、徳川家内部では、武田氏との戦争の続行を求める浜松城の家康を中心とした権力中枢の主戦派と、武田氏との接触を持ち、敵対を見直そうとする岡崎城の信康周辺との間で、対武田氏外交の路線をめぐる対立が再燃することとなったのである。このような外交路線をめぐる権力内部の対立は、例えば甲斐武田氏においても駿河今川氏への外交方針をめぐって当主信玄と嫡男義信《よしのぶ》との間で争われたように、同時代の戦国大名・国衆各家に見られるものである。

以上の対武田氏戦争の長期化、そして越後御館の乱を契機とした情勢の変化は、徳川氏へ地域「国家」存立の下で対武田戦争の続行か、路線変更かの対応を迫り、再び内紛を生じさせようとしていた。そして、この政争は徳川家内部だけにとどまらず、対武田氏関係から徳川氏が従属関係を強めていた織田権力との政治関係も絡んでくることとなる。この徳川氏が抱える政争に、併せて信康自身の資質を問うことが五徳の父信長へ遣わされた書状を端として起きたのが、信康事件であると位置づけられる。

すでに家康は、天正六年(一五七八)九月の時点で、これまで三河国衆へ強いてきた岡崎城下への常住義務（「岡崎在郷」）を取り止め、それぞれの所領への常住を許可している（『家忠日記』）。新行氏も注目するように、三河国衆の岡崎城下への常住は、徳川氏との政治的・軍事的統制・従属関係の徹底を図るものであるから、その赦免には「重大な理由」が背景にある（新行：一九八九）。その「重大な理由」として考えられるのは、新行氏も指摘するように、「信康と国衆の関係の親密化を防ごうとした」ことが挙げられよう。つまり、家康を中心とした権力中枢の主戦派は、三河国衆が信康周辺の影響を受け、対武田氏外交の路線見直しに与同することを恐れて、このような処置をとったのである。

そして五徳の父信長へ遣わされた書状を機に、天正七年（一五七九）七月、徳川氏は宿老酒井忠次《ただつぐ》らを信長の許へ派遣し、織田権力に従って対武田氏との戦争の続行路線と反対派処断の意向を確認し合い、八月に信康およびその周辺の許へ家康自身が乗り込み、問いただした上で、処罰に踏み切ったというのが、事件の真相であろう。このように、信康事件には対武田氏外交をめぐる徳川家内部の対立がその政治背景にあり、事件は築山殿の殺害、信康の自刃という厳処分で幕を閉じる。

その上で注目したいのは、信康事件の直後に、徳川氏が相模北条氏との同盟を締結し、北条氏と共に武田氏を挟撃していることである（『家忠日記』）。これこそが、信康事件の解決を経て、徳川氏が領国内外に示した対武田氏外交への回答であったと言えよう。

こののち、北条氏とも戦争を開始した武田氏は、次第にその攻防の対処に追われ、天正七年十一月より、対北条氏で同盟関係にあった常陸佐竹《ひたちさたけ》氏を通じて、信長との講和（甲江和与）交渉を進めていく（丸島：二〇一一）。これは、駿河・遠江両国の東西で挟撃という政治状況下に置かれた武田勝頼が、信長との和睦交渉を通じて、徳川氏との和睦の道を開き、その上で北条氏に対抗しようとしたものである。

しかし、武田氏が進める甲江和与交渉は成就を見ることなく、天正八年（一五八〇）三月以降、対武田氏戦争の続行を示した徳川氏によって遠江高天神城の攻撃が開始され、やがて総攻撃へと至る。徳川勢の総攻撃の最中、翌天正九年（一五八一）正月二十五日付の水野忠重《ただしげ》宛て信長朱印状（「下総結城水野家文書」）によると、武田方の高天神籠城勢から、高天神・小山・滝堺《たきざかい》三城の譲渡との引き替えを条件とした助命嘆願がなされたが、信長は来年の武田氏攻撃を期しての高天神落城による影響を考慮して、徳川氏へ攻撃続行を指示する。この信長の指示に徳川氏は従って、高天神城総攻撃を続行し、三月二十二日に落城させた（『家忠日記』ほか）。

この戦勝により、徳川氏は遠江国を平定の上で、長年の懸念であった徳川地域「国家」の存立を保持することを果たす。その上で、さらに翌天正十年（一五八二）三月の武田氏の滅亡により、徳川氏は長期にわたった対武田氏戦争を終結させ、駿河・遠江・三河三ヶ国を領有する大名権力へと発展を遂げていくのである。

【主要参考文献】
小笠原春香「駿遠国境における徳川・武田間の攻防」（久保田昌希編『松平家忠日記と戦国社会』岩田書院、二〇一一年）
黒田基樹『戦国北条氏五代』（戎光祥出版、二〇一二年）
柴　裕之「武田勝頼の駿河・遠江支配」（柴辻俊六・平山優編『武田勝頼のすべて』新人物往来社、二〇〇七年）
柴　裕之『戦国・織豊期大名徳川氏の領国支配』（岩田書院、二〇一四年）
新行紀一「第四章　徳川家康の時代」（『新編岡崎市史』2中世、新編岡崎市史編さん委員会、一九八九年）
武田氏研究会編『武田氏年表――信虎・信玄・勝頼』（高志書院、二〇一〇年）
谷口克広『信長と家康――清須同盟の実体』（学研新書、二〇一二年）
平野明夫『徳川権力の形成と発展』（岩田書院、二〇〇六年）
平山　優『敗者の日本史9　長篠合戦と武田勝頼』（吉川弘文館、二〇一四年）
本多隆成『定本　徳川家康』（吉川弘文館、二〇一〇年）
丸島和洋『戦国大名武田氏の権力構造』（思文閣出版、二〇一一年）
丸島和洋『戦国大名の「外交」』（講談社選書メチエ、二〇一三年）

柴　裕之（しば・ひろゆき）
一九七三年生まれ。東洋大学・駒澤大学非常勤講師。博士（文学）。
◉主要業績『戦国・織豊期大名徳川氏の領国支配』（岩田書院、二〇一四年）、『徳川家康　境界の領主から天

下人へ』（平凡社、二〇一七年）、『図説　徳川家康と家臣団』（共編著、戎光祥出版、二〇二二年）など。

第三章

家康の領国支配は、どのように行われたか？

徳川氏研究の現状

永禄三年（一五六〇）五月の桶狭間の戦いで今川義元が戦死したのち、松平元康《もとやす》（徳川家康）は今川氏の傘下を離れ、天正十八年（一五九〇）七月に豊臣秀吉によって関東へ転封《てんぽう》されるまでの間に、三河（愛知県東部）から遠江《とおとうみ》（静岡県西部）、さらに駿河（静岡県東部）・甲斐（山梨県）・信濃《しなの》（長野県）へと領国を拡げた。

しかし、この時期の家康がどのように領国支配を行ったのか、現在でもわからない点が多い。その背景には史料の残存状況と、江戸時代に作成された家譜（先祖の業績を記した系図類）や歴史書の存在がある。江戸時代の人々にとって家康は神（東照大権現）であり、徳川氏の家臣だった譜代大名や旗本・御家人たちは、「自分の先祖が家康のために、どれだけ尽くしてきたか」を強調し、江戸幕府もこれに基づいて歴史書を編纂してきた。

このような「徳川中心史観」を排し、家康と同時代の史料（古文書や日記など）を用いて、戦国・織豊《しょくほう》期の松平・徳川氏を実証的に評価しようとする動きが現れたのは、戦後になってからである。特に、新行《しんぎょう》紀一《のりかず》氏が執筆した『新編岡崎市史』によって、松平・徳川氏に関する基本的な事実が明らかにされ、さらに近年でも、本多隆成《たかしげ》氏・平野明夫氏・谷口央《ひさし》氏・柴裕之氏らを中心に研究が進められている（章末の参考文献を参照）。

本章では、家康が三河の戦国大名として自立してから、関東へ転封されるまでの時期を取り上げ、徳川氏の領国支配がどのように行われたかを見ていきたい。

三河の戦国大名徳川氏

松平氏は、松平郷（愛知県豊田市）から出て西三河の各地に庶家を分立させた一族で、家康はその惣領《そうりょう》家（安城《あんじょう》松平氏）に生まれた。松平氏の権力構造は「一族一揆」であり、松平一族が西三河の各地を支配しながら、惣領の安城松平氏を支えていた

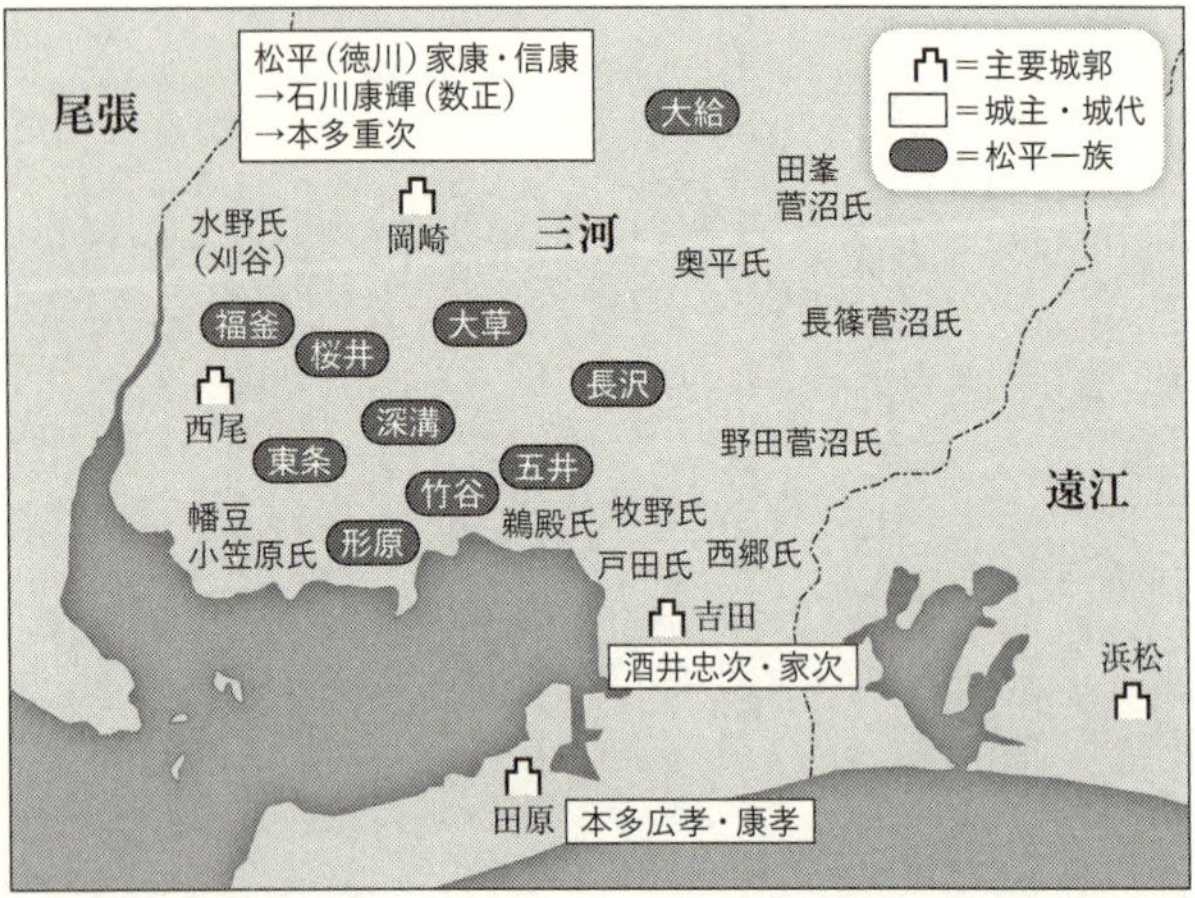

【地図①】三河の主な国衆（筆者作成）

と考えられている（新編岡崎市史：一九八九）。実際に、松平一族で深溝《ふこうず》（愛知県幸田《こうた》町）の領主だった松平家忠《いえただ》の日記を見ると、家康は天正十年（一五八二）頃まで「家康」と呼び捨てにされている（『増補続史料大成家忠日記』）。家忠から見た家康は主君ではなく、あくまで松平一族のリーダーだったということだろう。

さらに、戦国期の三河には松平一族のほかに、戸田《とだ》氏・牧野《まきの》氏・西郷《さいごう》氏など、各地を支配する地域領主（国衆《くにしゅう》）が多く存在し、特に奥三河では、奥平《おくだいら》氏や菅《すが》沼《ぬま》氏が「山家《やまが》三方衆《さんぽうしゅう》」として、独自に領域支配を行っていた（地図①）。国衆にとって戦国大名は、自らの存立を保障してくれる存在であり、複数の戦国大名と「両属」の関係になることもあれば、別の戦国大名に寝返ることもあった。家康自身も、桶狭間の戦い以前は戦国大名今川氏に従属する国衆の一人であり、今川氏から自立したあとは、自らが国衆の存立を保障する領域権力（戦国大名）になって、三河の統一を果たしたのである。

戦国大名になった家康の画期として、永禄九年（一五六六）に「徳川」へ改姓し、永禄十二年（一五六九）に「福徳《ふくとく》」朱印の使用を始めたことが挙げられる。徳川へ改姓することによって、家康は松平一族の惣領の立場から脱し、三河の「国主」として君臨する立場を明確にした。また「福徳」朱印は、永禄十二年に戦国大名今川氏が没落したことをきっかけに、今川氏から徳川氏への支配者の交替（代替り）を家康が示したものとして評価されている（柴：二〇一四）。

さらに家康は、今川氏の三河支配の拠点だった吉田《よしだ》（愛知県豊橋市）に酒井忠次《ただつぐ》を、戸田氏の居城だった田原《たはら》（愛知県田原市）に本多広孝《ひろたか》を配置して、城の周辺地域（領）の支配を担わせた。特に酒井は、東三河の国衆を統括する存在（旗頭《はたがしら》）として位置づけられている。一方、西三河は岡崎（愛知県岡崎市）の家康が支配し、元亀元年に家康が浜松（静岡県浜松市中央区）へ居城を移したあとは、嫡男の信康《のぶやす》が岡崎城主として西三河の国衆（松平一族など）を統括した。天正七年（一五七九）に信康が廃嫡されたあとは石川康輝《やすてる》（数正《かずまさ》）、天正十三年（一五八五）に康輝が出奔したあとは本多重次《しげつぐ》が後任になり、徳川氏が関東へ転封されるまで、この体制が維持されることになる。

徳川氏の三河・遠江支配

永禄十一年（一五六八）末、甲斐の武田信玄が今川領国の駿河へ侵攻し、家康もこれに応じて三河から遠江へ侵攻した。当初は「国分《くにわけ》」（領土分割）に従って駿河を武田氏、遠江を徳川氏が領有したが、元亀三年（一五七二）に信玄が家康と断交して徳川領国へ侵攻すると、遠江と奥三河は徳川・武田両氏の紛争地域（境目）になり、天正三年（一五七五）五月の長篠の戦いで徳川氏が優位な状況になるまで、この地域の国衆は徳川・武田両氏の間で従属と離反を繰り返した。

今川氏や武田氏と戦っていた頃の徳川氏は、従属した者の領地や権益をそのまま認め、統一的な検地（土地の調査）を行った形跡はない（織田信長にも同じことが言える）。では、この時期の徳川領国では、どのような支配が行われていたのだろうか。

その手がかりとなるのが、徳川氏が寺社に対して出した諸役免許状である（鈴木：二〇二三）。諸役とは、年貢とは別に村や町が領主から賦課される税金や夫役《ぶやく》（労働奉仕）の総称で、村・町の有力者や寺社は、戦場に動員されたり、祈禱などを務めたりする代わりに、諸役の賦課を免許されていた。

ここでは、遠江国鷲津《わしづ》（静岡県湖西市）の本興寺《ほんこうじ》に宛てて出された二通の文書を見てみよう。

①（『戦国遺文今川氏編』一九一九号）

一、棟別《むなべつ》免許の事、
一、普請人足《ふしんにんそく》免許の事、
一、陣僧《じんそう》・飛脚免許の事、
一、竹木見伐等免許の事、
右条々、先の判形《はんぎょう》の旨に任せ、門前在家四分一《しぶいち》・押立《おしたて》等、前々のごとく、諸役これを永く免除す、

②（『静岡県史』資料編8中世4、四〇〇号）

一、陣僧・飛脚ならびに棟別免許の事、
一、竹木見伐ならびに四分一・普請人足・押立等、免許の事、
右条々、先の判形の旨に任せ、永くこれを免除せしめおわんぬ、

①は永禄六年（一五六三）五月に今川氏真《うじざね》が、②は元亀三年二月に家康が、それぞれ本興寺に宛てて出した文書である（必要な箇所以外は略し、原文を読み下しにした）。条文は異なるが①②共に同じ内容で、棟別銭《むなべつせん》（家ごとに賦課される税）や陣僧（討死した武士の菩提を弔い、敵方への使者となる僧）・飛脚の供出、門前に住む人々の普請人足

役（城や堤防などの工事に動員される役）・四分一役（家四間《けん》に一人を基準として賦課される人足役）・押立（正規の命令・許可に拠らない強制徴発）などが免許されている。また、いずれも「先の判形の旨に任せ」とあることから、以前に受給した文書を本興寺が提示し、今川氏・徳川氏・徳川氏がその内容を追認したことがわかる。

さらに、徳川氏は今川氏を没落させたあと、今川領国の基準枡であった下方枡《しもかたます》（三斗枡）と米方《こめかた》・代方《だいかた》制（米と銭を併用して年貢を納入する方法）を引き継いでおり、徳川領国下の三河・遠江では、基本的に前代（今川領国）と同じ形で支配が行われたと考えられる。

五ヶ国領有期の徳川氏

天正十年（一五八二）三月、甲斐武田氏を滅ぼした織田信長は、武田領国の国割《くにわり》（領土の配分）を行い、家康に駿河を与えた。この頃の家康は信長に従属する大名（織田大名）になっており、松平家忠の日記でも、信長は「上様」と呼ばれている。

その後、信長の死（本能寺の変）をきっかけに勃発した旧武田領国をめぐる動乱（天正壬午《てんしょうじんご》の乱）を経て、甲斐と信濃（上杉景勝《かげかつ》の領国になった北信濃を除く地域）も徳川氏の領国になり、家康は五ヶ国を支配する大大名へと成長した。なお、松平家忠の日記でも、天正十一年（一五八三）頃に「家康」から「家康様」「殿様」へ呼び方が変化しており、三河の松平一族も、この時期を境に家康を主君として認めたようである。

家康は甲斐を制圧したのち、平岩親吉《ひらいわちかよし》を甲府（山梨県甲府市）の城将とし、その下に成瀬《なるせ》正一《まさかず》・日下部《くさかべ》定吉《さだよし》（両奉行）と、武田氏の旧臣（甲斐四奉行）を配置した。平岩は甲斐の徳川家臣に対する軍事指揮権を持っていたが、甲斐の支配には関与せず、成

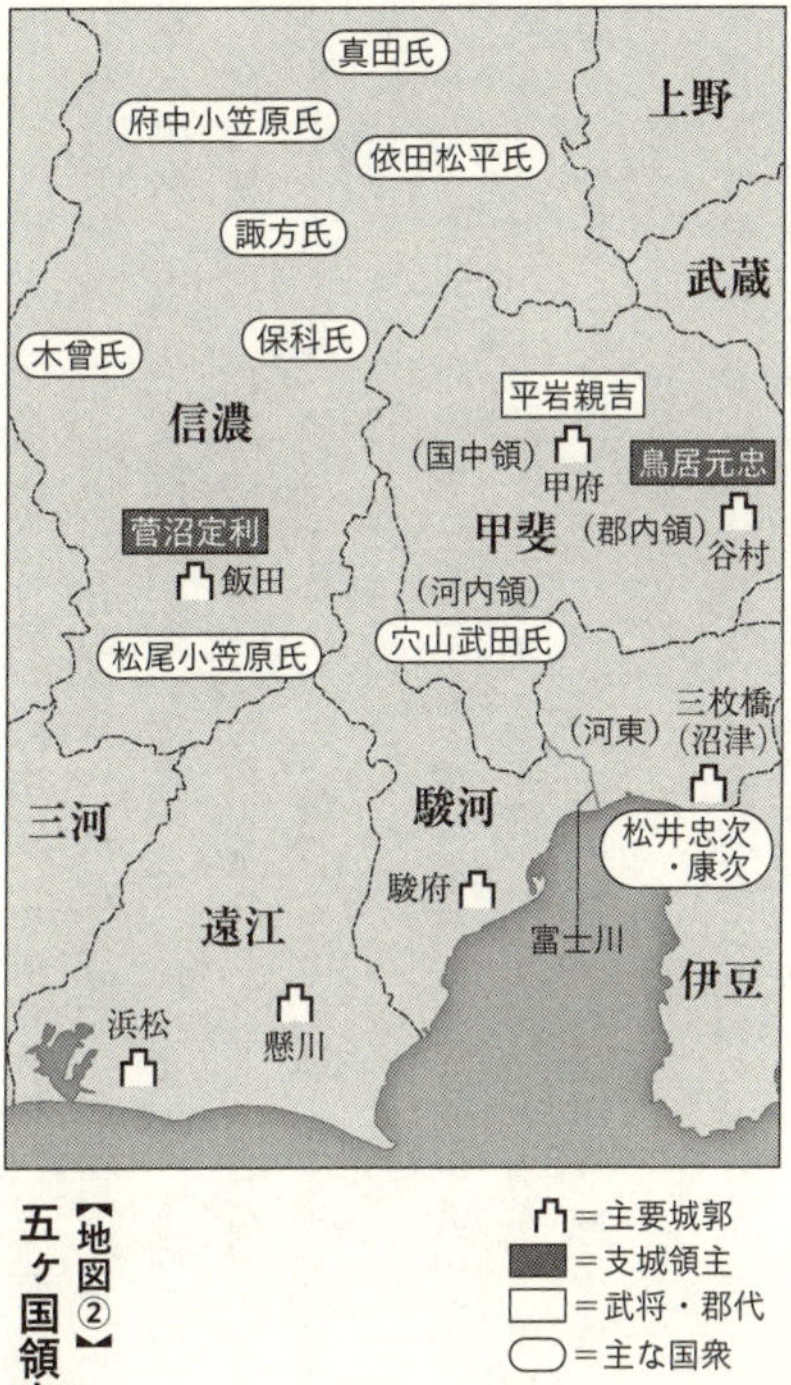

【地図②】五ヶ国領有期の徳川領国（筆者作成）

瀬・日下部と「甲斐四奉行」が国中領《くになか》（甲府盆地周辺）で徴税などの実務を担当した。さらに、関東（北条領国）との境目に当たる駿河の河東《かとう》（富士川以東）地域には松井忠《ただ》次《つぐ》・康次《やすつぐ》父子、甲斐の郡内領《ぐんない》（都留《つる》郡一帯、武田領国下で国衆の小《お》山田《やまだ》氏が支配した地域）には鳥居元忠《もとただ》、信濃の飯田領（長野県飯田市一帯）には菅沼定利《すがぬまさだとし》を、それぞれの地域担当者（支城主《しじょうしゅ》・支城領主）として配置し、居城とその周辺地域（領）の支配を担わせた（柴：二〇一四）。

一方、甲斐の河内領《かわうち》（南巨摩《こま》郡一帯）を支配する穴山《あなやま》武田氏や、信濃の真田《さなだ》氏（小県《ちいさがた》郡など）・府中《ふちゅう》小《お》笠原《がさわら》氏（筑摩《ちくま》・安曇《あずみ》郡）・諏方《すわ》氏（諏方郡）・依田《よだ》松平氏（蘆田《あしだ》氏、佐久《さく》郡）・木曾《きそ》氏（木曾郡）など、「天正壬午の乱」の過程で徳川氏に従属した国衆（地域領主）も多く存在した（地図②）。

家康は織田・豊臣政権に従属する立場（織田・豊臣大名）になったあとも、領域権力として国衆の存立を保障する存在であることに変わりはなく、徳川氏は基本的に、従属国衆の領域支配に介入することはなかった。これらの地域で、徳川氏の発給文書が残されていないことが、それを裏づけている。

豊臣大名徳川氏の「国家」改革

天正十四年（一五八六）十月、家康は上洛して豊臣秀吉に従属し、豊臣政権の下で領国を支配する大名（豊臣大名）になった。また、上杉景勝や秀吉との抗争の中で徳川氏から離反した信濃の真田氏・府中小笠原氏・木曾氏なども、秀吉の命で家康の下に配属されている（平山：二〇一一）。

豊臣政権に従属したあとの家康は、秀吉の下で官位を上昇させ、家中《かちゅう》（一族と家臣の集団）に対する影響力を強める一方で、豊臣政権から賦課される「際限なき軍役《ぐんやく》」に対応するため、「国家」（家中と領国）の構造改革を断行した。

①徳川氏の「五十分一役」

まず、天正十五年（一五八七）から翌十六年（一五八八）にかけて、徳川氏は領国内に「五十分一役」を賦課した。最も多くの史料が残されている甲斐の場合、家臣・寺社の知行高（高辻《たかつじ》）の五十分の一（二％）に当たる額が徳川氏に納められている（鈴木：二〇〇六）。ただし、徴収の際に示された基準は貫高《かんだか》（銭の数量）であるが、甲州枡《ます》（甲斐の地域枡、二斗枡）による俵高《ひょうだか》（米の分量）に換算され、実際の納入はすべて籾米《もみごめ》で行われていた（『山梨県史』資料編4中世1、四三三号ほか）。また大久保長安《ながやす》など、のちに検地奉行として活躍し「地方巧者《じかたこうしゃ》」と呼ばれる甲斐出身の家臣たちが、この頃から史料上で見られるようになり、「五十分一役」の徴収でも中心的な役割を果たしている。

一方、駿河では下方枡（三斗枡）が使用され、甲斐と駿河の両方に知行地を持つ者に対しては、甲州枡を「六合摺《ろくごうず》り」（六十％）にした数値を下方枡と同等とする、地域同士の換算値が存在した（『山梨県史』資料編5中世2、八九〇号）。

さらに、徳川氏の直轄領だった遠江の宇布見郷《うぶみのごう》（静岡県浜松市中央区）では、年貢高の五十分の一（二％）に当たる額を差し引いて「五十分一役」を徳川氏に納入している。三河の亀山《かめやま》村（田原市）でも、年貢高の五十分の一（二％）に当たる額が「御《ご》公方《くぼう》（徳川氏）」への納入分から差し引かれている（『愛知県史』資料編織豊3、一五七〇号）。すなわち、「五十分一役」は地頭《じとう》（直轄領であれば大名、知行地であれば家臣・寺社）が徴収する年貢の五十分の一に当たる額が切り離され、村ごとに納入されていたことがわかる。

なお、三河では一年遅れの天正十六年・十七年に「五十分一役」が賦課され、家臣・寺社の知行高（高辻）ではなく定納《じょうのう》高（高辻から不作分や諸経費などを差し引いた額。実際に村から納入される年貢高）を基準としていた（谷口：二〇一四）。本稿にたびたび登場する松平家忠は、知行高（高辻）の五十分の一（二％）に当たる額を徳川氏に納入したが、定納高の五十分の一（二％）でよいことをあとで知らされ、徳川氏の奉行から差額を返還されている。したがって、徳川氏の本国だった三河では、ほかの三ヶ国（遠江・駿河・甲斐）よりも「五十分一役」の負担が軽かったようである。

また「五十分一役」は、先に挙げた従属国衆や鳥居元忠（甲斐の郡内領）・菅沼定利（信濃の飯田領）の支配領域では賦課されておらず、徳川氏が直接支配する領域（三河・遠江・駿河と甲斐の国中領）に限定されていたことが確認できる。

②領国検地の実施

続いて、徳川氏は天正十七年（一五八九）から翌十八年（一五九〇）にかけて領国検地を実施した。この検地では、一反《たん》＝三百六十歩《ぶ》・大半小《だいはんしょう》制（一反の三分の二を「大」、二分の一を「半」、三分の一を「小」と記す旧来の方法）で土地の面積を把握して、分付《ぶんづけ》主《ぬし》（年貢納入の責任者。実際の耕作者と別人であることも多い）を記載し、下方枡による俵高制を基準にしていた（本多：一九八九ほか）。三河の松平一族の領地でも、この時に初めて徳川氏による検地が実施されている。

また、徳川氏は検地と並行して、年貢や夫役（労働奉仕）などに関する「七ヶ条定書」を、領国内の村に交付した（『愛知県史』資料編織豊3、一五一一号ほか）。以下に現代語訳した条文を掲げておく（新編岡崎市史：一九八九ほか）。

第一条　年貢納入については「請負証文《うけおいしょうもん》」で明記しており、少しでも滞納するのは、けしからぬことである。地頭が遠くに住んでいる場合は、五里以内なら年貢を届けよ。地頭が知行地にいる場合は、その場所へ年貢を納めよ。

第二条　戦時の陣夫役《じんぷやく》は、村の年貢高二百俵につき馬一疋《ぴき》と人夫一人を出せ。荷物は下方枡で五斗を基準とし、人夫への扶持《ふち》として一日に米六合、馬の飼料として大豆一升を、地頭が支給せよ。馬がない場合は徒歩の人夫二人を出せ。夫免《ぶめん》は「請負一札《うけおいいっさつ》」の通り、一反に一斗ずつ差し引いて充てる。

第三条　百姓屋敷の分として、百貫文につき三貫文（三％）の割合で、中田《ちゅうでん》を年貢免除地とする。

第四条　地頭が百姓等を雇う場合は年に十日、代官が雇う場合は年に三日、家ごとに人夫を出せ。扶持米は陣夫役と同じとする。

第五条　「四分一」は、村の年貢高百貫文につき二人ずつ、人夫を出せ。

第六条　村が請け負った年貢について、大風・大水・大旱《ひでり》の年は、「春法《ついほう》」をもって定める。

第七条　村に竹藪があれば、年に公方（徳川氏）へ五十本、地頭へ五十本の竹を出せ。

右の七ヶ条を定める。もし地頭がこれを守らない場合は、「目安《めやす》」で（徳川氏に）言上せよ。

これを見ると、村から徳川氏に対して「請負証文」（年貢を滞納しないことを誓約した文書）が提出され（第一条）、災害などで村が請け負った額の年貢を納入できない時は、収穫高の検分（春法）によって、その年の年貢高を決定していた（第六条）。また、地頭が村人を陣夫（戦場で荷物を運ぶ役目を負った非戦闘員）などに動員する場合には、恣意的な使役が行われないよう、日数や扶持（給与）が規定されており（第二条・第四条・第五条）、もし地頭がこれを守らない場合は、村が徳川氏に直接訴え出るよう指示されている（末文）。村人が夫役を務めた場合は、村の年貢高から「夫免」が差し引かれ、逆に人夫を出さない場合は、村が地頭に対して「夫銭《ぶせん》」を負担した。なお、「四分一」（四分一役、第五条）は、この頃には普請役（城や堤防などの建築・修理に従事する役）を指す言葉として使われていたようである。

このように、検地と「七ヶ条定書」の交付、「請負証文」の提出を経て、村の年貢高が決定され、それぞれの知行高を記した「知行《ち》書立《ぎょうかきたて》」が家臣・寺社に手渡された。知行書立には「百姓請負一札これあり」と記されており、徳川氏と村との間で取り交わされた「請負証文」の存在が、家臣・寺社の知行高（年貢収入）を示す証拠とされている。また、徳川氏はこの時に決定した知行高をもとに、家臣に対して軍役を賦課した。

なお余談だが、徳川氏の領国検地が行われた頃に、奉行の彦坂元正《ひこさかもとまさ》が三河の東観音寺《とうかんのんじ》（豊橋市）に宛てて、次のような手紙を出している（『愛知県史』資料編織豊3、一五七二号。必要な箇所以外は略し、現代語訳した）。

家康様が終日ご機嫌の良い時に、私（彦坂）が東観音寺の領地について申し上げたところ、「来年の春に三河へ行った時に安堵状を出す」と家康様が仰いましたので、ご安心ください。

家康は後世に「忍従の人」という人物像が創られ、現代でもそのようなイメージを持たれている。しかし実際の家康は、機嫌が良い時と悪い時の差が激しく、周囲の家臣たちも、家康に対して相当に気を遣っていたようである。

③太閤検地と徳川氏の領国検地

徳川氏の検地は、領国内の五ヶ国（三河・遠江・駿河・甲斐・信濃）に対する「五ヶ国総検地」とされ、豊臣政権の検地（太閤検地）とは異なる方法で実施されたことから、徳川政権（江戸幕府）を成立させる前の徳川氏が、豊臣政権から「相対的に自立」していたことの証拠として評価されてきた（本多：一九八九ほか）。これに対して、徳川氏の検地は豊臣政権の命令で太閤検地の一環として実施され、家康が「百石につき五人」という規定に基づいて豊臣政権の軍役を務めた点などから、「五ヶ国総検地」は徳川氏の自立性を示すものとは言えない、とする説もある(平野:二〇〇六)。

確かに、北陸地方の前田利家や中国地方の毛利輝元《てるもと》など、豊臣政権に従属した有力大名も、ほぼ同じ時期に太閤検地と異なる基準で領国検地を実施しており、徳川氏の検地も、豊臣政権下で実施された大名検地の一つとして評価することができる。だが、秀吉は家康や輝元に対して検地を実施するよう指示してはいるが、豊臣政権が徳川氏や前田氏・毛利氏らの領国支配に関与した形跡は、全く見られない。秀吉が大名領国に奉行を派遣して検地を実施したのは、薩摩(鹿児島県)の島津氏や常陸《ひたち》(茨城県)の佐竹氏、安房《あわ》(千葉県南部)の里見氏などのように、豊臣大名として存立できない危機に陥った場合や、大名側から要請された場合に限られていた。

また、徳川氏の領国検地は「五十分一役」と同じく、徳川氏が直接支配する領域だけが対象とされ、従属国衆や鳥居元忠(甲斐の郡内領)の支配領域では実施されていない(柴:二〇一四)。一方、菅沼定利は信濃の飯田領で俵高制による検地を実施しており、これまでは「五ヶ国総検地」の一環と見なされてきたが、飯田領で使用されたのは信濃の「国枡《くにます》」(二斗枡)で、徳川氏の検地(下方枡、三斗枡)とは枡の基準が異なる。さらに、「七ヶ条定書」も現在では二百点以上が確認されているが、交付された地域は徳川氏の検地と同じく、三河・遠江・駿河と甲斐の国中領(甲府盆地周辺)

に限られている。

これまでの研究では、秀吉が太閤検地を全国で実施し、豊臣政権の下で京枡《きょうます》（京都とその周辺で使用された枡）による石高《こくだか》制に統一されたと理解され、日本史の教科書でもそのように説明されてきた。しかし実際は、戦国期以前からの各地域の基準（貫高・俵高や地域枡）が、豊臣政権下の大名領国でもそのまま用いられ、豊臣政権の基準（京枡による石高制）との換算値が存在したことが、近年明らかにされている（鈴木：二〇一〇）。

同じように、徳川氏も天正十七年（一五八九）・十八年（一五九〇）の検地で領国内の基準を下方枡による俵高制に統一したが、従属国衆の支配領域では貫高が用いられており、また甲斐では甲州枡、信濃では国枡というように、それぞれの地域枡も引き続き使用されていた。豊臣政権と各大名領の関係と同じく、徳川氏が直接支配する領域と国衆領との間にも、換算値が存在したのである。

したがって、豊臣政権が関東の北条氏を討伐するため出兵した際に、家康が「百石につき五人」という豊臣政権の軍役規定に従って、三万人の兵を率いたのも、徳川氏が直接支配する領域では検地によって家臣の知行高（軍役の賦課基準）を把握し、その他は豊臣政権―徳川領国―国衆領の換算値を利用したからに他ならない。

④関東転封後の徳川氏と領国支配

天正十八年（一五九〇）七月に北条氏を滅亡させた秀吉は、徳川氏を旧北条領国に転封した。家康は江戸（東京都）に入ったあと、松平一族や家臣・国衆に領地を配分し、松平家忠も三河の深溝から武蔵の忍《おし》（埼玉県行田市）へ移っている。

また、徳川氏は村の指出《さしだし》（戦国大名北条氏の時代の先例）をもとに検地を実施し、村から検地役人に「請負証文」を提出させ、村の年貢高と家臣・寺社の知行高を決定した（中野：二〇〇五）。徳川氏が関東で実施した検地は、太閤検地と同じく石高を基準にしているが、分付主を検地帳に記載し、畑の年貢賦課の基準を永高《えいだか》（永楽銭《えいらくせん》の数量）で把握して、一貫文＝五石で石高に換算するなど、太閤検地の方針を取り入れつつも、独自の方法で検地を実施したと評価されている（和泉：一九九五）。

その一方で、下総《しもうさ》の矢作《やはぎ》（千葉県香取市）に入った鳥居元忠や、上総《かずさ》の大多喜《おおたき》（千葉県大多喜町）に入った本多忠勝《ただかつ》など、徳川領国内の各地に配置された重臣たちも、居城とその周辺地域（領）の支配を独自に行っていた（柴：二〇一四）。

豊臣政権は石高によって大名の知行高を把握し、これに基づいて大名に軍役や知行役（城普請など）を賦課した。このような体制は徳川政権（江戸幕府）にも引き継がれ、明治維新まで存続したが、その内実は中央政権（豊臣・徳川政権）と大名領国がそれぞれの基準を持ち、重層性を内包しながら成立していた。

徳川氏の領国支配の特徴

これまでの研究では、信玄や信長、秀吉などと同じように、家康の個性が強調され、彼らがどのように直接支配を行ったか、という点が重視されていた。これに対し近年では、大名の一族や家臣、国衆（地域領主）などの存在が注目され、家康と信長・秀吉との関係や、徳川氏の領国支配の実態も見直されるようになっている。

本章の内容をまとめると、家康は今川氏の支配方法を引き継いで三河・遠江の支配を行い、戦国大名（領域権力）として従属国衆の存立を保障する存在であった。さらに、織田・豊臣政権に従属する大名（織田・豊臣大名）になったあとも、その構造は変わらず、五ヶ国領有期の徳川領国では、徳川氏が設定した統一基準（下方枡による俵高制）と各地域の多様な慣行（貫高制や地域枡）が併存していた。このような状況は、豊臣政権と従属大名（徳川氏・前田氏・毛利氏など）の関係においても、全く同じであったと言えるのである。

【主要参考文献】

和泉清司『徳川幕府成立過程の基礎的研究』（文献出版、一九九五年）
久保田昌希編『松平家忠日記と戦国社会』（岩田書院、二〇一一年）
柴裕之『戦国・織豊期大名徳川氏の領国支配』（岩田書院、二〇一四年）
鈴木将典「戦国織豊期村落の年貢収取体制――遠州宇布見郷年貢勘定書の分析を通して」（『地方史研究』三一七号、二〇〇五年）
鈴木将典「「五十分一役」の再検討――徳川領国下の甲斐を中心に」（『戦国史研究』五一号、二〇〇六年）
鈴木将典「豊臣政権下の信濃検地と石高制」（『信濃』六二巻三号、二〇一〇年）
鈴木将典「東海地域における戦国大名の諸役賦課――今川・武田・徳川領国を事例として」（『武田氏研究』四八号、二〇一三年）
谷口央『幕藩制成立期の社会政治史研究――検地と検地帳を中心に』（校倉書房、二〇一四年）
中野達哉『近世の検地と地域社会』（吉川弘文館、二〇〇五年）
平野明夫『徳川権力の形成と発展』（岩田書院、二〇〇六年）
平山優「戦国期東海地方における貫高制の形成過程――今川・武田・徳川氏を事例として」（『武田氏研究』三七・三八号、二〇〇七・二〇〇八年）
平山優『武田遺領をめぐる動乱と秀吉の野望――天正壬午の乱から小田原合戦まで』（戎光祥出版、二〇一一年）
本多隆成『近世初期社会の基礎構造――東海地域における検証』（吉川弘文館、一九八九年）
本多隆成『初期徳川氏の農村支配』（吉川弘文館、二〇〇六年）
本多隆成『定本　徳川家康』（吉川弘文館、二〇一〇年）
『新編岡崎市史』2　中世（新編岡崎市史編さん委員会、一九八九年）

鈴木将典（すずき・まさのり）

一九七六年生まれ。静岡市歴史博物館学芸員。博士（歴史学）。

◉主要業績　『戦国大名武田氏の領国支配』（岩田書院、二〇一五年）、『戦国大名武田氏の戦争と内政』（星海社新書、二〇一六年）、『国衆の戦国史』（洋泉社歴史新書y、二〇一七年）など。

第四章　家康と本能寺の変をめぐる謎

光秀による「家康の饗応失敗」をめぐって

天正十年（一五八二）六月、本能寺の変が勃発し、家康の主君である織田信長が明智光秀によって謀殺《ぼうさつ》された。家康は本能寺の変と無関係に思えるが、大いに関係していた。それは、明智光秀が担当した家康の饗応、そして家康が堺（大阪府堺市）からの脱出に成功した「神君伊賀越え」の二つになろう。

光秀が信長に恨みを抱いたのは、家康の饗応の接待役を務めた時の逸話にある。天正十年五月、信長は甲斐武田氏を滅亡した労をねぎらうため、家康を安土城（滋賀県近江八幡市）に招いて饗応することになった。家康はその軍功によって、すでに信長から駿河国を与えられていた。

同年五月十五日、家康は駿河拝領のお礼を申し述べるため、武田勝頼を裏切った穴《あな》山梅雪《やまばいせつ》（信君《のぶただ》）を伴って、信長の居城の安土城に参上した。この時、家康らの接待役という重大な役目を信長から任されたのが光秀だった。『川角《かわすみ》太閤記』には、その時の状況が次のように描かれている。

安土に到着した家康の一行は、光秀の屋敷を宿とした。宴会の当日、信長は光秀の屋敷に足を運び、宴会に供される肴の準備状況を確かめようとした。ところが、時期は初夏の頃であり、生魚などが傷んでいたのか、すでに猛烈な悪臭が門前に漂っていた。驚いた信長が台所へ飛んでいくと、案の定、料理が腐って臭気を放っていた。

信長は「これでは家康のもてなしができない」と激昂《げきこう》し、堀秀政《ほりひでまさ》の屋敷に家康の宿を変えさせたのである。これは、光秀の大失態だった。体面を失った光秀は、用意した料理を器ごと安土城の堀に廃棄したので、安土城下一帯に悪臭が漂ったという。結局、光秀は家康の接待役を更迭《こうてつ》され、おまけに羽柴（豊臣）秀吉の援軍として、毛利方の清水宗治《しみずむねはる》が籠る備中高松城《びっちゅうたかまつ》（岡山市北区）への出陣を命じられた。格下げのような扱いである。

立場をなくした光秀は、信長を深く恨んだという。ほかの史料では信長が光秀の準備した料理を琵琶湖に投げ捨てさせたとか、信長の命を受けた小姓の森蘭丸《もりらんまる》が鉄扇で光秀の額を割ったとか、さまざまなエピソードが伝わっている。

根拠となった『川角太閤記』は、本能寺の変から関ヶ原の戦いまでの期間、豊臣秀吉の動向を中心に記した聞き書きである。田中吉政《よしまさ》の家臣・川角三郎右衛門が作者とされ、成立はおおむね元和七年（一六二一）から同九年の間と言われている。成立年が早く人物が生き生きと描かれているが、実際には内容に誤りが多いと指摘されている。

光秀の饗応の話は『川角太閤記』などの質の劣る二次史料に記されたものであり、現在では否定的な見解が多数を占めている。もし、光秀が本当に失態を犯したならば、せめて『信長公記《しんちょうこうき》』くらいには記述があるはずだ。それすらもないうえに、話があまりに荒唐無稽《こうとうむけい》ではないだろうか。

だいたい、門前に悪臭が漂っているのに、光秀が気づかないことなどありえないだろう。光秀が気づかなくても、配下の者が知らせるはずである。そうでなければ、あまりにお粗末すぎる。また、光秀が秀吉の援軍を命じられたのは、饗応で失態を演じたからではない。毛利方の備中高松城の攻防が大詰めとなり、秀吉からの援軍要請に応じて、信長が光秀に命じたものである。信長にとって、毛利氏との戦いは非常に重要だったので、もっとも信頼できる光秀を派遣しようとしたのだ。

改めて確かな史料で、饗応の状況を確認してみよう。

同年五月十二日、光秀は家康をもてなすため、奈良の興福寺などに調度品の貸し出しを依頼し、それらは安土城に運ばれていた（『多聞院日記《たもんいんにっき》』）。光秀は準備に奔走しており、かなり念入りだった。『信長公記』にも「京都・堺にて珍物をととのえ」と書かれており、家康のもてなしには光秀の最大限の配慮が見られる。結果、光秀による家康の饗応は、無事に終わったのである（『兼見卿記《かねみきょうき》』）。

『川角太閤記』の本能寺の変に関する記述は、生き残った光秀の旧臣からの聞き取りをもとにしたというが、そのまま素直に受け取るわけにはいかないだろう。成立年が早いことと信憑《しんぴょう》性の高さは、必ずしも一致しない。光秀が家康の饗応に失敗した話は、史実とは認めがたいのである。

フロイスの『日本史』に見る信長と光秀

光秀が家康の饗応で大失態を犯し、信長から饗応役を更迭された説は、質の劣る史料に書かれたことで信用できない。しかし、この時に信長と光秀との間に何らかのトラブルがあったことは、フロイスの『日本史』に次のとおり書かれている。

これらの催し事（家康の饗応）の準備について、信長はある密室において明智（光秀）と語っていたが、元来、逆上しやすく、自らの命令に対して反対（の意見）を言われることに堪えられない性質であったので、人々が語るところによれば、彼(信長)の好みに合わぬ要件で、明智(光秀)が言葉を返すと、信長は立ち上がり、怒りをこめ、一度か二度、明智(光秀)を足蹴《あしげ》にしたということである。

信長と光秀が家康の饗応について、密室で話をしていたところ、信長の気に入らない話題が出て、光秀が口ごたえをした。信長は面談の途中に逆上して、光秀を一、二度足蹴にしたというのである。信長がどういう話題で立腹し、光秀を足蹴にしたのかも不明である。

この話はフロイスが直接見たのではなく、「人々が語るところによれば」とあるように、伝聞だったことに注意すべきである。ほかにも「密室において」という言葉が示すように、そもそもはオープンな話ではなかった。『日本史』のこの箇所の続きは省略したが、フロイスは明確な根拠があって、右の信長による光秀への暴力事件を書き留めたのではなく、市中に漏れた噂話を記したに過ぎないのである。

いずれにしても、ニュースソースが明らかではなく、この『日本史』の記述内容には、大いに疑問が残ると言わざるを得ない。

フロイスの『日本史』の史料性は、どのように考えるべきだろうか。最近の研究によると、『日本史』は何の疑問も持たれず活用されてきたか、外国人の宗教者が書いたので、信用できないとする二項対立の側面があったという。フロイスはキリスト教に理解を示す大名を好意的に記し、そうでなければ辛口の評価を与えた。

したがって、無批判な使用は慎むべきであるが、日本側の史料と突き合わせることにより、事実関係が信用できることもあると指摘されている。この記述に限らず、『日本史』の史料的な評価については、さらに検討が必要である。

光秀の饗応事件については、多くの二次史料が雄弁に物語っているが、一次史料では裏付けが取れない。この時点で、信長は光秀に特別な悪感情を抱いたとは思えず、羽柴（豊臣）秀吉の援軍として、中国方面への出陣を命じたほどだ。それは信長が光秀を信頼していた証拠であり、左遷と考えるべきではない。もし、信長が光秀に不満を持っていたならば、佐久間信盛《さくまのぶもり》らのように厳しい処罰を科すはずである。

信長による「家康討伐計画」説

最後に取り上げるのは、信長は家康を討とうとしたという説である（明智：二〇一三）。この説は大きな反響を呼び、何度か関係した書籍が刊行されたが、主旨には大きな変化は見られない。その主張は、おおむね次のとおりである。

光秀は土岐《とき》氏を再興して新政権を樹立することを目的とし、同盟を諸将と結ぼうと画策した。その一人が家康だった。家康は信長と同盟を結んでいたが、天正七年（一五七九）九月、信長の命によって、嫡男の信康《のぶやす》が自害に追い込まれたので、家康は深く信長のことを恨んでいたという。一方の信長は、天正十年（一五八二）三月に武田氏が滅亡したので、家康の利用価値がなくなり、その存在が逆に脅威にすらなりかねなかったと指摘する。将来的に家康が歯向かってくるということだろう。

信長は用済みになった家康を討つため、その領国を攻撃しようと計画していた。天正十年五月、信長は家康を討つため安土城に招こうとしたが、家康自身も信長に討たれることを事前に察知していたという。信長から家康の接待役を命じられた光秀は、家康と安土で面会し、信長が家康を殺害しようとしていること、信長が家康の領国に攻め込もうとしていることを伝え、光秀は家康を味方に引き入れた。

天正十年六月、信長は本能寺に家康を招いて、光秀に討たせる計画を実行に移そうとした。光秀が家康を殺したあとは、光秀と細川忠興《ただおき》、筒井順慶《つついじゅんけい》の軍勢が家康の領国に攻め込み、徳川家を完全に滅亡させる作戦だった。しかし、光秀は家康を討つ予定だったにもかかわらず、信長を殺害したのである。

光秀が信長を殺したのには理由があり、その一つは信長の長期政権構想にあった。信長の構想では、三人の息子（信忠《のぶただ》、信雄《のぶかつ》、信孝《のぶたか》）に諸国の支配を任せ、京都・安土の周辺を織田家直轄領で固めようと考えていたという。結果、光秀の領国だった丹波《たんば》、近江は取り上げられ、遠国に移されることが確実になったとする。むろん、光秀は将来を悲観したということになろう。

もう一つは、信長による「唐入り」（中国・明への侵攻）の計画である。信長が「唐入り」を構想していたことは、フロイスの『日本史』に書かれている。老齢の光秀にとって、異国の地で戦うことは大きな負担だった。やがて子の代に至っては、異国の地で滅亡することが懸念されたという。やはり光秀は、将来に希望が持てなくなったのだ。

ほかにも論点は多々あるが、以下、いくつかの重要な問題に焦点を絞って、この説を検討することにしよう。

信長は家康を用済みと考えたのか

天正十年（一五八二）三月の武田氏滅亡後、信長は家康の利用価値がなくなったと判断し、逆に脅威にすらなりかねないと考え、家康を討伐することを考えたという。もちろん、信長が討とうとしたという記録は残っていない。しかし、後世に成立した史料には、その一端を窺わせる記述が残っている。

寛永十七年（一六四〇）に成立した『本城惣右衛門覚書《ほんじょうそうえもんおぼえがき》』（『ビブリア』五七号に掲載）は、本能寺の変で明智軍に従った本城惣右衛門が晩年に書き残した記録である。

本能寺の変前後の状況をリアルに記録しており、注目を浴びている史料だ。本能寺の変の部分は、『真説　本能寺の変』（集英社）にも翻刻《ほんこく》されており、現代語訳としては、白峰旬『現代語訳　本城惣右衛門覚書』（歴史と文化の研究所）もある。

『本城惣右衛門覚書』は、変後約六十年を経て書かれた。ゆえに、惣右衛門に記憶違いや何らかの意図がなかったのかなど、検証すべき点は多々ある。惣右衛門は本能寺を急襲した時、門が開いて広間は静かだったこと、捕らえた女性が「信長が白い着物を着ていた」と言ったことも書いている。『本城惣右衛門覚書』が注目される理由は、一兵卒の当時の状況が率直に綴られていることである。非常にリアルであるが、それだけで内容のすべてが正しいとは言えないだろう。

本能寺の変の当日、行軍中の惣右衛門は、老ノ坂《おいのさか》から山崎方面に行くと思っていたが、行き先が京都であると知らされ、当時上洛していた徳川家康を襲撃すると思ったという。惣右衛門は光秀が信長を討つとは、全く思っていなかった。それどころか惣右衛門は、本能寺のことも知らないうえに、単に斎藤利三《としみつ》の息子のあとをついて行っただけであると証言している。この史料が家康討ちの根拠の一つになっている。以上の点についてては、どう考えればよいのだろうか。

家康討伐計画への疑問

『本城惣右衛門覚書』の記述は、惣右衛門自身が思っていたことで、明智軍のほかの兵卒がすべてそう思っていたのかは断言できない。覚書は子孫のために自身の経歴や軍功を書き残したもので、一種の回想録である。当人の晩年に至ってから、執筆することが大半である。したがって、単純な間違いや記憶の誤り、または自らの軍功をアピールするための誇張などが含まれている可能性があることに注意が必要である。

最初、惣右衛門は備中高松城の秀吉のもとに出陣すると聞かされていたので、急に進路変更になったことを疑問に思ったのだろう。その際、まさか主君の信長を討つとは考えがおよばず、家康を討つのではないかと思ったのである。なぜ家康なのかは、根拠が不詳である。ただ少なくとも、信長が家康を敵視する理由が見つからない。

これまでの「家康を討とうとした」と解釈した部分の原文は、「いへやすさま（家康様）御じゃうらく（上洛）にて候まゝ、いゑやすさま（家康様）とばかり存候」と書かれている。惣右衛門は、家康が上洛していたことを知っていた。問題なのは、「いゑやすさま（家康様）とばかり存候」の解釈である。これを「信長を討つものばかりと思っていた」と解釈するのは、やや飛躍がある。現在では、「秀吉への援軍ではなく、家康の援軍に変更になった」との解釈もなされている。

『本城惣右衛門覚書』の当該箇所が「家康を討とうとした」と解釈されたのは、フロイス『日本史』の「兵士たちはかような動きがいったい何のためであるか訝《いぶか》り始め、おそらく明智は信長の命に基づいて、その義弟である三河の国主（家康）を殺すつもりであろうと考えた」という記述に引きずられたものだ。『本城惣右衛門覚書』の「いへやすさま……」以下の箇所が誤訳であるのは、先述のとおりなので、光秀が家康を討とうとしたという説は成り立たない。

フロイスがなぜこう書いたのかは不明であるが、信長と家康の関係はそんなに悪かったのだろうか。

信長と家康の真の関係

信長と家康の関係は、本当に悪かったのだろうか。以下、近年の研究によって、考えることにしよう（平野：二〇二〇）。

もともと、信長と家康の関係は対等であり、信長が家康に軍事援助を求める際は、将軍・足利義昭を介して依頼する必要があった。家康は義昭と交渉できる関係だったので、義昭の命令があれば、まずそれを最優先し、信長の依頼はそれよりも優先度が落ちたと言われている。最初に信長と家康が結んだ同盟とは、単なる領土画定の段階で止まっており、軍事同盟の締結までは含んでいなかった。ゆえに家康は、信長の完全なコントロール下になかったのである。

天正元年(一五七三)に足利義昭が信長によって京都を追放されると、状況は大きく変わった。これまでの信長と家康の対等な関係は解消され、家康は信長の臣下となり、以後の家康は信長に従属することになった。天正三年の長篠の戦いで、信長は家康に国衆《くにしゅう》の一人として先陣を命じた(『信長公記』)。信長は家康を国衆の一人と考えていたのだから、その配下にあったのは明らかである。

天正九年(一五八一)一月、信長は配下の水野直盛《みずのなおもり》と水野忠重《ただしげ》らを番手《ばんて》(城で警護に当たる兵士または城番)として、かつて家康が築いた遠江の横須賀城《よこすか》(静岡県掛川市)に派遣した(『信長公記』)。信長は遠江を自身の領国と認識していたので、番手を横須賀城へと遣わしたのである。そもそも家康は遠江を支配していたのだが、家康は信長の配下になったので、信長が番手を遣わしたと解釈できよう。

翌天正十年(一五八二)三月、信長が武田氏討伐を開始すると、家康を駿河口の大将とした(『信長公記』)。家康が信長からこうした命を受けたのも、その配下にあったからであり、従う必要があった。戦後、信長は家康に駿河国を与えたが、それは両者の主従関係を示すもので、堅固な協力関係を窺うことができる。

武田氏の滅亡後、信長が家康を用済みと考えたかと言えば、決してそうは指摘できないだろう。武田氏が滅んだとはいえ、関東に覇権を築いた北条氏や越後の上杉氏は、信長にとって侮れない強大な勢力だった。その後、さらに信長が日本各地の敵対勢力と交戦するならば、東北、九州の諸大名などとも戦わねばならなかった。当時のそういう事情を考慮するならば、信長は家康の利用価値が十分にあると考えたはずである。信長にとって家康は、敵対勢力と戦争するうえで貴重な戦力だった。信長が家康を討伐しようとしたとは考えられず、今後の展開を考慮すると、むしろデメリットのほうが大きかったと指摘されている。

なお、家康が信長から子の信康、妻の築山殿《つきやまどの》の殺害を指示されたので、信長を恨んでいたという説については、疑わしいとされている。家康は、この件で信長に恨みを抱いたとは思えない。

信長の「唐入り計画」説

近年、注目されているのは、信長の「唐入り」の計画があったか否かである。「唐入り」とは中国の明に侵攻することで、現在では肯定的な説と否定的な説がある。信長の「唐入り」に否定的な見解としては、荒木和憲氏の指摘がある（荒木：二〇一六）。

以下、荒木氏の研究に基づいて考えてみよう。

フロイスはイエズス会の総長宛てに「(信長が) 毛利氏を征服し終えて日本の全六十六ヵ国の絶対領主となったならば、シナ (中国・明) に渡って武力でこれを奪うため一大艦隊を準備させる」と報告書に書いた (『イエズス会日本年報』一五八二年十一月五日付) さらに、その続きで「(信長は) まず全日本を征服してこれをキリシタンとし、それからシナを征服しよう」と発言したことが重要である。

フロイスは信長が全国統一を成し遂げると、それは全日本人のキリスト教徒化になるとし、その延長線に明の征服を位置づけた。そのうえで荒木氏は、フロイスが信長の真意を記録したとは考え難いと指摘する。イエズス会にとって、ザビエルの日本訪問以来、明へのキリスト教布教は三十年にわたる懸案事項だった。この記録には、宣教師が明への布教に活路を見出したいというバイアスが混じっているとする。フロイスは、信長が全国統一後に日本人をキリシタンにし、さらにその勢いで明へ侵攻し、布教活動を行うということを主張したかったのである。

以上の点は、秀吉のケースでも同様であるという。天正十四年に秀吉が副管区長のコエリョと大坂城で面会した際、「シナのあらゆる土地に教会を建て、全人民がキリシタンになるように命じるだろう」と述べた。この場合でも、秀吉による明の征服は、全人民のキリスト教化に関係づけられている。信長・秀吉の「唐入り」の発言は、ともに明での布教活動と表裏一体になっていると荒木氏は指摘する。

フロイスは日本・明における布教保護の言質《げんち》を得たことを強調し、本能寺の変で信長が横死《おうし》したことを理由として、明での布教の遅れを弁解しようとする意図があった。そうした状況の中で、信長の発言を「明征服」と過大に評価した可能性も否定できないというのである。

一方で当時、スペインは明征服を計画していた。その事実を考慮するならば、信長の「明征服」は決して否定できないとも指摘する。一五八〇年にポルトガルはスペインによって併合されたが、フロイスらは反スペインの姿勢を取り続けた。フロイスは信長・秀吉に軍事的な役割を期待し、スペインに対抗しようとしたと考えられるという。

当時、信長は各地の大名（上杉氏、長宗我部氏など）とまだ交戦中だったので、すぐに明へ侵攻したり、スペインとの交戦の準備をしたりしたのか疑問である。前者については何年先のことになるのか、全く見当すらつかない。明確な根拠がない以上、信長の「唐入り」を前提とする議論には首肯できない。

重要なことは、海外の史料の扱いである。フロイスの『日本史』や『イエズス会日本年報』は、日本側の一次史料と事実関係を照合しながら、用いるのが重要との指摘がある（松本：二〇一七）。したがって、信長の「唐入り」の計画についても慎重に検討するべきで、安易に飛びつくような性質のものではないと言える。

家康討伐計画説の多々ある問題

ほかにも問題となる点は多々ある。

天正十年（一五八二）四月以降、信長は東海道を通って富士山を見物し、安土城に戻ってきたことがあった（『信長公記』）。信長の富士山見物は、家康領の軍事視察であり、来るべき家康領への軍事侵攻に備えていたという（明智：二〇一三）。信長は家康を討伐する計画を悟られないように、富士山見物と称したというのである。その際、家康は信長のために道路や橋の普請を行ったが、それがのちの攻撃の際に利用するためで、信長はそこまで計算していたと指摘する。

軍事視察の結果は、その日のうちに信長と光秀によってまとめられたという。光秀は老人だったので、宿泊の際には信長の宿舎の近くに泊まったと『当代記』に書かれている。この記述から、明智氏は信長と光秀が膝を突き合わせ、視察の結果の整理を行ったのは確かであると指摘する。

『当代記』に記されているのは、信長の宿の近くに光秀の宿を設定したということだけである。また、『信長公記』に書かれているのは、信長の富士山見物と安土に帰着するまでの行程だけであり、家康領の軍事視察であるとまでは書いていない。ほかの史料にも、信長による家康領への軍事侵攻の計画を記したものはない。

明智氏の主張は、信長が用済みになった家康を討つということである。その自説を前提にして、明確な根拠もないのに、富士山見物と安土帰着までの行程を「家康領の軍事視察」と決めつける。光秀が信長の近くに宿を取ったことも、「二人が視察の結果の整理を行った」と明確な根拠もなく考える。こうした主張は「結論ありき」で話が進んでいき、わずかな断片的な状況証拠と憶測を交えて、自説に有利な結論を導き出しているに過ぎないのである。

このような論証方法では、万人を納得させることはできない。信長が家康を討とうとした明確な根拠がないのであれば、この説は全く成立しないのである。

「神君伊賀越え」は奇跡的だったのか

天正十年（一五八二）六月二日、本能寺の変が勃発し、織田信長が天下統一の志半ばにして横死した際、徳川家康は和泉《いずみ》国堺（大阪府堺市）で見物の最中だった。家康は堺で物見遊山《ものみゆさん》をしたあと、京都で信長と面会を予定していた。しかし、もはや面会どころではなく、家康には「光秀に討たれるかもしれない」という危機が迫っていた。

家康が光秀の攻撃から逃れるためには、一刻も早く堺から離れ、領国の三河へ戻る必要があった。家康が堺から三河まで逃亡する行程こそが、「神君伊賀越え」と称されるものだ。「神君」とは家康の尊称なので、後世にそう命名されたのは明らかである。

当時、家康に従っていた者たちは、徳川四天王（酒井忠次《ただつぐ》、本多忠勝《ただかつ》、榊原康政《さかきばらやすまさ》、井《い》伊《い》直政《なおまさ》）の面々がいるとはいえ、わずか三十四名に過ぎなかったという。家康は信長の死に取り乱し、松平家ゆかりの知恩院《ちおんいん》（浄土宗鎮西《ちんぜい》派総本山：京都市東山区）で自害することをほのめかしたほどだった。しかし、家康は本多忠勝らに自害を止まるよう説得され、三河へ帰還することを決意したのである。

結論から言うと、家康ら一行は河内《かわち》国四条畷《しじょうなわて》（大阪府四条畷市）から山城《やましろ》国宇治田《うじた》原《わら》（京都府宇治田原町）を経て、近江国甲賀《こうか》の小川《おがわ》城（滋賀県甲賀市）に到着した。その後、家康ら一行は伊賀国の山道を経て加太《かぶと》峠を越えると、伊勢国津（三重県津市）から海路で三河国大浜《おおはま》（愛知県碧南《へきなん》市）へ到着し、岡崎城へ無事に帰還を果たしたのである。ただ、その行程は一次史料では確認できず、二次史料にしか書かれていない。

まさしく奇跡という言葉がぴったりだが、この行程も二次史料によって諸説あり、決定的なものか否か不明である。伊勢国津からの海路についても、伊勢国白子《しろこ》（三重県鈴鹿市）、伊勢国浜《はま》村（三重県四日市市）という二つの説がある。いずれが正しいのか、はっきりしないのが現状である。家康が堺から三河へ命からがら逃亡したのは事実であるが、その行程は未解明なのである。

家康には、長谷川秀一《はせがわひでかず》、茶屋四郎次郎《ちゃやしろうじろう》、穴山梅雪（信君）が同行していた。彼らの果たした役割は、実に重要であったと言えよう。長谷川秀一は脱出経路を決定すると、大和、近江の国衆への交渉で貢献し、「神君伊賀越え」を成功に導いた。商人である茶屋四郎次郎は、行く先々で金を使って難を避けるのに貢献したという。それぞれの武将が重要な役割を果たしたと言われている。

ところが、梅雪は金品が強奪されることを恐れ、別のルートからの逃亡を試み、山城国綴喜《つづき》郡草内《くさじ》村（京都府京田辺市）で土民たちに討たれたという。誠に不幸なことだったが、梅雪が討たれた状況に関しても諸説ある。こうして家康は無事に危機を脱し、九死に一生を得た。もし、家康が京都で自刃《じじん》していたら、別の歴史が展開していたかもしれない。とはいえ、「神君伊賀越え」の行程は二次史料にしか記述がなく、いまだに疑問が多いのも事実である。文字どおり、家康の神がかった点を強調した話なのかもしれない。

神君伊賀越え後の展開

命からがら堺から三河へ逃げた家康は、ただちに信長の弔《とむら》い合戦をしようと考えた。しかし、光秀は山崎の戦いで秀吉に敗れ、天正十年（一五八二）六月十三日に逃亡していた途中で土民によって討たれた。家康は上洛すべく出陣していたが、「光秀死す」の一報を受けて引き上げたのである。

同じ頃、旧武田領だった甲斐国、信濃国では、武田氏の遺臣による一揆《いっき》が勃発していた。やがて、信長が死んだという情報が広まると、越後の上杉景勝《かげかつ》、相模の北条氏《うじ》政《まさ》が武田氏旧領を奪うべく、出陣の機会を窺っていた。当時、信長の命を受けて、関東の支配を担っていたのは滝川一益《たきがわかずます》だったが、攻め込んできた北条氏に敗れて逃亡した。

家康は甲斐国に攻め込むと、北条氏と雌雄《しゆう》を決する様相を見せたが、やがて和睦を結ぶことで合意した。その結果、北条氏が上野《こうずけ》国を、家康が甲斐国、信濃《しなの》国の南半分を領有することで合意した。家康は娘の督姫《とくひめ》を北条氏直《うじなお》に嫁がせることで、和睦の証としたのである。こうして家康は、さらに版図を広げることに成功した。

一方、秀吉は清須《きよす》会議の決定により、織田政権を主導する地位を獲得した。納得しなかった信孝（信長の三男）は、秀吉に反旗を翻したが、敗北して自害に追い込まれた。天正十一年（一五八三）四月、秀吉は最大のライバルだった柴田勝家《かついえ》を賤ヶ岳《しずがたけ》の戦いで破り、越前北ノ庄《きたのしょう》城（福井市）で自害に追い込んだ。

秀吉が威勢を伸長したものの、これを脅威と感じた信雄（信長の次男）は、家康と結託して対抗しようとした。こうして翌年に勃発したのが小牧《こまき》・長久手《ながくて》の戦いであるが、その辺りは次章で詳述することにしよう。

【主要参考文献】
明智憲三郎『本能寺の変　四三一年目の真実』（文芸社文庫、二〇一三年）
荒木和憲「信長は「明征服」を実行しようとしていたのか？」（洋泉社編集部『ここまでわかった　本能寺の変と明智光秀』洋泉社歴史新書y、二〇一六年）
笠谷和比古『徳川家康』（ミネルヴァ書房、二〇一七年）
柴裕之『徳川家康　境界の領主から天下人へ』（平凡社、二〇一七年）
平野明夫「織田・徳川同盟は強固だったのか」（日本史史料研究会監修『信長研究の最前線　ここまでわかった「革新者」の実像』朝日文庫、二〇二〇年）
藤井譲治『徳川家康』（吉川弘文館、二〇二〇年）
本多隆成『定本　徳川家康』（吉川弘文館、二〇〇六年）
松本和也「信長とイエズス会の本当の関係とは」（日本史史料研究会監修・渡邊大門編『信長研究の最前線2　まだ未解明な「革新者」の実像』洋泉社歴史新書y、二〇一七年）

渡邊大門（わたなべ・だいもん）

一九六七年生まれ。株式会社歴史と文化の研究所代表取締役。博士（文学）。

◉主要業績　『関ヶ原合戦全史　1582-1615』（草思社、二〇二一年）、『大坂の陣全史　1598-1616』（草思社、二〇二四年）、『誤解だらけの徳川家康』（幻冬舎新書、二〇二二年）など。

第二部

豊臣政権下の家康

第五章

小牧・長久手の戦いで家康は負けたのか?

会戦としての「小牧・長久手の戦い」と戦役としての「小牧・長久手の戦い」

天正十二年(一五八四)、豊臣(羽柴)秀吉と徳川家康・織田信雄《のぶかつ》の連合軍が、尾張国小牧《こまき》・長久手《ながくて》で対陣し、激突した。小牧・長久手の戦いである。通説では、四月九日に勃発した激戦で、池田恒興《つねおき》や森長可《もりながよし》らが戦死するなど、秀吉側が大被害を受けたことから、徳川・織田連合軍がこの戦いを制したと言われてきた。しかし近年、この戦いについては多くの研究がなされ、見直しが進んでいる。本章では、小牧・長久手の戦いについての現在の研究状況について紹介することにしたい。

ところで、「小牧・長久手の戦い」という言葉は、実は二つの意味で使われている。

一つは、四月九日の会戦の名称としてである。四月九日の会戦を小牧・長久手の戦いと見なす考え方は江戸時代からあり、江戸時代に編まれた『小牧御陣長湫御合戦記《こまきごじんながくてごがっせんき》』などの合戦記は、戦いの発端から筆を起こし、四月九日の戦闘をもって筆を擱《お》いている。

ただし、実際のところは、四月九日の戦闘をもって両者の戦闘が終了を迎えたのではない。主戦場を尾張国蟹江《かにえ》や伊勢などに移し、十二月に両者が講和を結ぶまで戦闘は継続する（小和田：二〇〇六）。また、家康・信雄は越中の佐々成政《さっさなりまさ》や土佐の長宗我部元親《ちょうそかべもとちか》など秀吉に敵意を抱いていた勢力を取り込んだ。そのため、北陸や畿内で家康らに付いた勢力が秀吉側の勢力と戦闘を行っている。

このように四月九日の会戦のみならず、それ以降の両者の戦闘や、家康・信雄の同盟者が行った戦闘をも含めて一つの戦役と見なし「小牧・長久手の戦い」と呼ぶこともある。四月九日の会戦以降の秀吉と家康・信雄との戦いを含め「小牧・長久手の戦い」とするものとしては、江戸時代の合戦記では『長久手記《ながくてき》』などがある。それに加えて、家康・信雄の同盟者たちの戦闘をも「小牧・長久手の戦い」の一部とするものには、近代以降となるが、古くは参謀本部編『日本戦史　小牧役』などがある。

このように、「小牧・長久手の戦い」には四月九日の会戦を呼ぶ場合と、戦役の名称として使用する場合とがある。近年においては、研究者の間では「小牧・長久手の戦い」は一会戦ではなく、全国規模の戦役であったとの認識が主流となっている。研究者によっては、秀吉が天下人となることを決定づけた全国的大規模戦争であったとし、徳川家康が天下を取ることを決定づけた関ヶ原の戦いと同様な、天下分け目の戦いであったと主張する者もいる（藤田：二〇〇六）。ここでは、このような現在の研究状況に鑑みて、「小牧・長久手の戦い」を戦役と見なし、四月九日以降の戦闘や家康・信雄の同盟者たちの動向についても触れてゆく。

小牧・長久手の戦い以前の政治状況

天正十年（一五八二）三月、織田信長は武田勝頼を滅ぼし、重臣の滝川一益《たきがわかずます》を上野《こうずけ》国に入れ、関東の政治の責任者に任じた。上野に入部した一益は、東北・関東の諸大名の織田氏従属化を進め、ついに織田氏による東国統一を成す。これにより、信長の版図は極めて広大なものとなった。しかし、六月二日に本能寺の変が勃発、信長とその嫡男信忠《のぶただ》は、明智光秀に攻められ自刃してしまう。しかしその光秀も、備中高松城から強行軍で畿内へ帰ってきた秀吉との戦いに敗北（山崎の戦い）、逃走中に落ち武者狩りに遭って命を落とした。

六月二十七日、柴田勝家・羽柴秀吉・丹羽長秀《にわながひで》・池田恒興が、尾張清洲《きよす》（愛知県清

須市）で織田家の後継者の決定と今後の方針を決めるための会議を持った（清洲会議）。この頃、信長の次男信雄と三男信孝《のぶたか》が後継者争いをしていたため、これを収めるために信忠の嫡子三法師《さんぼうし》（のちの秀信《ひでのぶ》）に継承させることを決定する。ただし、三法師は幼児であったため、信雄・信孝や柴田・羽柴ら重臣たちが合議を行いながら守り立てて行く体制が敷かれた（「織田体制」）。またこの際に、信長が死去したことで多くの領主が離反した関東については、信長の同盟者であった徳川家康へ任せることになる。

清洲会議直後の七月八日に三法師は秀吉と共に上洛し、織田家に服属している領主らの御礼を受け、三法師の織田家家督継承が公認された。しかし、信孝が三法師を自身の領地である岐阜に連れ帰ったため、信雄との間に家督継承争いが再燃する。そのような中、十月に、秀吉は丹羽長秀を味方に引き入れ、養子にしていた信長の四男秀《ひで》勝《かつ》を喪主として信長の葬儀を決行する。信雄・信孝兄弟や柴田勝家は、秀吉が勝手に信長の葬儀を企画したことを面白く思わず、葬儀を欠席して、秀吉と敵対する。

そこで秀吉は、信孝・信雄を離間させるため、長秀や恒興と謀って三法師の代わりに信雄を織田家家督とすることを決め、信雄を自己の陣営に取り込んだ。これに対し、信孝と勝家は不満を持ち、反秀吉で手を結ぶ。その後、秀吉方と勝家・信孝方との関係はますます悪化してゆき、天正十一年（一五八三）には秀吉と勝家が賤ヶ岳《しずがたけ》で戦闘に及び、秀吉が勝利する（賤ヶ岳の戦い）。敗北した勝家は、居城北ノ庄《きたのしょう》城（福井市）

で自刃、信孝も降伏し自刃してしまう（小和田：二〇〇六、藤田：二〇〇九、堀：二〇一〇、谷口：二〇一一）。

小牧・長久手の戦いの原因

賤ヶ岳の戦いが終わると、信雄は安土城（滋賀県近江八幡市）に入った。安土城は、信長が天下人になったことを人々に知らしめるために築いた城で、そこを居城とすることは信長の正当な後継者であり、天下人を継承し得る人物であることを象徴的に意味した。信雄は前田《まえだ》玄以《げんい》を京都奉行職に任じ、信長同様に京都を支配することを望むなど、天下人として君臨しようとした。もっとも、信雄は、数ヶ月安土城に滞在したのち、所領のある尾張清洲城へと戻る。

一方、秀吉は、まだ位階を持っておらず、織田家臣団の重臣の位置にとどまっていたが、この頃から天下を狙う姿勢を明確に見せるようになる。秀吉は賤ヶ岳の戦いの戦後処理で大坂を手に入れると、織田家に服属している大名を動員して大坂城の築城を行い、秀吉の位置が他大名より一段上位であることを示すと共に、大坂への遷都を計画した（ただし、遷都は実現しなかった）。

天正十一年（一五八三）末、秀吉は信雄に対して大坂城への出仕を求め、臣従することを要求する。自己を天下人と考えていた信雄はこれに対して反発した。翌天正十二年（一五八四）、秀吉は折れ、近江三井寺《みいでら》まで出てきて信雄と会談を持ったが、秀吉が織田家家督の簒奪を企てていると考えた信雄は、早々に居城の一つ伊勢長島《ながしま》城（三重県桑名市）に戻った。ところが、この時に信雄家老の岡田重孝《おかだしげたか》・津川義冬《つがわよしふゆ》・浅井田《あざいた》宮丸《みやまる》の三家老が秀吉に籠絡され、それぞれ人質を秀吉へ差し出すことを決める。

この三家老の動向を知った信雄は、裏切られたと考え、父の同盟者であった徳川家康に相談し、家康の助言に従って三月に三家老を長島城へ呼び出して謀殺する挙に出る。これが原因で小牧・長久手の戦いが勃発する。すなわち、秀吉が信雄を挑発し、信雄がその挑発に乗ってしまったことが小牧・長久手の戦いの原因とする見方で、長らく通説とされてきた（小和田：二〇〇六）。

通説への異論

しかし近年、この通説に尾下成敏《おしたしげとし》氏が異を唱えている。尾下氏は、従来、天正十三年（一五八五）に行われた秀吉の紀伊根来《ねごろ》・雑賀《さいか》攻めに参加するに当たり、信雄が家臣へ弾薬などの準備を命じた史料とされてきた二月十二日付水野勝成《かつなり》宛て信雄書状と、同日付吉村氏吉《よしむらうじよし》宛て信雄書状の二通の年代を再検討した。水野と吉村は、信雄の家臣である。

尾下氏は、この書状に記されている秀吉の出陣予定日が天正十三年に秀吉が示した予定日と違うこと、天正十三年の紀伊・雑賀攻めに水野と吉村が参加していないこと、また小牧・長久手の戦いを経て秀吉に従属した信雄が、秀吉を指して「筑前守」と敬称も付けない無礼な呼び方をしていることから、天正十三年の史料とは考えられないとし、前年、すなわち小牧・長久手の戦いが勃発する直前に作成された文書であると比定している。

そして、天正十二年(一五八四)段階で、秀吉が実際には行わなかったが紀伊根来・雑賀攻めを計画し、それに信雄が兵を出すことを考えていたとし、天正十二年二月段階において秀吉と信雄の関係は良好だったと主張する。なお、秀吉側から信雄側へ人質が出されていないことや、信雄が天下人の居城たる安土城を退城して清洲城へ帰城していたことから、すでにこの段階で秀吉は信雄より上位に立とうとしており、その一方で岡田たち三家老を通じて織田家を自己に繋ぎ止めようともしていたとする。そして、このような中、信雄は、京都掌握を狙って秀吉に反旗を翻すことを決め、親秀吉派の三家老を謀殺するに至ったのだと主張している(尾下:二〇〇六)。

ただし、尾下氏のこの説については、藤田達生《たつお》氏による以下の批判がある。藤田氏は、尾下氏が天正十二年のものとした二月十二日付水野勝成宛て信雄書状と、同日付吉村氏吉宛て信雄書状について、以下の点からやはり天正十三年の史料とすべきとする。すなわち、天正十三年段階でも信雄は秀吉から織田家家督として一定の尊重をされており、秀吉を「筑前守」と呼んでも不自然ではない。出陣予定を小刻みに変更するのは秀吉によく見られることなので、予定と実際の出陣が食い違っていても問題とならない。さらに、水野と吉村が出陣していないのも予想以上に根来・雑賀の征圧が順調に進み、信雄の出陣が中止となった結果であり、何ら天正十三年の史料と考えることに無理がないとする。

また信雄が、秀吉と良好な関係を作っておきながら、急に京都掌握を狙って兵を挙げたとするのでは、兵力で劣る信雄が主体的に戦争を選んだことになり不自然である。やはり、秀吉・信雄の間は険悪であり、秀吉が計画していた大坂への遷都などが実現して、秀吉がより強大な存在となることを恐れた信雄が、追い詰められて挙兵することを決めたとするほうが自然と主張している（藤田：二〇〇九）。

どちらの説が正しいかは、現在のところいずれとも言い難い。二月十二日付水野勝成宛て信雄書状と、同日付吉村氏吉宛て信雄書状が天正十二年の史料であることを裏づけることが可能な別の史料が見つからない限り、この点についての論争は続くであろう。

家康が信雄に味方した理由

本能寺の変後、上野・甲斐・信濃にいた織田家家臣たちは、殺害されたり、本国へ逃げ帰ったりしたため、甲斐・信濃・上野は、支配の空白地帯となる。そこで家康は、甲斐・信濃へ進出し、同じく進出してきた相模の北条氏と激突する。黒駒《くろこま》の戦いで徳川方が勝利したことや、北条方の真田昌幸《まさゆき》が徳川方へ寝返ったことなどから徳川優位で戦いは推移するが、織田信雄・信孝の勧めで和睦をし、信濃・甲斐を徳川、上野を北条が領有すること、家康の娘督姫《とくひめ》と北条氏直《うじなお》の婚姻を行うことを決めて同盟が結ばれる。しかし、真田氏が沼田《ぬまた》城（群馬県沼田市）と岩櫃《いわびつ》城（群馬県東吾妻町）の両城を拠点に西上野を領有、北条方へ引き渡さなかったために、火種はくすぶり続けた。

このように、家康は甲信越方面での勢力拡張に力を入れ、織田家家督に関する織田家内の争いについては基本的に中立的な立場に身を置いていた。そのため、小牧・長久手の戦い以前における秀吉との関係は決して険悪なものでなかった。家康は、秀吉が賤ヶ岳の戦いで勝利した際には、重臣石川数正《かずまさ》を、戦勝祝いを述べさせる使者として派遣し、名器「初花のこつぼ」という茶入れを秀吉へ贈っている。

ところが、秀吉と信雄が敵対するようになると、家康は信雄側につくことに決める。家康が信雄側についた理由としては、秀吉が織田家簒奪を謀っていると考えるようになり、ないがしろにされつつある信雄を助けようという義心や、強大になりつつある秀吉の独走に歯止めをかける必要性を感じたからとされる。さらに、土佐の長宗我部氏などを味方にできれば勝算があると考えたからであろうとも言われている（小和田：二〇〇六）。

また、信長亡きあとの織田家を後ろ盾とし、関東全域へ影響力を示し、信長が一時実現した関東での「惣無事《そうぶじ》」（東国統一）を目指した家康であったが、争乱が続いて実現できていなかった。このような中、北条氏から圧迫を受けていた関東諸領主の一部が、織田家中で中心的存在となった秀吉に近づき、彼らの要請で秀吉が関東での「惣無事」に関する指示を家康に対して行ってきた。これにより、関東で秀吉が影響力を持ちつつあることを目の当たりにした家康が、関東にこれ以上秀吉の影響力が及ばないうちに秀吉と直接対決し、自身を中心とした「織田体制」を再編する必要性を感じた。そのため、信雄に味方をして秀吉と敵対することを決めたとの説も近年出されている（谷口：二〇一一）。

四月九日の会戦以前の状況

秀吉と敵対することを決めた家康と信雄は、各地の大名へ秀吉を糾弾する書状を送り、味方を募った。その結果、越中の佐々成政、土佐の長宗我部元親、紀伊の根来・雑賀一揆を味方に引き込むことに成功する。

一方、秀吉は、三家老が信雄に殺害されたことを知ると、出陣の準備を家臣に命じた。当初、秀吉は伊勢方面で戦闘を行うことを想定していた。秀吉は、弟秀長《ひでなが》率いる軍勢を近江守山《もりやま》（滋賀県守山市）に、甥の三好秀次《みよしひでつぐ》（のちの豊臣秀次）の軍勢を近江永原《ながはら》（滋賀県野洲市）へ派遣すると共に、蒲生氏郷《がもううじさと》や滝川一益らを先方隊として伊勢方面へ派遣、このほかに伊勢関地蔵《せきじぞう》（三重県亀山市）から近江甲賀《こうか》（滋賀県甲賀市）にかけての城々や和泉岸和田《いずみ》（大阪府岸和田市）などの拠点に軍勢を置いた。

これに対し、家康・信雄軍も伊勢方面が主戦場となると考え、伊勢桑名（三重県桑名市）に軍勢を派遣する。この段階では、信雄の居城である長島城を秀吉方が攻撃してきたら、徳川・織田両家の全軍をもってこれを迎え撃つ算段だったという。ところが、三月十三日、秀吉に味方をすることを決めた美濃大垣城主の池田恒興が、信雄方の拠点である尾張犬山城《いぬやま》（愛知県犬山市）を攻略する。これにより、家康・信雄方は計画変更を余儀なくされ、伊勢に派遣されていた酒井忠次《ただつぐ》率いる徳川先方隊を北尾張へ向かわせることになる。結果、伊勢方面の守りは脆弱となり、一部の地域を除いて秀吉方の軍勢に蹂躙されることとなる。なお、この日、家康は信雄居城の一つである清洲城に入城している。

十六日に池田恒興の女婿で、秀吉方についた森長可が、犬山城南の八幡林《はちまんばやし》（犬山市）に陣を敷いた。徳川方の酒井忠次は、森軍が突出していることから、池田の軍勢と意思疎通がうまくいっていないと見て、十七日に森軍へ奇襲をかけた。森軍は、羽《は》黒《ぐろ》（犬山市）まで退いたが、さらに激しい攻撃を徳川方から受け、ついに敗走した（羽黒の戦い）。その後、家康は小牧山近くの蟹清水《かにしみず》や外山《とやま》（いずれも小牧市）などに陣城を築くなどして、秀吉の南下に備えての防衛線を張った。

羽黒における森長可の敗戦の報に接した秀吉は、家康を討つために尾張へ出陣することを決める。三月二十一日、秀吉は軍勢を率いて大坂を出発、二十七日に犬山城へ入城した。そして、二十八日に家康本陣の小牧山から約一・二キロ離れた楽田《がくでん》（犬山市）に本陣を敷くと共に、いくつかの陣城を築かせた。これに伴い、近江に配置していた秀長や秀次の軍勢のみならず、甲賀や伊勢に派遣していた軍勢も一部を残し、大部分を北尾張に呼び寄せた。

一方、家康・信雄側は、家康が清洲から、信雄が長島から相次いで小牧山へ入り本陣とした。秀吉と家康・信雄は、両者共に軍を動かさず、相手の出方を窺ったために、戦争は膠着状態となる（長久手：二〇〇三、小和田：二〇〇六、谷口：二〇〇六、山本：二〇〇六）。

なお、秀吉は何枚かの陣立書《じんだてしょ》を作成している（三鬼：二〇〇六・二〇一二）。その中に、一軍の大将に丹羽長秀の名代として息子の長重《ながしげ》を据えるものがあることから、秀吉が家康・信雄連合に対し、秀吉・長秀連合という形を作ろうとしたとの説がある（岩澤：一九九九）。

「三河中入」作戦について

北尾張での膠着状態を破ったのは秀吉方だった。四月六日、北尾張へ軍勢を引き連れてきているために手薄となっている家康の領国三河へ攻め入らせる目的で、三好秀次を大将とし、池田恒興・森長可・堀秀政《ひでまさ》・長谷川《はせがわ》秀一《ひでかず》をその麾下《きか》に置いた二万五千人の軍勢を編制し、三河へ向けて進軍を開始させた。いわゆる「三河中入」の作戦である。

秀吉が北陸にいる丹羽長秀に宛てた四月八日付の書状では、秀次らの軍勢を三河へ進軍させると共に、三河に九鬼《くき》嘉隆《よしたか》率いる水軍も送るとしている。この陸海からの三河への攻撃の記述については、戦況を知らない長秀宛ての書状なので、誇張されている可能性もあるが、行軍中に拠点となる屋敷の普請を行うなど秀吉方が用意周到な計画の下で行動していることから、信頼性は高いと言われている(長久手：二〇〇三)。一方で、同文書では四月六日に秀次らの軍勢が家康方の拠点である尾張小幡《おばた》城(名古屋市守山区)を攻め、敵の首を百余り取ったとするが、別の史料からは小幡城へ攻撃を行ったことを確認できないことから、この点については秀吉が長秀に戦果を誇張して書いたものだと考えられている(岩澤：一九九九)。

さて、この「三河中入」作戦の考案者については、いくつかの説がある。通説では、池田恒興が発案したもので、秀吉は気乗りしなかったが、池田に説き伏せられたとされてきた。小瀬甫庵《おぜほあん》が書いた『太閤記』や、池田家の実録『池田家履歴略記』などはこの説を載せている。また、『武家事記《ぶけじき》』では、森長可が羽黒の戦いでの敗戦の汚名を雪《すす》ぐために、舅《しゅうと》の恒興と相談して、「三河中入」作戦を立案したとしている。

これらが池田や森の立案とするのに対して、『長久手町史』では、「三河中入」作戦が、かなり用意周到に計画されている事実から、秀吉が立案に主体的に関わったとの説を主張する。そして、計画が失敗し、秀吉の汚点とも言える大敗北となったため、これを消し去るために小瀬甫庵が『太閤記』で、「三河中入」作成を池田の立案とし、その後に作成された各家の家譜類や実録、軍記物語なども、それに倣った可能性があるとしている。ただし、そのことを明確に確認できる史料が存在しないため、確定はできないともする。

なお、『長久手町史』のこの説については以下の疑問がある。甫庵が『太閤記』を上梓したのは、寛永二年（一六二五）とされる。この頃になると、完全に徳川の世の中になっており、豊臣を憚る必要性は低下していた。そのような中、甫庵が秀吉の汚点を隠す必要性を感じたであろうか。そもそも、甫庵の旧主は、秀吉によって切腹へ追い込まれた豊臣秀次であり、主人の敵《かたき》とも言える秀吉に、彼は良い感情を持っていたであろうか。秀吉が立案者であったか否かについては、かかる疑問点も含め、今後新たな史料が発掘されて明らかになることを期待したい。

四月九日の会戦

九日早朝、三河へ進軍した秀吉軍の先方隊である池田・森隊は、信雄方の城である岩崎城《いわさき》（愛知県日進市）を攻略、堀・長谷川の隊がそれに続く形で進軍し、最後尾の三好秀次は白山林《はくさんばやし》（愛知県尾張旭市）に駐屯していた。徳川方の大須賀《おおすが》康高《やすたか》らは、敵の陣がかなり縦長になっていることから、小幡城から出陣し、三好隊の背後を奇襲した。三好隊は、秀次に付けられた秀吉家臣の木下祐久《きのしたすけひさ》・利匡《としただ》兄弟が戦死するなど、大被害を受けて敗走する。三好隊の敗退を知った堀・長谷川隊は、引き返して檜ヶ根《ひのきがね》（愛知県長久手市）で応戦するも、家康本隊が迫ってきたため、継戦は無理と判断して撤退した。

池田・森隊も報告を聞き、仏ヶ根《ほとけがね》（長久手市）まで引き返したが、徳川方によって山上の有利な場所はすでに占拠されており、不利な戦いを強いられ、結局、池田恒興・元助《もとすけ》父子と森長可が戦死する大被害を出して敗退する。戦況を聞いた秀吉は、援軍を率いて駆けつけるが、その頃には戦闘は終わり、家康もすでに撤退しており、戦闘にはならず、戦争は再び膠着状態に入る（長久手：二〇〇三、小和田：二〇〇六）。

ところで家康は、三河へ向かっている秀次らの軍勢の動向にいつ頃気づいたのであろうか。『長久手町史』では、家康方は四月七〜八日の段階で豊臣方の動きを察知していたとする。また、通説では秀次らの軍勢が隠密に移動していたにもかかわらず、家康側が捕捉したとされてきた。これに対して『長久手町史』は、秀吉側が小牧山に籠もる家康を誘い出して決戦に及ぶ、ないしは戦場を変えるために、わざと徳川方に発見されるように、普請や拠点攻撃をするという目立つ行動をとりながら行軍したのでは、との説を主張している。

一方、秀吉方に岩崎城が攻略されていることから、家康が秀吉軍の動きを岩崎城が攻撃される直前まで知らず、おっとり刀で救援に駆けつけるも岩崎城は落城していた。

そこで、止むを得ず野戦に持ち込み、小牧・長久手で勝利を得たのであり、岩崎城の帰趨こそが戦いの焦点であったとし、本来は「岩崎城の戦い」と称されるべき戦いだと主張する研究者もいる（鴨川：二〇一二）。いずれにせよ、家康が明確にどの段階で秀次らの軍勢の動きを把握したかについては、さらなら研究が待たれる。

その後の戦い

五月一日頃、家康を小牧山に張りつけておくに足りる軍勢を残し、秀吉は、楽田を引き払って大坂城へ帰城することとした。その帰途、伊勢にある信雄方の加賀井《かがい》城と竹ヶ《たけが》鼻《はな》城（いずれも岐阜県羽島市）を攻め、五月に加賀井城を力攻めで、六月に竹ヶ鼻城を水攻めによって落としている。そして、六月二十八日には、秀吉は大坂城へと帰城した。

一方、尾張では家康が小牧山を家臣酒井忠次に託し、清洲城へと移った。六月十六日、秀吉方の滝川一益と九鬼嘉隆が蟹江《かにえ》（愛知県蟹江町）・下市場《しもいちば》（蟹江町）・前田《まえだ》（名古屋市中川区）の三城を奪う。蟹江城は、清洲と長島とを繋ぐ重要拠点であったため、家康・信雄はこれを取り返すべく出陣し、下市場城と前田城とを落として行き、七月三日には蟹江城を奪取、滝川一益は伊勢へと退いた。家康は、すぐに伊勢へと出陣し、九日に城主一益が不在であった神戸城《かんべ》（三重県鈴鹿市）を攻めている。その後家康は、十三日に清洲へと戻り、七月十七日には兵力の半数を国許へ帰した。秀吉は、家康の伊勢進入を聞き、七月九日に大坂を出陣、十五日に美濃まで進出するも、家康が清洲へ引いた後だったために大坂へ戻った。

八月に入ると、秀吉は再び尾張へ赴き、楽田へ陣を敷いた。これに合わせて、北陸の丹羽長秀が出陣してきている。ただし、積極的な戦闘は行われておらず、逆に講和へ向けて話し合いがなされたが、九月七日に決裂してしまう。なお、この八月の秀吉出陣に対して、従来は国許へ兵を戻していた家康が再出陣を命じず、甲斐の武川衆《むかわしゅう》を出陣させる措置をとったにとどまったとされてきた。しかし近年、実は家康の領国である駿河の郷村《ごうそん》に居住する十五歳から六十歳までの成人男子を全員動員する命令が出されていたことが確認され、さらなる兵力配置を行う予定であったことがわかってきている。

九月十五日、秀吉方の武将蒲生氏郷が信雄方の拠点戸木城《へき》（三重県久居市）を落とす。この戸木落城は、信雄から戦う気力を奪うことになった。その結果、十一月に信雄は秀吉と会見し、信雄側から人質を出すことや、北伊勢四郡を秀吉から信雄へ返還し、逆に犬山城と河田城《こうだ》（愛知県一宮市）を秀吉へ引き渡す条件で単独講和を結んでしまう。家康は、信雄が単独講和したことで、信雄を助けるという大義名分を失う。

そこで、家康も次男於義丸《おぎまる》（のちの結城秀康《ゆうきひでやす》）を養子（実際は人質）として秀吉に送って講和をする。ここに、戦役としての小牧・長久手の戦いが終わることとなる（長久手：二〇〇三、小和田：二〇〇六、谷口：二〇〇六）。

家康・信雄と同盟を組んだ者の動向

さて、次に家康・信雄と同盟を組んだ勢力の動きについて述べておく。まず、根来・雑賀衆は、三月二十一日に秀吉が尾張へ向けて出陣すると、すぐに行動を開始し、二十二日に岸和田（大阪府岸和田市）へ進出、秀吉家臣中村一氏《なかむらかずうじ》らの軍勢と戦闘を行って、二十六日には大坂まで攻め入るも、秀吉方の反撃に遭って退却している（小和田：二〇〇六）。

越中の佐々成政は、八月に秀吉へ味方した前田利家方の朝日山を、九月初旬に能登《のと》末森城《すえもり》（石川県宝達志水町）を攻めるも敗退している。その後、元同僚の不破直光《ふわなおみつ》を家康に斡旋するなど、北陸で家康・信雄の味方を増やす活動を行った。しかし、九月中頃になると越後の上杉景勝が前田利家と呼応して越中境の要害を攻めてきた。これにより成政は、上杉・前田から挟撃される事態となる。さらに、信雄・家康が相次いで秀吉と講和したことで、不利な立場に追い込まれてゆくも、成政は反秀吉の立場を崩さなかった。しかし、天正十三年（一五八五）に秀吉が大軍を率いて越中へ攻めてきたことで、降伏を余儀なくされる（鈴木：二〇一三）。

土佐の長宗我部元親は、家康・信雄から淡路や、秀吉の本拠地である摂津・播磨に出陣して欲しいと要請され、受け入れていた。しかし、元親は四国平定を優先し、淡路・摂津・播磨へ渡海することはなかった。なお従来は、天正十三年春に長宗我部氏による四国平定が成されたとされてきた。そのため、四国平定を成した元親が、まさに渡海しようと準備していたところ、信雄・家康が秀吉と講和を結び、小牧・長久手の戦いが終結してしまい、機会を逸したと言われてきた。しかし近年、実は伊予・阿波・讃岐《さぬき》三国とも、一部の地域を制圧できておらず、四国平定を成していなかったことが明らかになった。そして、四国平定が成されておらず、秀吉の援助を受けて元親に反抗する十河《そごう》氏などの勢力がいる状況下では、渡海を実行することは無理だったろうと考えられるようになってきている（津野：二〇一二）。また、実は天正十二年（一五八四）に安芸の毛利氏が秀吉の要請を受け入れて伊予に攻め入ってきたため、淡路や摂津・播磨へ出兵できなかったとの説もある（川島：二〇〇七）。

秀吉と家康・信雄、どちらが勝ったのか？

従来、四月九日の会戦で秀吉側が大被害を蒙ったことや、家康を服属させることができなかったことから、小牧・長久手の戦いを秀吉の負けと見なすことが多かった。しかし、今まで述べてきたように、戦役としての小牧・長久手の戦いは続き、最終的に信雄・家康側が、秀吉に人質を差し出すという不利な条件で秀吉と講和を結んでいることから、秀吉が勝利したと見なすべきとの説が出されている（跡部：二〇〇六、堀：二〇一〇）。プロイセンの軍事研究家クラウゼビッツは、戦争とは政治目的を達成する手段の一つだと言っている。かかる観点に立つならば、家康・信雄は、兵を挙げた動機とされる秀吉の影響力を十分に削り取ることや、信雄が天下人になることを達成できていない。したがって、四月九日の会戦では徳川・信雄の勝利であったが、戦役としては秀吉が勝利したと考えるのが妥当なのかもしれない。

なお、小牧・長久手の戦いに家康が勝利したと喧伝されるのは、江戸時代に入ってからのこととされる。これは、関ヶ原の戦いに参加できなかった譜代大名や旗本たちが、「天下分け目の戦い」で活躍できなかったことを面白く思わなかったため、彼らの先祖らが活躍した小牧・長久手の戦いで家康が勝利したことが、秀吉に家康を特別な存在と認めさせ、それがのちに将軍の地位に繋がったとする話を創出・喧伝したためではないかと言われている（高橋：二〇〇一、堀：二〇一〇）。

また、講和成立前の天正十二年（一五八四）十月に秀吉は五位少将《ごいのしょうしょう》に、十一月に従《じゅ》三位《さんみ》・権大納言《ごんだいなごん》に叙任され、その後は異例の早さで昇進し、天正十四年（一五八六）十二月には太政《だじょう》大臣に昇り詰める。このことから、小牧・長久手の戦いで敗北した秀吉が、武力のみでは統一が難しいと考え、天皇権威を背景に統一を進めることに方針を転換したと従来考えられてきた（池上：二〇〇九）。しかし近年、戦役としての小牧・長久手の戦いでの勝者が秀吉であるとの観点から、主君筋の信雄を軍事的に圧倒することには成功したが、そのまま軍事力で「下剋上」をしては大義名分が立たず、イメージを損なうため、律令官位において信雄を圧倒し、「下剋上」をカムフラージュしたとの説も出されている（堀：二〇一一）。

【主要参考文献】

跡部信「秀吉の人質策――家康臣従過程を再検討する」（藤田達生編『戦場論　上　小牧・長久手の戦いの構造』岩田書院、二〇〇六年）
池上裕子『日本の歴史15　織豊政権と江戸幕府』（講談社学術文庫、二〇〇九年）
岩澤愿彦「羽柴秀吉と小牧・長久手の戦い」（『愛知県史研究』四号、二〇〇〇年）

尾下成敏「小牧・長久手の合戦前の羽柴・織田関係――秀吉の政権構想復元のための一作業」（『織豊期研究』八号、二〇〇六年）
小和田哲男『戦争の日本史15　秀吉の天下統一戦争』（吉川弘文館、二〇〇六年）
鴨川達夫「長久手の戦い――秀吉が負けを認めたいくさ」（山本博文・堀新・曽根勇二編『消された秀吉の真実――徳川史観を越えて』柏書房、二〇一一年）
川島佳弘「小牧・長久手の合戦と伊予の争乱」（『織豊期研究』九号、二〇〇七年）
鈴木景二「佐々成政の浜松往復前後の政治過程――村上義長関係文書から」（『富山大学人文学部紀要』五八号、二〇一三年）
高橋　修「戦国合戦図屏風の成立と展開――成瀬家蔵『長久手合戦図屏風』とその周辺」（歴史学研究会編『戦争と平和の中近世史』青木書店、二〇〇一年）
谷口　央「小牧・長久手の戦いから見た大規模戦争の創出」（前掲『戦場論　上　小牧・長久手の戦いの構造』所収）
谷口　央「小牧長久手の戦い前の徳川・羽柴氏の関係」（首都大学東京『人文学報』四四五号、二〇一一年）
津野倫明『長宗我部氏の研究』（吉川弘文館、二〇一二年）
長久手町史編さん委員会編『長久手町史』本文編（長久手町役場、二〇〇三年）
藤田達生「『天下分け目の戦い』の時代へ――本研究の前提」（前掲『戦場論　上　小牧・長久手の戦いの構造』所収）
藤田達生「小牧・長久手の戦いと羽柴政権」（『愛知県史研究』一三号、二〇〇九年）
堀　新『日本中世の歴史7　天下統一から鎖国へ』（吉川弘文館、二〇一〇年）
堀　新「豊臣秀吉と『豊臣』家康」（前掲『消された秀吉の真実』所収）
三鬼清一郎「陣立書からみた秀吉家臣団の構成」（前掲『戦場論　上　小牧・長久手の戦いの構造』所収）
三鬼清一郎『織豊期の国家と秩序』（青史出版、二〇一二年）
山本浩樹「小牧・長久手の戦いと在地社会の動向」（前掲『戦場論　上　小牧・長久手の戦いの構造』所収）

長屋隆幸（ながや・たかゆき）

一九七二年生まれ。名城大学非常勤講師。博士（国際文化）。

◉主要業績　『近世の軍事・軍団と郷士たち』（清文堂出版、二〇一五年）、『山内一豊・忠義』（ミネルヴァ書房、二〇二一年）など。

第六章 なぜ家康は江戸に入ったのか？

家康、江戸に入る

天正十八年（一五九〇）三月、豊臣秀吉は、小田原城を本拠地とする戦国大名北条氏への攻撃を開始し、その年の七月初旬に滅亡させた。いわゆる小田原攻めである。その直後、秀吉は小田原から宇都宮を経由して会津若松（当時は黒川《くろかわ》と言った）へと向かい、奥羽仕置《おううしおき》と呼ばれる一連の政策を実施して、関東と共に奥羽をもその支配下に治めることとなった。

こうして、秀吉による「天下統一」は達成されたのであるが、これによって徳川家康は、それまで領有していた三河・遠江《とおとうみ》・駿河・信濃《しなの》・甲斐の五ヶ国から関東へ転封となり、江戸を新たな本拠地とすることになった。「江戸お打ち入り」や「江戸入《にゅう》部《ぶ》」と呼ばれる出来事である。家康が江戸に入った日は、実際は七月下旬なのだが、江戸時代では八月一日（朔日《はっさく》）とされていた。ちょうどその日は「八朔」（新穀を日頃お世話になっている人に贈る日）に当たることもあり、当時大変おめでたい日とされていたのである。

このように、小田原攻めの結果としての家康関東入国は、のちに江戸幕府を開府する徳川氏が江戸を本拠地とする直接のきっかけとなった出来事として、日本近世史研究においては極めて重要な問題であると言えるのである。

中でも特に問題となることは、「なぜ家康は江戸に入ったのか」であろう。広い関東地方の中で、小田原や鎌倉など数多くの有名で立派な城や都市を差し置いて、なぜ江戸が選ばれたのだろうか。あまりにシンプルな問いであるが、その理由については、江戸時代から実に様々な説が提示されており、近代以降の歴史学においても議論が積み重ねられてきている。しかし、はっきりとした理由については、近年までよくわからなかったとさえ言える状況なのである。意外に思われるかもしれないが、こうしたシンプルな問題こそ、わかっていないことが多いものである。

そこで本章では、これまでの研究において、家康が江戸に入った理由をどのように考えてきたのかについて、まとめてみたい。その上で、近年の研究で明らかになった新事実を紹介しながら「なぜ家康は江戸に入ったのか」という問いに対する答えを明確に示すことにしたい。

江戸時代における諸説

先ほど述べたように、家康が江戸に入った理由については、江戸時代にはすでに様々な説が提示されていた。ここでは、それらについて紹介することにしたい。

当時の文献では、家康が入る直前の江戸は、東国の一寒村、鄙《ひな》びた田舎町であって、江戸城も粗末で貧弱なものであったとされることがほとんどである。そのような場所を、結果的にではあれ、世界有数の大都市にまで発展させた家康は、江戸の将来性を見抜いた先見の明があるすごい人物だと思われるかもしれない。実際、江戸を選んだのは家康自身であるとして、家康の行動・決断力を高く評価する説も江戸時代以来存在する。しかし、実は江戸を選んだのは家康ではなく、秀吉だったとする説のほうが多いのである。

例えば、江戸幕府の「正史」である『徳川実紀《じっき》』によると、当初家康は小田原城を新たな本拠地にしようと考えていたとする。それに対して秀吉は、小田原は「枢要《すうよう》の地」であるから家康の有能な家臣に守らせるべきであり、家康自身については「形勝《けいしょう》の地」である江戸を本拠地とするのがよい、と言ったという。秀吉は、北条氏の本拠地であった小田原や鎌倉幕府ゆかりの鎌倉といった場所を差し置いて、わざわざ江戸を選んだというのである。ここで問題となるのは、その理由・背景である。これについては、大きく三つの説に分けることができる。

まずは、「優遇説」である。小田原や鎌倉には大きな港がないが、それに対して江戸は立派な港を築ける場所であり、将来発展する余地が大きい場所であるということを秀吉が見事に見抜き、そのような場所をわざわざ家康に与えたというものである。つまり、水運・海運の利便性という観点から、江戸の将来性を見抜いた秀吉が、家康を優遇して江戸に入れたのだ、ということである。

次に、「謀略説」である。家康が江戸に入ったのは、小田原北条氏が滅亡した直後である。つまり、大規模な戦争が終わった直後であり、未だ不穏な情勢が続いている段階であった。そのような状況にある関東において、家康の新たな支配に反発する一揆などが起きることを見越して、それに乗じて徳川氏を滅亡させようと秀吉は企んでいた。だからこそ、要害堅固な小田原城ではなく、草深い武蔵野の一隅にある江戸城へと追いやった、とするのである。

最後に、「敬遠説」である。当時の豊臣政権の中で、家康は最大の実力者であったことは間違いない。小牧・長久手の戦いを契機に秀吉と家康は対立関係となるも、天正十四年（一五八六）十月に家康が上洛して秀吉に臣従した。しかし、秀吉としては未だに油断ができない存在であったとし、そのため少しでも家康を遠ざけたかったので、小田原ではなく江戸にしたのだ、というものである。

この三説は、近代以降の歴史学へと受け継がれ、現在でもなお影響を与えているものと言える。

日本近世史研究における諸説

次に、近代以降の歴史学における諸説を紹介しよう。戦前の歴史学においては、先ほどの三説と異なるようなものは登場しなかったが、戦後になると徐々に研究が進展し、様々な説が提示されるようになってきた。ここでは、日本近世史研究における代表的なものを取り上げてみたい。

まずは、水江《みずえ》漣子《れんこ》氏の研究である。水江氏は、家康の関東入国を検討する中で、江戸に入った理由についても言及している。三説のうちの「謀略説」に基本的には賛同の意を表しているが、それだけでなく、甲斐武田氏など山国を根拠とした大名が滅亡していく有様を見ていた家康が、舟入のできない天険の地である小田原や鎌倉ではなく江戸を選んだのは「たとえ秀吉の介入がなかったとしてもむしろ自然すぎるほどである」として、水運との関係をより重視する説を提示した（水江：一九七六）。

次に、江戸幕府研究で著名な北島正元《きたじままさもと》氏の研究である。北島氏は、家康の関東入国後の知行割などを検討する中で、直前まで関東の大部分を支配していた小田原北条氏の権力基盤である武蔵・相模・伊豆を抑えるには、小田原などよりも江戸のほうが地理的に有利であったと述べている（北島：一九六四）。

家康の関東入国に関する研究を数多く発表している村上直《ただし》氏も、たびたびこの問題に言及している。研究の進展と共に内容が若干変化している部分はあるものの、後述する黒田基樹《もとき》氏の研究を踏まえた段階では、戦国期以来の江戸の重要性と地形上の好条件という大きな背景に加え、家康側近で地域行政に精通した大久保長安《ながやす》ら「地方《じかた》巧者《こうしゃ》」の進言を想定している。つまり、直接的には彼ら「地方巧者」の進言が江戸に入った理由であるとするのである（村上：一九九五）。

徳川氏研究者の煎本増夫《いりもと》氏は、また異なる説を提示している。煎本氏によると、家康が軍事面より領国経済の発展の面を配慮したことが背景にあり、さらに徳川氏は居城を岡崎（三河）・浜松（遠江）・駿府（駿河）と領国全体の中心点に移城させていたので、関東入国においてもその方針で江戸を選んだのだというのである（煎本：一九九一）。

これらは、当時の家康の立場や家康を取り巻く状況をもとに論じられている。しかし、いずれも推測にとどまっている感が否めない。使用されている史料も、江戸時代の編纂物が中心になっているという問題もある。よって、「なぜ家康は江戸に入ったのか」の答えになっているとは言い難い。

中世の江戸に関する研究の進展

以上のような諸説が提示される中、一方で当時の江戸の姿を実証的に解明しようとする動きも出てきた。中でも、「優遇説」や水江氏の説に見られたように、水運・海運との関係から中世の江戸を捉え直そうとする研究が盛んとなった。そうした研究をリードしたのが、都市江戸の研究で著名な鈴木理生《まさお》氏である。

鈴木氏は、秀吉の命令によって家康は江戸に入ったとした上で、その背景として、伊勢と東国を結ぶ水運・海運に注目した。そして、様々な史料を使いながら、江戸が当時の東国水運・海運の拠点であったことを具体的に指摘し、北条氏は江戸を重視しなかったが、東海地方出身の秀吉は江戸の重要性を見抜いたため、家康を関東へ移すにあたり、江戸を居城に定めたとするのである（鈴木：一九七五・一九九二）。

この鈴木氏の研究以後、江戸は水運・海運の拠点であるという認識は広まっていったと言えるが、鈴木氏は実はもう一つ重要な指摘を若干ながらしていた。鈴木氏は、当時の史料に見られる秀吉の奥羽・「日の本」仕置構想に注目した。そして、江戸は政治的・地理的に「みちのく」の最南端に位置する場所であるとして、そのため江戸が秀吉によって選ばれた、ともしているのである。当時の豊臣政権の東国支配構想との関係から、家康が江戸に入った理由を考えようとしている点は極めて注目されるが、以後あまり深められることはなかった。

水運・海運の拠点としての江戸がクローズアップされていく中で、中世東国史研究・戦国大名北条氏研究という視角から、戦国時代後半の江戸に注目した研究も登場してきた。その代表的な論者が黒田基樹氏である。

黒田氏は、小田原北条氏四代当主で、当時家督を北条氏直《うじなお》に譲り「御隠居様」となっていた北条氏政《うじまさ》が、天正十一年(一五八三)から江戸を支配するようになったことに注目した。そして、その地域支配の実態を検討しつつ、近隣の武蔵岩付《いわつき》(さいたま市岩槻区)・下総関宿《しもうさせきやど》(千葉県野田市関宿町)・下総佐倉《さくら》(千葉県佐倉市)を江戸城系列の支城として一体的な支配を行っていたこと、それらの地域に対する支配は「水の大動脈」とも言うべき関東の河川・水上交通支配を意味するものであり、その基点に位置していた江戸は、北条氏の関東全域を支配するための中核的拠点になりつつあったと指摘した。そして、家康が江戸に入った理由についても、上記のような戦国末期の江戸の地域的・政治的位置を考えれば当然の選択であったとしたのである(黒田：一九九四)。

この黒田氏の研究は、家康が江戸に入った背景として、北条氏最末期にはすでに江戸が関東全域を支配する上での重要拠点となっていたことを初めて指摘した点で、画期的な成果と言える。

黒田氏の研究とほぼ同時期に発表されたのが、岡野友彦氏の研究である。岡野氏は、改めて水運・海運との関係から江戸に注目し、江戸が古代以来、東国水運・太平洋海運の要衝であることを詳細に論じた。それだけでなく、中世関東の地域構造、すなわち、大豪族層が割拠する北関東と中小豪族が割拠する南関東という、鎌倉期以来の基本的な構造・対立関係が、戦国時代の北条氏の登場によって徐々に解消されていき、北条氏の末期には黒田氏の指摘の通り、江戸が関東全域の支配拠点の一つになった。そうした政治・社会経済的な江戸の発展を前提にして、家康の江戸入部は実現した、と言うのである（岡野：一九九九）。

岡野氏の研究は、これまでの研究成果を積極的に取り入れてまとめたもので、一九九〇年代における研究の到達点と言える。

家康関東入国の背景

以上の諸研究の成果により、戦国時代の江戸は、関東地方の中でも有数の都市であり、政治的・経済的・軍事的に重要な場所であったことが明らかになったと言える。当時の江戸は、寒村であり鄙びた田舎町だった、江戸城も貧弱な城だったというイメージは、未だに繰り返し提示されることが多いが、それは家康の功績を過大に評価するために江戸時代に創られたものであり、事実とは言えないのである。

さて、当時の江戸の重要性については十分理解できたが、しかしそれだけでは「なぜ家康は江戸に入ったのか」の答えにはならないだろう。なぜなら、北条氏の本拠地である小田原のほうが当時は栄えていただろうし、武蔵八王子（東京都八王子市）・鉢形《はちがた》（埼玉県寄居町）・岩付・河越《かわごえ》（埼玉県川越市）など、北条氏の重要支城に限っても、ほかにたくさんあったのであるから、それらを差し置いて江戸が選ばれた理由の答えとしては、やはり弱いのではないだろうか。では、いったいどこにその理由は隠されているのだろうか。

そこで重要となってくる問題は、そもそもなぜ家康は関東へ転封されたのか、である。関東へ転封されたからこそ、新本拠地として江戸が選ばれたのであるから、江戸に入った理由を考えるためには、関東へ転封された理由・背景をきちんと押さえることが必要だろう。

この問題についても、江戸時代以来、同じように謀略説、敬遠説、優遇説の三説が提示されているが、そうした説とは一線を画した研究が、かなり早い段階から登場している。それが、川田貞夫氏の研究である。川田氏は、当時の史料をもとに家康関東入国について検討し、家康家臣の配置など徳川領国の形成に秀吉の関与があったこと、それは当時の豊臣政権の東国支配構想や、奥羽仕置を経てもなお不安定な奥羽情勢を背景として実施されたものであることなどを指摘した（川田：一九六二）。

この成果を受け継いで、市村《いちむら》高男氏は、豊臣政権論・豊臣大名論の視角を加えて徳川氏の領国支配構造を検討した。その結果、家康の関東入国は、家康が豊臣政権の関東・奥羽に対する「惣無事令《そうぶじれい》」（秀吉が発令した「平和」実現のための私戦禁止令。最近その存在をめぐって議論がある）の執行役を務めた結果であったこと、徳川領国が戦国期関東の地域構造に規定されながら、豊臣政権の政治的意図によって創出されたことを明らかにした（市村：一九八九）。この両者の研究によって、家康の関東入国という問題を、中世との連続面や豊臣政権との関係から考える視角が明示されたと言える。

その後、家康の関東入国に関する研究は一時低調となったが、戦国末期東国の政治史研究が大きく進展していく中で、近年改めて柴裕之氏によって研究が進められた。柴氏によると、家康は、豊臣政権の東国政策に支障が生じてしまった場合、軍事的解決への協力に応じ、また制圧地域の統治に尽力する役割を果たしていたとする。そして、家康の関東入国は、未だ不穏な情勢にある関東・奥羽に対する、この役割に応じた家康の立場と、徳川領国を豊臣政権の東国統治の要とする統治構想に基づく政治処置であったとするのである（柴：二〇一四）。これが、家康の関東入国に関する研究の、現時点での到達点である。

以上のことから、家康の関東入国は、豊臣政権の東国支配構想という大きな戦略の中で実施されたもので、小田原攻め以前から関東・奥羽の問題に対応していたという家康の役割に応じた処置だったこと、関東のみならず奥羽の問題とセットで考えねばならないことが明らかになったのである。実際、関東入国後も不穏な奥羽情勢に対して、家康は最前線で対応していることが知られる。このことから、家康は以前からの役割を引き続き果たしていたこと、また豊臣政権もそれを家康に期待し、求めていたことがわかるだろう。

豊臣政権の街道整備と江戸

家康の関東入国は、当時の豊臣政権の東国支配構想をもとに実施されたものであった。ということは、江戸が選ばれた理由も、同様であったに違いない。ただ、もう一つ明らかにしなければならないことがある。それは、家康が江戸に入る前後における当時の政治情勢である。家康が江戸に入った天正十八年（一五九〇）七月下旬という時期はどのような状況下にあったのか、江戸周辺では何が起きていたのかを知らずして、「なぜ家康が江戸に入ったのか」という問題に迫ることはできないであろう。

この点が、これまでの研究に最も足りなかったことである。そうした点から注目されるのが、秀吉の会津出陣と、それに伴う大規模な街道整備命令である。

小田原城が開城する以前の早い段階から、秀吉は会津への出陣を計画しており、そのため小田原城から会津へと至る街道の整備を命じていた。その実態を知る上で、小田原城が開城した七月六日に秀吉家臣の増田長盛《ましたながもり》が記した書状の内容は、大変興味深い。

それによると、まず秀吉が会津へ出陣するに当たって、江戸を経由することが記されている。小田原から江戸を経由して会津に向かおうとしていたことがわかる。さらに、江戸からまずは宇都宮へ向かうことになるのだが、宇都宮へと至る街道が二本あるとしている。そして、その二本の街道のうちの一本は、「東とおり」と呼ばれているので、もう一本は「西とおり」と呼ばれていたものと考えられる。ここから、当時の江戸は、南関東から北関東、さらには奥羽方面へと向かう際の陸上交通の一大中継地になっていたことがわかる。では、この街道は具体的にはどういう街道なのだろうか。

そこで参考になるのが、齋藤慎一氏による戦国期東国の街道研究である。齋藤氏によると、戦国期東国の「主要道」は、小田原方面から相模西部・武蔵西部・上野《こうずけ》西部を南北に貫通する「山の辺の道」と呼ばれる街道と、江戸を起点として武蔵川越・松《まつ》山《やま》（埼玉県吉見町）、上野太田（群馬県太田市）、下野小山《しもつけおやま》（栃木県小山市）を通る「川越街道」「鎌倉街道上道下野線《かみつみちしもつけせん》」であったとする。このほかにも、特に江戸を起点とした交通体系が数多く整備されたと指摘しており、江戸を起点に武蔵岩付、下総関宿、下野小山へと至る「鎌倉街道中道支線《なかつみちしせん》」も、重要な街道として整備・利用されたというのである（齋藤：二〇一〇）。

この研究成果から考えると、増田長盛書状に記されている「東とおり」は「鎌倉街道中道支線」に、それに対応する「西とおり」は「川越街道」「鎌倉街道上道下野線」に当たるだろう。つまり秀吉は、戦国期東国において形成された「主要道」を豊臣政権の「公道」として改めて整備しつつ、会津へ出陣していったことになる。

そして、この街道整備は、実は京都と奥羽を結ぶ街道整備の一環でもあった。当時の史料や政治情勢から考えると、豊臣政権は、京都から江戸時代の「東海道」に当たる道筋を経て南関東・北関東・奥羽へと向かうルートを特に重要視し、整備していたことがわかる。つまり江戸は、巨視的に見ると、京都から「東海道」を経て奥羽へと向かう際の一大中継地でもあったことになる。

なぜ家康は江戸に入ったのか？

「なぜ家康は江戸に入ったのか」。そろそろ結論を述べよう。

家康の関東入国は、全国政権たる豊臣政権の東国支配構想のもとで実現したものであった。家康は、小田原攻め以前から関東・奥羽の諸問題に対応しており、関東・奥羽を平定した豊臣政権としては、家康に関東入国後も引き続きその役割を果たすことを期待し、求めたと言える。

そうした役割・立場を求められた家康の居城としてふさわしい場所、さらに言えば、豊臣政権にとって関東のみならず奥羽をも視野に入れた東国全体の支配を行うためにふさわしい場所は、直前まで北条氏の本拠地であった小田原では最早なかった。すでに戦国時代後半には政治的にも水運・海運の面でも関東支配の拠点になりつつあり、何よりも京都から「東海道」を経て南関東から北関東、さらには奥羽へと向かう「主要道」の起点となっていた江戸こそ、ふさわしい場所だったのである。

つまり、北条氏滅亡後の関東支配のみならず奥羽支配との関係から、この時期、江戸の地位が急激に上昇したことになる。そして、それとは対照的に、北条氏の居城であった小田原や重要支城があった八王子・鉢形などの地位は急速に低下し、徳川氏の一支城に格下げされ、あるいは廃城とされていった。秀吉の「天下統一」を契機として、関東の地域構造は大きく変化したのである。

江戸を選んだのは間違いなく秀吉であり、家康が自ら主体的に選んだという説は成り立たない。また、当時秀吉と家康は深刻な対立関係にあり、家康はこの頃からすでに幕府を開こうとしていたとされることもあるが、それも成り立たない。家康は、秀吉の命令で転封されてしまう存在であったし、後年江戸に幕府を開いたのは、歴史的な結果であって必然ではない。そもそも、江戸に入った直後に奥羽への国替の噂が出回るなど、状況次第では江戸を離れる可能性さえあったのである。

家康が江戸に入った前後の時期は、ちょうど中世史と近世史の境目に当たる。そのため、研究上の断絶がどうしても生まれてしまう。それを乗り越え、この時期の歴史像をより豊かにしていくことによってこそ、当時の等身大の家康が見えてくるのではないだろうか。

【主要参考文献】
市村高男「関東における徳川領国の形成と上野支配の特質」(『群馬県史研究』三〇号、一九八九年)
煎本増夫「徳川氏の関東入国」(『大田区史研究　史誌』三四号、一九九一年)
岡野友彦『家康はなぜ江戸を選んだか』(教育出版、一九九九年)

川田貞夫「徳川家康の関東転封に関する諸問題」（小和田哲男編『戦国大名論集　徳川氏の研究』吉川弘文館、一九八三年。初出一九六二年）
北島正元『江戸幕府の権力構造』（岩波書店、一九六四年）
黒田基樹「『御隠居様』北条氏政と江戸地域——戦国末期江戸の史的位置」（『戦国大名北条氏の領国支配』岩田書院、一九九五年。初出一九九四年）
齋藤慎一『中世東国の道と城館』（東京大学出版会、二〇一〇年）
齋藤慎一「鎌倉街道中道と下野国」（栃木県立文書館編『戦国期下野の地域権力』岩田書院、二〇一〇年）
柴　裕之「豊臣政権の関東仕置と徳川領国——本多忠勝の上総万喜入城を通じて」（『戦国・織豊期大名徳川氏の領国支配』岩田書院、二〇一四年）
鈴木理生『江戸と江戸城』（新人物往来社、一九七五年）
鈴木理生『幻の江戸百年』（ちくまライブラリー、一九九一年）
竹井英文「徳川家康江戸入部の歴史的背景」（『日本史研究』六二八号、二〇一四年）
水江漣子『家康入国——なぜ江戸を選んだのか』（角川選書、一九九二年。初出一九七六年）
村上直「徳川氏の関東入国に関する一考察」（『法政史学』四七号、一九九五年）

竹井英文（たけい・ひでふみ）
一九八二年生まれ。東北学院大学文学部教授。博士（経済学）。
◉主要業績　『織豊政権と東国社会——「惣無事令」論を越えて』（吉川弘文館、二〇一二年）、「徳川家康江戸入部の歴史的背景」（『日本史研究』六二八号、二〇一四年）、「城郭研究の現在」（『歴史評論』七八七号、二〇一五年）など。

第七章
豊臣五大老としての家康

秀吉の死

天下人秀吉が没したのは慶長三年（一五九八）八月十八日のことである。徳川家康をはじめとする五大老はその直前、同年七月か、遅くとも八月上旬には成立した。同時に、前田玄以《げんい》・浅野長政《あさのながまさ》・増田長盛《ましたながもり》・石田三成・長束正家《なつかまさいえ》から成る五奉行も形成され、ここに秀吉亡きあと、新たな天下人となる秀頼を支えていく集団指導体制が整うことになる。

さて、集団指導とは言っても、通説的理解では、家康をはじめとする五大老の権限は極めて強いものであったとされている。すべてを決裁する最高意思決定機関としての五大老に対して、五奉行はその決定事項を遂行する実務機関と見るか、または大事は五大老が、小事は五奉行が担当したと見なすか。いずれにしても五大老上位、五奉行下位という構図は変わらない。

しかし、そのような理解に、疑問の余地は全くないかと言えば、そうとは言い切れない。二つほど例を挙げよう。

慶長三年八月五日、五大老と五奉行は互いに起《き》請文《しょうもん》（誓約書）を取り交わしているが、五奉行が家康と前田利家の二大老へ差し出した起請文の中に、次のような一文がある。

「公事篇」（訴訟に対する裁決を指すのであろう）について、五奉行の間で決定できない場合は、家康と利家の意向を伺った上で決定する。

一見すると、家康と利家の政治的地位の高さをよく示しているように見える。だが、見方を変えれば、両人の意向を聞くのは、あくまで五奉行間で意見の一致を見ないような事態に至った時のみであるとも言えるだろう。理屈の上では、五奉行間で決定した場合にはその必要はなく、五奉行のみの判断で決定できるということになる。

さらにこの日、秀吉は五大老に宛てて遺言状を書いている。「秀頼を頼む、このほかに思い残すことはない」と書かれたこの遺言状はあまりにも有名だが、この中に次のような一文があることはあまり注目されていない。原文のまま提示する。

いさい五人の物に申わたし候。

「いさい（委細）」とは、秀吉没後の政権運営に関する様々な注意点などを指すのであろう。それらについては「五人の物」、すなわち五奉行へ申し渡した、五奉行が知っていると言うのである。秀吉があえてこのように五大老に言っているということは、秀吉は、五奉行に対して行った「委細」の申し渡しを、五大老に対しては行わなかったということになろう。そして、秀吉からこのように遺言を受けた五大老としては、当然ながら「委細」を承知している五奉行と談合し、詳しい説明を受けなくてはならないはずである。ここからは、秀吉没後の実質的な政権運営が、五大老ではなく五奉行主導で行われた可能性すら指摘できるのではなかろうか。

そもそも、五大老が秀吉没後の豊臣政権において政治の中心にあったと考えるのは、その筆頭とされる家康が、のちに天下人となったからである。その家康が属していたのだから、五大老は強大な権力を持っていたに違いない、というわけだが、それは、のちの歴史の顚末を知っているからこそ生じる安易な考えとは言えないだろうか。ここでは、家康および五大老が、実際にどのような実力や権限を持ち、またどのようなことを行ったのか、予断を挟まずに検証してみたい。

五大老の実力

まず、家康を含む五大老の、大名としての実力について確認しておこう。

家康は、関東一円で約二百五十万石を領する全国最大の大名であった。初陣《ういじん》は永禄元年（一五五八）とされるが、のちに関ヶ原で雌雄を決することになる石田三成が生まれたのは永禄三年（一五六〇）だから、武将としての経歴の長さが窺い知れよう。戦国屈指の名将とされる武田信玄と渡り合い、三方《み》原《かたがはら》で手痛い敗戦を喫しながらも一歩も引くことはなく、子の勝頼の代になってから、織田信長と協力してこれを滅ぼしたことはよく知られている。武将としてのキャリアは、この時代屈指であったことは間違いない。

前田利家（一五三八～九九）は、北陸の金沢を拠点とする。石高約八十万石は家康の三分の一にも満たないが、信長の麾下《きか》時代から長く活躍したため、戦歴は家康に匹敵する上、旧織田系大名（信長の家臣から転じて秀吉配下の大名となった者）や秀吉直臣系大名（秀吉が信長の一部将時代からその直属の家臣であった者）からの人望も備えていた。また、利家の娘を秀吉が養女（豪姫《ごうひめ》）として貰い受けるなど、秀吉とは特に親密な関係にあったため、豊臣政権内における影響力は、八十万石の大名としての実力以上のものがあった。そのため、秀吉の跡継ぎである秀頼の後見人にも選ばれている。

宇喜多秀家《うきたひでいえ》（一五七二～一六五五）は備前国岡山城主で、石高は五十七万石と言われる。父直家《なおいえ》が天正十年（一五八二）正月に没した直後から秀吉の後見を受けて猶子《ゆうし》となり、「秀」の一字を与えられて秀家と名乗っている。さらに秀吉の養女豪姫を妻としており、秀家は秀吉の一門としての待遇を受けていたと言える。五大老の中でひときわ若いものの、その序列は家康・利家に次ぐ存在であった。

ちなみに、秀家の石高は、五十七万石を下回るとも言われていて、事実、『当代記《とうだいき》』という江戸時代初期に成立した史料では四十七万四千石とされている。この場合、宇喜多に匹敵あるいはこれを凌駕する大名として、伊達政宗・佐竹義宣《よしのぶ》・島津義弘《よしひろ》がいるものの、秀吉との関係の深さは比べものにならないので、秀家が五大老となったのは、ある意味当然とも言えよう。

上杉景勝《かげかつ》（一五五五～一六二三）は陸奥国会津若松城主で、石高は百二十万石に達する。高名な謙信の甥に当たり、その死後、激しい内乱（御館《おたて》の乱）の末に上杉家の当主となった人物である。しかし、その内乱によって戦力が大幅に低下したため、織田軍との戦いでは劣勢に立たされ、一時は景勝も滅亡を覚悟するほどであった。本能寺の変によって救われたのち、対立する柴田勝家《かついえ》を挟撃しようと図る秀吉が接触してきたため、これと友好的な関係を築いた。秀吉が信長後継者の地位を確定させると、天正十四年（一五八六）、数ある戦国大名の中でもいち早く上洛して臣従したこともあり、その政権下で優遇されている。

毛利輝元《てるもと》（一五五三〜一六二五）は安芸国広島城主で、中国地方の大半を占めるその領国は百十二万石に及ぶ。かつては織田家の中国地方担当司令官であった秀吉と激闘を繰り広げたが、本能寺の変に際してはこれと和睦し、結果として秀吉の天下取りに協力することになった。上洛は上杉景勝より二年ほど遅いものの、これ以前の秀吉による四国攻撃では共同作戦に応じているから、かなり早い段階で秀吉に従ったと見なしてよい。

毛利家は西日本最大の大名であり、さらに同族の小早川氏がこれとは別に北九州で五十万石以上を領有していたから、総合的な実力では家康に次ぐ。ただし、秀吉の甥に当たる秀秋《ひであき》が養子として小早川家の家督を継いだため、毛利本家との一体性が薄れてしまった感は否めない。これが関ヶ原での輝元の悲劇を招くことになったと言えるかもしれない。

以上のように、五大老となった者はいずれも広大な領国を有していたが、家康の二百五十万石というのは、上杉・毛利の石高を合わせても及ばないほど圧倒的なものであった。そして石高は軍事力に直結する。秀吉時代、大名は石高に応じて引き連れていく軍勢の数が明確に定められていて、百石あたり三人を基本としていた。よって単純計算すれば、家康は七万五千人という大軍団をいつでも動かせる体制にあったということになる。もちろん、領国に残して置く守備部隊も必要だから、徳川軍全体の動員力はこれ以上にのぼったことは間違いない。実際に関ヶ原の戦いにおいて、徳川軍は総計七万程度の軍勢を動かしている。これに対して、西軍の総大将毛利輝元の軍勢は四万千五百人、関ヶ原で西軍戦力の中核を担った宇喜多秀家のそれは一万八千人だから、家康の軍事力が飛び抜けていたことは確かである。

官位から見た五大老

一大名として見た場合、家康の実力はやはり群を抜いていた。では、家康や大老たちは、豊臣政権内においてどのような身分であったのか。官位の面から検討してみたい。

官位とは官職と位階のことで、いわば日本人の公的な身分指標と言ってよい。この時代、秀吉によって大名の官位が体系的に整備された。また、公家や僧侶・神官などの官位はそれまで通り朝廷によって決められたが、大名に対する官位推挙権は秀吉が完全に掌握している。つまり、大名の官位はすべて秀吉の意思によって決定されたのである。

さて、当時の大名の昇進ルートはこのようになっていた。

太政《だじょう》大臣―左大臣―右大臣―内《ない》大臣―大納言―中納言―参議《さんぎ》―侍従《じじゅう》―諸大夫《しょだいぶ》

これらは官職だが、古代律令制度の下で制定された官位相当の制に基づき、その官職にふさわしい位階が同時に与えられたのである。

それでは五大老の官位はどうであったかと言うと、徳川家康の正二位《しょうにい》内大臣が筆頭で、前田利家の従《じゅ》二位大納言がこれに次ぐ。右大臣以上は秀吉以外にはいないため、内大臣となった家康は豊臣政権の大名中、最も高い地位にあったことになる。前田利家の大納言も、五大老成立時においてはほかに存在しない。宇喜多秀家・上杉景勝・毛利輝元の三人はいずれも従三位《じゅさんみ》中納言だが、ほかの中納言任官者としては、豊臣秀頼（秀吉嫡男）・徳川秀忠（家康嫡男）・前田利長（利家嫡男）・織田秀信《ひでのぶ》（信長の嫡孫）・小早川秀秋（秀吉の甥）がいるのみであったから、極めて希少性が高かったと言える。

ほかの大名の官位についても確認しておこう。まず参議は、織田秀雄《ひでかつ》・細川忠興《ただおき》・丹《に》羽《わ》長重《ながしげ》の三名だけである。その下の侍従となった大名は数多く、伊達政宗・最上《もがみ》義《よし》光《あき》・佐竹義宣・長宗我部《ちょうそかべ》元親《もとちか》・島津義弘・立花宗茂《たちばなむねしげ》といった旧戦国大名、池田輝政《てるまさ》・稲葉《いなば》貞通《さだみち》・森忠政《もりただまさ》などの旧織田系大名が任じられている。

侍従以上の官職を与えられることは、豊臣大名にとって特別な意味があった。というのは、任官と同時に、秀吉からその名字である「羽柴」を与えられたからである。

通常、秀吉は「豊臣秀吉」と呼ばれるが、この「豊臣」とは姓であり、名字ではない。名字の上で秀吉は終生「羽柴秀吉」だった。その羽柴秀吉から羽柴名字を与えられた大名は、もちろん血縁関係はないものの、形式的には秀吉の同族として位置づけられたことを意味する。羽柴という「家」レベルで考えた場合、秀吉はその家父長にして惣領であり、秀吉から羽柴名字を与えられた者はその庶子と見なされた。家康とて例外ではなく、豊臣政権期には「羽柴家康」と呼ばれていたのである。もちろん、ほかの大老もすべて同様であった。

諸大夫とは、五位の位階を与えられ、そしてこれに相当する官職に任官した者のことである。石田三成（従五位下・治部少輔《じぶのしょう》）や加藤清正（従五位下・主計頭《かずえのかみ》）など、秀吉が信長の家臣であった時代から仕えていた者が多くこの地位にあった。五奉行では、侍従の格式を与えられていた前田玄以を除くほかの四人はいずれもこの諸大夫で、侍従以上の大名とは身分の上で隔絶しており、羽柴名字も与えられていない。彼らは秀吉の「家人《けにん》」あるいは「郎党《ろうとう》」といった身分に過ぎず、よりわかりやすく言えば「使用人」だったのである。使用人が主人と同じ名字にしてもらえるはずがない。秀吉の側近として強い政治力を持っていた石田三成にしてもその例外ではなく、三成はついに「石田三成」のままで、「羽柴三成」にはしてもらえなかった。

このように、五大老の官位は全大名の最上層を占めており、とりわけ家康のそれは抜きん出ていた。家康と三成を比較してみると、家康の家臣には、三成と同じ諸大夫となった者が数十人規模で存在する。つまり、官位において三成は家康の家臣程度の地位に過ぎなかったのである。中には侍従に任官した井伊直政《いいなおまさ》のように、三成以上の官位を持つ者さえいた。侍従を家臣にしているのは家康以外になく、この点から見ても家康の地位は突出していたと言えるだろう。

では、家康と三成の身分は隔絶していた、という結論でよいのであろうか。それでは、なぜ関ヶ原の戦いにおいて三成は家康を上回るほどの軍勢を集めることができたのか、という疑問に答えることは難しいだろう。

確かに三成の官位は、五大老に比べると圧倒的に低かった。しかしそれは「表向き」に過ぎず、実際には、秀吉の側近であったがゆえに三成は諸大名に対する大きな影響力を有していたのである。だからこそ、侍従で五十五万石の大名であった島津義弘は、年少で格下の三成を「石治老様」と呼んで敬意を払っていたし、毛利輝元もまた三成を「肝心の人」と呼んでいた。三成が関ヶ原であれほどまでの軍勢を集めることができたのも、そういったかつての影響力がなおも効力を有していたからと見なすべきであろう。豊臣大名の身分や地位を考える際には、官位などの「表向き」の地位だけではなく、秀吉との結びつきの深さといった「実情」の両面から検討しなくてはならないのである。

五大老の役割と位置づけ

それでは、五大老が実際にどのような役割を担っていたのか検討してみよう。

第一に挙げられるのは、朝鮮からの撤退問題の解決である。これは成立当初の五大老にとって最大の懸案事項であり、この問題に関しては、少なくとも表面上は五大老と五奉行は協力し、撤兵を完了させている。五大老は伏見にあって、朝鮮在陣の諸大名や水軍を持つ大名へ指示を下す一方、五奉行では石田三成と浅野長政が九州博多まで下向し、陣頭指揮に当たった。

第二に、反乱や謀叛への対処がある。これについては、九州の島津氏領内で発生した庄内《しょうない》の乱の鎮圧、前田利長・上杉景勝による謀叛の嫌疑に対する処置が挙げられる。

庄内の乱は慶長四年（一五九九）に島津氏領内で発生した反乱で、重臣の伊《い》集院《じゅういん》幸《こう》侃《かん》（忠棟《ただむね》）が島津忠恒《ただつね》（のちの家久《いえひさ》）によって手討ちにされたことに端を発し、幸侃の子忠真《ただざね》は居城に立て籠もって島津氏に頑強に抵抗した。これに対処したのが家康であった。

前田利長は利家の嫡男で、慶長四年閏三月に利家が病死したあとは大老の地位も継承している。同年八月、家康の勧めで領国金沢へ帰った利長だったが、上方で利長謀叛の風聞が立つことになる。この件についても、家康が対応している。

翌年には上杉景勝も謀叛の嫌疑をかけられている。上洛要請に応じない景勝に対し、家康はついに討伐を決意し、征討軍を発することになるが、これが関ヶ原の戦いの直接のきっかけとなったことは有名であろう。

第三に、諸大名に対する領地給与が挙げられる。領地を与えるという行為は、主従関係の根幹をなすものであり、秀吉在世中は、これを行うことができるのは秀吉一人に限定されていた。秀吉が死去したあと、その権限は秀頼に移行するのが本来の姿であったが、幼少の身ではそれができず、五大老がこれを代行したのである。具体的には、知行《ちぎょう》宛行状《あてがいじょう》と呼ばれる、領地を与える際に出される文書を発したのだが、これは何も、五大老に領地を与える権限があったということを意味するものではない。五大老と領地を与えられる大名との間には主従の関係は存在せず、与えられる土地も豊臣家の領地であったから当然であろう。領地を与える主体は、あくまで秀頼であり、五大老はあくまで秀頼の意思を奉じ、その意向を伝えるということしかできなかったのである。

以上の三点を踏まえると、五大老は反乱などの突発的事態に対処しつつ、平素は知行宛行状の発給が主たる役割であったと言える。

では、五大老とは豊臣政権においてどのような位置づけにあったと考えるべきなのであろうか。そのことを知る上で重要な手掛かりとなるのは、先に挙げた知行宛行状である。

実は五大老の発した知行宛行状は、新領加増は僅かで、そのほとんどが安堵であった。つまり、五大老には加増を決定する権限はなかったのである。その理由は、豊臣直轄領の減少をできるだけ防ごうとしたからにほかならない。安堵は現在有している所領を、そのまま継続して領有することを認めるものなので、これをいくら行っても豊臣政権にダメージはない。ところが加増はそうではない。当然ながらその土地は豊臣直轄領から捻出せざるを得ないため、これを繰り返し行えば、豊臣家の直轄領が減少の一途を辿ることは明らかであった。直轄領の減少は政権の財政的基盤を直接揺るがし、ひいては中央権力の求心力を弱めることになろう。加増が極力抑えられていた理由は、まさにそこにあったと考えられる。このような、安堵状の発給しかできなかった五大老に、大きな政治権力が与えられていたと見なすことは到底できないであろう。ただし、やがて実権を掌握した家康は、このような現状維持的政策を否定する行動に出ることになる。

家康専制の確立

成立当初の五大老は、いわば秀頼の後見的役割を担うものであり、さしたる実権を伴うものではなかった。そのような地位に甘んじていては、家康に天下の覇権が転がり込んでこないことは明らかであった。

家康にとっての転機は、慶長四年（一五九九）閏三月にやってくる。同月三日、家康に唯一対抗できる声望を得ていた前田利家が病没したのである。その直後には、細川忠興・福島正則《まさのり》をはじめとする、いわゆる「七将」が石田三成襲撃を計画する。伏見城内の自邸に赴き、危うく難を逃れた三成は、毛利輝元に協力を求め、軍事決着をも視野に入れて対決姿勢をとることになる。輝元に挙兵を促す三成であったが賛同は得られず、結局自らの不利を悟り、居城の近江佐和山《さわやま》城（滋賀県彦根市）への隠遁を余儀なくされる。こうして三成は、政権中枢の座を追われることになった。

その後、家康の勢威は飛躍的に増大していく。三月十三日には、家康は伏見城の本丸に居を移している。秀吉が晩年の大半を過ごした伏見城を手中にした家康を、世上の人々は「天下殿」になったと噂した。

さらに三月二十一日、家康は一時敵対した毛利輝元と互いに起請文を交わして和解を図っている。そこでは、家康が輝元を「兄弟の如く」としているのに対して、輝元は家康に「父兄の思いを成す」としており、ここに両者の上下関係は明確になった。実力第二位の毛利氏に対する優位性を確実なものにした家康に対して、三成を欠いた五奉行（実質的にはすでに四奉行）ではなすすべもなかったのは言うまでもなかろう。

さらに慶長四年九月末、伏見を発して大坂へ向かった家康は、そのまま大坂城に逗留し、秀吉正室の北政所《きたのまんどころ》が大坂城二ノ丸を退去したのに取って代わり、ここに居を据えることになった。これによって家康は、いわば秀頼との一体化に成功したと言える。この時期、家康の唯一の弱みは、秀吉遺言によって伏見滞在を義務づけられているため、どうしても秀頼との関係が希薄になってしまうという点にあった。これによってその問題は解消されたのである。

一方、ほかの大老はというと、上杉景勝・前田利長の二人は同年夏に、共に領国への帰途に就いた。すると、ほどなくして利長に謀叛の嫌疑が及ぶことなる。これに対して利長が家臣を大坂へ派遣して懸命に無実を主張したため、家康は利長の弁明を受け入れた。ただしその代償として、生母の芳春院《ほうしゅんいん》（まつ）を人質として江戸へ送ることを余儀なくされる。これ以降、関ヶ原の戦いに至るまで、利長は大坂へ出仕することなく国許にとどまり続け、大老としての役割を事実上放棄することになる。

過小評価されているきらいがあるが、生母を江戸へ送ったという点はもっと注目されてしかるべきであろう。これは家康が個人的に前田家から人質をとったということを意味し、利長が家康に敵対行動に出ることは、事実上不可能になった。実際、関ヶ原の戦いにおいても、利長は西軍の誘いを断って家康に味方している。秀頼への謀叛の疑いを晴らすための人質ならば当然大坂へ送るべきなのに、それを江戸へというのは、普通あり得ることではない。この常識を超える行為を知った者は一様に、家康の野心を疑ったに違いない。むろん家康もそれは熟知していたはずだが、もはやそれを隠そうとしていない点にこそ着目すべきだろう。すなわち、この芳春院の在江戸の決定こそ、家康による政権奪取への大きな布石であったと評価できる。

こののち家康は、さらに思い切った手に出る。五大老に領地加増権がなかったことは先述した通りだが、家康はこれを無視し、安堵ではなく加増を行ったのである。すなわち慶長五年（一六〇〇）二月一日、森忠政（信長の近習として著名な蘭丸《らんまる》の弟）に対して信濃国内において六万七千五百石が、さらに六日後の二月七日には、細川忠興へ豊後国《ぶんごのくに》（大分県）で六万石が加増されている。

僅か七日間のうちに、家康は二人の大名に対して合わせて約十三万石を加増したわけだが、家康は、大名に個人的な恩賞や恩義を与えて彼らを自分の影響下に置きつつ、豊臣家直轄領の減少をも図ったと言えよう。いわば、一挙両得の策だったのである。

そして関ヶ原へ

前田利家の死去と石田三成の失脚を契機に実権を握った家康にとって、邪魔な存在はもはやほかの大老だけであった。そこで家康は、まず前田利長を威嚇して屈服させ、さらには上杉景勝に対しても軍事行動を表明、実際に自ら出陣するなど、彼らを攻撃目標に定めたのである。前田に続いて上杉、さらに残る宇喜多・毛利両氏までもが家康に屈服してしまえば、もはや家康を掣肘《せいちゅう》する勢力は存在しなくなる。そうなれば家康は、大名に対して再び加増を繰り返し、さらに豊臣直轄領を減少させつつ諸大名をその傘下に収めていくであろう。これこそが、家康が選んだ豊臣政権打倒の方策であったのではなかろうか。

そのような家康の行動には、直轄領を管掌する五奉行も不安を抱かずにはいられなかったろう。また、宇喜多秀家や毛利輝元にしても、自分たちと同じ立場にある前田や上杉が家康の攻撃対象となっていることには不安を抱かざるを得なかったはずである。三成からの挙兵の催促に応じたのも、このような危機感があったためであろう。

関ヶ原の戦いとは、一度は政治的敗北を喫した三成が、最後の手段として家康へ軍事的勝負を挑んだ戦いであった。しかし、家康がこのような大会戦を想定し望んでいたかと言えば、そうではあるまい。そのような冒険をせずとも、家康にはより安全に政権を簒奪する道筋がはっきりと見えていたのだから。秀頼という「玉」を奪われ、自軍と匹敵あるいは凌駕するほどの軍勢と対決することになったのは、家康にとっても大きな誤算であったに違いない。このようなアクシデントを乗り越えた上で、徳川政権は成立したのである。

【主要参考文献】

笠谷和比古『関ヶ原合戦――家康の戦略と幕藩体制』（講談社学術文庫、二〇〇八年）
笠谷和比古『関ヶ原合戦と近世の国制』（思文閣出版、二〇〇〇年）
谷 徹也「秀吉死後の豊臣政権」（『日本史研究』六一七号、二〇一四年）
千々和到「霊社上巻起請文――秀吉晩年の諸大名起請文から琉球中山王起請文へ」（『國學院大學日本文化研究所紀要』八八輯、二〇〇一年）
布谷陽子「関ヶ原合戦の再検討――慶長五年七月十七日前後」（『史叢』七三号、二〇〇五年）
布谷陽子「関ヶ原合戦と二大老・四奉行」（『史叢』七七号、二〇〇七年）
堀越祐一「豊臣『五大老』・『五奉行』についての再検討――その呼称に関して」（『日本歴史』六五九号、二〇〇三年）
堀越祐一「豊臣期における武家官位制と氏姓授与」（『歴史評論』六四〇号、二〇〇三年）
堀越祐一「知行充行状にみる豊臣『五大老』の性格」（『國學院大學紀要』四八巻、二〇一〇年）
堀越祐一「豊臣五大老の実像」（山本博文・堀新・曽根勇二編『豊臣政権の正体』柏書房、二〇一四年）

堀越祐一「五大老・五奉行は、実際に機能していたのか」（日本史史料研究会編『秀吉研究の最前線――ここまでわかった「天下人」の実像』洋泉社歴史新書y、二〇一五年）
水野伍貴「秀吉死後の権力闘争と会津征討」（和泉清司編『近世・近代における地域社会の展開』岩田書院、二〇一〇年）
光成準治「関ヶ原前夜における権力闘争――毛利輝元の行動と思惑」（『日本歴史』七〇七号、二〇〇七年）
光成準治『関ヶ原前夜――西軍大名たちの戦い』（NHKブックス、二〇〇九年）
矢部健太郎『豊臣政権の支配秩序と朝廷』（吉川弘文館、二〇一一年）
矢部健太郎『敗者の日本史　関ヶ原合戦と石田三成』（吉川弘文館、二〇一四年）
山本浩樹「関ヶ原の戦いと中近世移行期の社会」（『国史学研究』三五号、二〇一二年）

堀越祐一（ほりこし・ゆういち）
一九六六年生まれ。國學院大學北海道短期大学部教授。博士（歴史学）。
◉主要業績「豊臣五大老の実像」（山本博文他編『豊臣政権の正体』柏書房、二〇一四年）、『豊臣政権の権力構造』（吉川弘文館、二〇一六年）、「伊達政宗の絶縁状」（『滝川国文』三七号、二〇二一年）。

第八章 最初から家康は石田三成と仲が悪かったのか？

家康にとっての邪魔者

「天下分け目の関ヶ原」と称されるように、関ヶ原の戦いは、徳川家康が「徳川政権の樹立をめざして邪魔者を挑発し、公儀の名においてそれらを一挙に潰すための戦争」であり、「豊臣政権から徳川政権への移行を決定づけた」戦争であるとされる（池上：二〇〇九）。また豊臣秀吉は、文禄四年（一五九五）七月の関白秀次失脚・切腹事件ののち、自らの死期が迫ると、いわゆる五大老・五奉行体制を構築して、秀頼政権の政治体制（幼主秀頼に代わって、五大老・五奉行が政権運営を担う合議体制）を定めていた。したがって、徳川政権を樹立しようとする家康にとっての「邪魔者」は、家康以外の五大老・五奉行の面々が対象となる。

家康以外の五大老は、前田利家・宇喜多《うきた》秀家《ひでいえ》・上杉景勝《かげかつ》・毛利輝元《てるもと》、五奉行は前田玄以《げんい》・浅野長吉《ながよし》（長政《ながまさ》）・増田《ました》長盛《ながもり》・石田三成・長束《なつか》正家《まさいえ》。彼らの職掌について、「平常時における五大老の役割とは、現状維持を旨とする知行安堵状を発することのみ」であり、五奉行が政務を任されていたとされる（堀越：二〇一四）。このため、豊臣政権を実質的に運営する五奉行こそが、家康にとって邪魔者であった。その五奉行の中で、石田三成が最大の邪魔者として、関ヶ原において家康の前に立ちはだかったのはなぜであろうか。

本章においては、主として秀吉の死以前の家康と豊臣政権との関係について、「取《とり》次《つぎ》」というキーワードを軸に見ていき、家康と三成を対決へと導いた要因を探っていきたい。

小牧・長久手の戦い以前の家康と「取次」

豊臣政権には、諸大名へ秀吉の命令を伝達し、諸大名を後見する機能を果たす「取次」という職制があった（山本：一九九〇）。諸大名を豊臣政権へ服属・臣従させるための交渉も「取次」の役割の一つである。

家康の場合、天正十二年（一五八四）の秀吉との戦闘（小牧・長久手の戦い）を経て、天正十四年（一五八六）十月の上洛によって秀吉に臣従したのであるが、この間の家康・秀吉間の外交交渉において、誰が「取次」的役割を担ったのか、また、同時期の石田三成の動向について見ていく。

天正十年（一五八二）六月の本能寺の変ののち、秀吉は山崎の戦いにおいて明智光秀を倒し、さらに翌年の賤《しず》ヶ《が》岳《たけ》の戦いにおいて、柴田勝家および勝家に擁立されていた織田信長の三男信孝《のぶたか》を倒して、織田政権の実質的継承者としての地歩を築き始めた。一方の家康は、駿河・甲斐・信濃《しなの》といった旧武田氏領を徳川分国に編入する動きを優先していたため、家康と秀吉の間に表面上の対立は見られなかった。

家康は天正十年八月から九月にかけて、上杉氏との間の同盟関係を成立させていた。一方、天正十一年（一五八三）二月の石田三成・木村清久《きむらきよひさ》・増田長盛連署覚書写（「片山光一氏所蔵文書」）に「景勝様と家康様との間に問題が発生した場合には、秀吉が仲介いたします」、同年に比定される八月の直江《なおえ》兼続《かねつぐ》・狩野《かのう》秀治《ひではる》宛て増田長盛・石田三成連署覚書写（「景勝公諸士来書」）には「信州の郡割り（信濃国における徳川・上杉領の境界画定）については秀吉のご意見に従い、家康様と景勝様が今後も親密にされるとのこと、もっともなことだと存じ上げます」とある。

これらの史料は、小牧・長久手の戦い勃発以前に徳川・上杉同盟に秀吉も加わった三者間同盟が完成していたことを示すものであり、秀吉はこの三者間同盟によって、関東地方は家康、東北地方は景勝を通して、東国を支配する体制の構築を図ったとされる（竹井：二〇一二）。

右記の史料に見られるように、秀吉・景勝間の外交交渉を担った秀吉奉行人は三成や増田長盛らである。この時期の三成の動向を見ると、賤ヶ岳の戦いにおける諜報活動の指揮（「称名寺文書」）を行っているほか、淡路国の地侍広田《ひろた》蔵丞《くらのじょう》に対する「取次」（天正十一年、「広田文書」）を務めており（太田：二〇〇九）、上杉氏以外との外交交渉にも従事していたのであるが、家康との外交交渉に携わっていた形跡はない。

この時期の徳川・羽柴間文書において、外交交渉に携わったことが確認できるのは石川数正《かずまさ》や西尾吉次《にしおよしつぐ》といった徳川氏家臣のみであり、秀吉奉行人は登場しない。その理由は定かでないが、小牧・長久手の戦い以前の家康・秀吉同盟時期において、家康と三成が知音関係になかったことはほぼ確実と言えよう。

小牧・長久手の戦いと家康・三成

天正十二年（一五八四）になると、織田家督の座を継承した信長次男の信雄《のぶかつ》と秀吉との対立が激化し、家康は信雄を援けて、秀吉との戦闘に突入した（小牧・長久手の戦い）。

家康がこれ以前に北条氏と連携していたため、秀吉は北関東の佐竹・宇都宮・結城《ゆうき》氏など反北条連合との連携を図り（市村：二〇〇九）、徳川・北条両氏を牽制する存在として佐竹・上杉・木曾《きそ》三氏を重視した可能性が高いとされる（尾下：二〇〇九）。

秀吉が連携した三氏のうち、上杉氏については引き続き三成や長盛・木村清久が外交交渉に携わっている（七月十一日付、『歴代古案《れきだいこあん》』）。常陸《ひたち》佐竹氏の場合は、下野《しもつけ》佐野《さの》氏家臣の山上道牛《やまがみどうきゅう》が連絡に当たっている（六月五日付滝川一益書状、「佐竹古文書」）。また、信濃木曾氏の場合、織田氏家臣で武田氏滅亡後に信濃伊那郡の統治に当たっていたが、本能寺の変後には信濃から逃れて秀吉に臣従していた毛利秀頼《ひでより》が外交交渉に携わっている（三月二十六日付秀吉書状、「山村文書」）。

一方で、小牧・長久手の戦いの陣立書において、三成の在陣は確認できない。木村清久・毛利秀頼については、在陣の記載のある陣立書も存在するが、三成のほか長盛の記載も皆無である。のちの五奉行のうち、記載があるのは浅野長吉のみであり、家康と三成が小牧・長久手の戦場において直接対峙した可能性は低い。

家康を背後から牽制する最大の勢力である上杉氏への工作が三成に課された使命であり、その工作が功を奏して、上杉氏は信濃国の徳川方領主と交戦している。このような背後における反徳川方の活動が、長久手の戦いにおける勝利にもかかわらず、天正十二年末に家康が秀吉との講和に踏み切った要因の一つと考えられる。換言すると、三成の働きによって、家康は秀吉に臣従せざるを得ない状況を作り出されたのである。

家康の臣従と「取次」

家康は天正十二年(一五八四)末に秀吉と講和したが、上洛を拒んでいたため、その後も両者の対立関係は続いていた。天正十三年(一五八五)になると、秀吉は小牧・長久手の戦い当時に反秀吉で家康と連携関係にあった四国の長宗我部元親《ちょうそかべもとちか》や越中の佐々成政《さっさなりまさ》を服属させていった。本願寺の『顕如上人貝塚御座所日記』によると、家康からの要求を踏まえて、成政は赦免されることとなり、その決定を家康へ伝えるために、富田一白《とみたいっぱく》と津田盛月《つだせいげつ》が三河へ下向している。同年十一月に徳川氏重臣の石川数正が出奔した際にも、両名が出迎えに赴いており、家康・秀吉間の外交交渉における秀吉側の主たる担当者は一白・盛月であったことがわかる。

翌天正十四年(一五八六)五月、秀吉は家康へ妹(朝日姫《あさひ》)を嫁がせているが、その際に朝日姫と共に三河へ下向したのは、一白に加え、浅野長吉・伊藤太郎左衛門尉・滝川益重《たきがわますしげ》であり、家康が最終的に上洛を決断した同年九月、秀吉の使者として岡崎まで赴き、家康と会談したのも、一白・盛月と長吉である（『家忠日記』）。

右記の史料から、この時期の秀吉の対徳川外交において、中心的に「取次」的役割を担ったのは富田一白・津田盛月・浅野長吉の三名だったと言えよう。

これに対して、三成は天正十四年に比定される直江兼続宛て五月十六日付連署状写（増田長盛・木村清久との連署、『歴代古案』）において、上杉氏に対して「家康は前の書状においてお知らせしたように、様々な弁明をしましたので、赦免されることとなりました。（中略）このような結果となりましたので、近いうちに秀吉様が東国へ出兵される予定です。関東における領国の境界が画定される以前に、景勝様が上洛されたほうがよいと思いますので、申し入れます」という助言を行っている。この助言を踏まえ、景勝は同年六月に上洛して、秀吉へ臣従しており、豊臣政権下における家康の対抗勢力として、景勝を位置づけようとする秀吉の意向を現実化するために、三成らは行動していたことがわかる。

上洛直後の天正十四年九月、景勝は「関東諸家中ならびに伊達・会津御取次」に任じられた（「杉原謙氏所蔵文書」）。従来の研究においては、同年十月の家康上洛によって、関東の「惣無事《そうぶじ》」については家康に委任され、景勝は脇役に退けられたとされてきた（藤木：一九八五）が、近年、矢部健太郎氏によって、家康は「私戦禁止」、景勝は「公戦」遂行の面から「惣無事」を担ったのであり、秀吉は家康と景勝とを同レベルの集団に位置づけようとしたとする説が提起された（矢部：二〇〇五）。

例えば、天正十七年（一五八九）の伊達政宗による会津攻撃に際して、秀吉は景勝に対して佐竹氏と相談の上、蘆名《あしな》氏を救援するよう命じており（「千秋文庫所蔵文書」）、矢部氏の見解の通り、景勝は家康と共に東国における「惣無事」を担う存在に位置づけられていたと言える。また、右記秀吉書状においては三成と長盛が奏者《そうじゃ》を務めており、家康と同格の立場で東国の「惣無事」を担う景勝を豊臣政権内において支援することが三成らの役割だったのである。

対北条氏外交における家康と三成

矢部氏の見解は、ほかの研究者にも支持されつつある。齋藤慎一氏は、家康上洛を機に、反北条方北関東諸領主の「取次」である景勝らを中心に推進されていた対北条強硬路線に加えて、北条氏の「取次」である家康を主体として対北条宥和路線が模索されるようになったとする（齋藤：二〇〇五）。この路線対立は、天正十六年（一五八八）八月、北条氏が氏政《うじまさ》の弟氏規《うじのり》を上洛させて、豊臣政権に服属する姿勢を示したことにより、いったんは決着を見た。家康の推進する対北条宥和路線が実を結んだのである。

ところが、家康による「取次」の結果、秀吉による支援を期待してきた反北条方領主は、北条氏との敵対関係の正当性を失うこととなった。氏規上洛の翌月、秀吉は佐竹氏らに朱印状《しゅいんじょう》を発して、北条氏を赦免したこと、上使を派遣して諸領主の境界画定を行うことを伝え、併せて上洛を命じた。その際の奏者は三成である（「秋田藩家蔵文書」など）。

また、天正十七年（一五八九）に比定される三月十一日付宇都宮国綱《くにつな》宛て石田三成書状写（「宇都宮氏家蔵文書」）には「北条氏は氏規を上洛させて、豊臣政権に服属することとなりました。北条氏が宇都宮氏を攻撃して、所領を失うことがあったとしても、宇都宮氏が上洛していれば、最終的には秀吉の裁定によって所領は保障されます。（中略）とにかく一刻も早く上洛するようお待ちしております」とある。

これらの史料から、北条氏の豊臣政権への服属姿勢を踏まえ、反北条方領主に対する「取次」的役割を、秀吉奉行人である三成が直接的に担うようになったことがわかる。北条氏が服属姿勢を示したとはいえ、北条氏と反北条方領主との対立状況は解消していなかったから、北条氏の豊臣政権への服属を推進した家康と、反北条方領主の権益を保護しようとする三成は、直接的な利害対立関係に至ったのである。

さらに、北条氏と真田《さなだ》氏の係争地であった上野沼田《こうずけぬまた》のうち、秀吉の裁定により真田氏領とされた名胡桃《なぐるみ》城を北条氏が奪取したことを受けて、天正十七年十一月、秀吉は真田昌幸《まさゆき》に対して北条氏討伐の意向を示したのであるが、その際の奏者も三成と浅野長吉である。これ以降、真田氏の「取次」は三成の専任になっていくことから推測すると、名胡桃城事件の背後に、対北条強硬路線を推進する三成の暗躍があった可能性も皆無とは言えない。

いずれにせよ、このような秀吉の方針に対して、家康は同年十一月から十二月にかけて北条氏規と通交しており、北条討伐回避の道を探ったものと考えられるが、秀吉の意思は固かった。北条討伐の方針は、反北条方の佐竹氏や、佐竹氏と同盟関係にある相馬《そうま》氏に対して、三成を奏者として伝えられており、三成らの働きによって、北条氏包囲網が形成されつつあった。家康といえども、もはや対北条融和路線を貫くことは困難であり、結局、家康は娘を嫁がせた北条氏を自らの手で葬り去ることとなったのである。

豊臣政権下における家康と秀吉奉行人①——江戸入部前

「取次」による諸大名を後見する機能に着目した場合、家康に対する「取次」が存在したとは言えない。しかし、秀吉と家康との通交の際の窓口、秀吉の意思を家康へ伝達するといった役割を担う秀吉奉行人は存在した。初期段階においては、前に見た富田一白と津田盛月である。この両名は天正十七年（一五八九）の沼田に関する秀吉裁定に際しても、検使として関東へ下向しており、対北条融和路線を推進する家康と連携していたと推測される。

天正十三年（一五八五）の朝日姫下向に同行した浅野長吉は、その後も家康との通交が確認される。例えば、天正十六年（一五八八）三月には、徳川氏家臣の酒井忠《ただ》次《つぐ》に対して、三河明眼寺《みょうげんじ》に関して家康への取り成しを依頼している（「専修寺文書」）。また、天正十七年の十一月二十四日付家康宛て秀吉書状写（「富岡文書」）に「なお、詳しい状況は浅野弾正少弼（長吉）が申します」とあり、長吉が北条氏討伐に関する秀吉と家康との談合の窓口となっている。

天正十八年（一五九〇）七月にも、徳川氏家臣の井伊直政《いいなおまさ》が武蔵忍《おし》城攻撃中の長吉に対して「その地（忍城）の曲輪《くるわ》を占領され、多くの敵兵を討ち取られたとのこと、こちらにもその情報が伝わりました。いつものことではありますが、お手柄を立てられ、私もうれしく思っております」との書状を送っている（七月六日付、『浅野家文書』）。忍城攻撃には三成が総指揮者的立場で参加しているが、徳川氏と三成との間に通交があった形跡はない。長吉が豊臣政権における家康との通交窓口を担っていたことから、長吉と徳川氏との間には親密な関係が生じていたのであろう。

次に、小田原攻めの際の、その他の文書を見てみよう。秀吉発給文書を見ると、徳川氏家臣の榊原康政《さかきばらやすまさ》に発した朱印状写（四月六日付、「古文書集」）の奏者は、有馬則頼《ありまのりより》と長束正家であるが、ほぼ同時期に真田昌幸・信幸《のぶゆき》父子に発した朱印状（四月十一日付、「真田家文書」）の奏者は三成であり、三成と徳川氏との間の距離感を窺わせる。

家康発給文書については、四月十九日付桑山重晴《くわやましげはる》宛て書状が確認される（「川嶋重治所蔵文書」）。重晴は秀吉の弟秀長《ひでなが》の家臣であり、秀長も豊臣政権における対家康通交の一端を担っていたと考えられる。また、七月二十三日には、榊原康政から浅野長吉に対して、忍城開城を祝う書状が発せられている（『浅野家文書』）。天正十六年から十八年にかけて、いわゆる徳川四天王のうち、本多忠勝《ただかつ》を除く三名と長吉の間の通交が確認され、長吉が徳川氏に対して、「取次」に準じた役割を担っていたことが窺える。

豊臣政権下における家康と秀吉奉行人②――江戸入部後

江戸入部後から秀吉の死までの間に、秀吉奉行人が家康からの文書を受給した数を見ると（川島：二〇一二）、浅野長吉・長継《ながつぐ》（のち長慶《ながよし》→幸長《よしなが》と改名）父子が二十通を超えており突出している。江戸入部前のものである可能性もあるが、年月欠十七日付長吉宛て書状（「早稲田大学荻野研究室所蔵文書」）には「加々爪《かがづめ》（政尚）への書状を読みました。明日は聚楽第《じゅらくてい》へ祗候《しこう》しますので、約束通りに明日の朝、了頓《りょうとん》の所まで行き、そこから秀吉様の御前へ参上します。そのことを了頓へお伝えいただくようお願いします」とあり、これも対家康「取次」としての長吉の行動を示すものと言えよう。

また、富田一白と津田盛月も家康書状を受給している。例えば、天正十八年（一五九〇）に比定される十二月八日付一白・盛月宛て書状（『伊達家文書』）には、浅野長吉から伊達政宗の動向に関する書状を受け取ったが、伊達氏の謀反はないという内容だったので、「このことを秀吉様へ披露してください」とある。

文禄五年（一五九六）に比定される十月十二日付一白宛て書状（「富田文書」）においても、秀吉からの朱印状に従い、すぐに草津温泉の湯を汲んで湯治するつもりなので、「この様子について太閤様への取り成しをお頼みします」、さらに、上方に逗留している嫡子秀忠について「秀忠が失敗しないようにご指南をお頼みします」とある。このような一白の役割は、後見を行う「取次」に準じたものと言えよう。一白は、文禄五年十月には秀吉発給文書の奏者も務めており（「名古屋市秀吉清正記念館蔵文書」）、「取次」に近い役割を担っている。

一白と並び、家康宛て秀吉発給文書の奏者を務めている奉行人として、木下吉隆《きのしたよしたか》（文禄二年〈一五九三〉九月、「梁田家文書」）が挙げられる。吉隆は、天正十八年八月の井伊直政宛て秀吉朱印状の奏者も務めており、天正十七年九月には、秀忠の上洛や近江国における秀吉からの知行宛行について「このことについて秀吉様へ言上をお願いします」という家康書状を長束正家と連名で受給している（片山：二〇〇五）。なお、吉隆は文禄四年（一五九五）の豊臣秀次事件に連座して失脚した。

これらの史料から、浅野長吉、富田一白、津田盛月、木下吉隆の四名が家康に対する「取次」的役割を担っていたことがわかったが、長吉以外の豊臣政権五奉行と家康はどのような関係にあったのだろうか。

家康と豊臣政権五奉行

長束正家と徳川氏との間の通交を示す史料は、前に挙げた文書（榊原康政宛て秀吉朱印状の奏者、正家・木下吉隆宛て家康書状の受給）のほか、正家単独受給の家康書状（①文禄三年〈一五九四〉に比定される四月十日付〈林原美術館蔵〉と、②文禄五年〈一五九六〉に比定される一月二十三日付「善通寺文書」）が確認される。

①には「伏見城下町の屋敷普請が完成しましたら、こちらからご連絡しますので、皆様にもそのようにお伝えいただきますようお願いします」、②には「太閤様がご本復されたという孝蔵主《こうぞうす》・ちやあ（いずれも北政所《きたのまんどころ》の侍女）・薬師衆からの知らせの書状を貴殿の使者が持参されました。それを読み、誠にめでたく、これ以上の喜びはありません。お気遣いいただき、早々にお知らせいただきうれしく思います」とある。①

の「皆様」は主にほかの五奉行を指すものと考えられ、三成も含まれるであろう。②のような重要な情報が正家からもたらされたことも併せて評価すると、長吉を除く五奉行の中では、正家と家康の親密さが際立つと言えよう。

　前田玄以単独受給の家康書状は二通（①天正十九年〈一五九一〉に比定される十二月二十八日付「桑原羊次郎氏所蔵文書」、②文禄五年～慶長二年〈一五九七〉に比定される八月二十日付「倉橋将一氏所蔵文書」）である。①には「その後ご無沙汰しました。秀忠が在京中はいろいろと懇意にしていただき、とりわけ、私の屋敷普請にご尽力いただき喜んでおります」、②には「西尾吉次まで書状をいただき、満足しております。先日はお伺いしたところ、いろいろとお世話いただきうれしく思っております」とある。いずれも、京都所司代であった玄以の職掌に基づく行動ともとれるが、②の時期には、三成や増田長盛も京都所司代に就任しており（伊藤：二〇〇三）、三成や長盛に比べて、玄以のほうが家康と親密であった可能性を指摘できる。

　増田長盛については、家康からの単独受給文書は確認できないが、天正十九年に比定される五月十四日付家康宛て秀吉朱印状写（「鶴岡八幡宮文書」）には「鎌倉鶴岡八幡宮について、先日の秀吉の上意の通り、直接に造営するつもりでしたが、貴殿の外聞もあるでしょう。そこで、貴殿が分国中の材木調達について早々に指示されたこと、適切です。詳しい様子は高力清長《こうりききよなが》（徳川氏家臣）に言い渡します。なお、増田長盛から伝えます」とあり、長盛が家康に対する奏者となっていたことがわかる。また、慶長二年に比定される月欠十九日付藤堂高虎《とうどうたかとら》宛て家康書状写(『高山公実録《こうざんこう》』)においても、長盛が家康の奏者となっている。これらの史料から、家康と長盛の間にはある程度の親交があったものと推測される。

最後に三成についてであるが、家康からの単独受給文書、秀吉発給文書の奏者となった事例のいずれも確認できない。両者間の文書はすべて、秀吉奉行人の連署状あるいは、秀吉奉行人連名宛て家康書状であり、公的な文書に限定されている。関ヶ原の戦いにおいて家康に敵対し滅亡したゆえに、三成関係文書は伝存されなかった可能性もあるが、同様の立場にある長束正家関係文書が伝存していること、三成の兄石田正澄《まさずみ》と三成の義兄弟である石川頼明《よりあき》連名宛て家康書状が現存していること(「日光東照宮所蔵文書」)との相違を考えると、そもそも家康からの単独受給文書、秀吉発給文書の奏者となった事例は存在しなかったのではなかろうか。

家康包囲網と三成

右記の通り、家康と三成は極めて没交渉であった。しかし、それは個人的な理由に基づくものとは考えられない。「取次」も奏者も秀吉の決定に基づくものであり、秀吉は意識的に家康から遠い位置に三成を置いたのである。北条氏滅亡以前の三成は、徳川氏と同盟関係にあった北条氏に敵対する大名・領主（上杉氏・真田氏・佐竹氏・宇都宮氏など）の「取次」的役割を担っていた。このため、北条氏滅亡後に徳川氏が関東へ移封された結果、三成が「取次」的役割を担っていた大名・領主によって家康は包囲されることとなった。

反北条方領主のうち、結城氏については、天正十八年（一五九〇）の知行割直後の結城氏領仕置を担当したのは増田長盛であったが（斉藤：一九八四）、家康の江戸入部ののち、家康次男で秀吉の下に人質として赴いていた秀康が継嗣となった結果、文禄三年（一五九四）頃から開始された検地において、徳川氏家臣の大久保長安《ながやす》が検地奉行となっていることからもわかるように、家康が「指南」する立場に代わったとされる（市村：一九八三）。

佐竹氏の「取次」「指南」は三成と長盛である。また、長盛が佐竹氏以外に「取次」あるいは「指南」する立場にあった主な領主として、安房里見《さとみ》氏や関東足利家が挙げられる（斉藤：一九八四、市村：一九九四）。宇都宮氏の場合、秀吉への出仕を仲介したのは三成と長盛であったが、家康江戸入部後の「取次」は長盛のみとなり、文禄二年（一五九三）に甲斐国が浅野長吉父子に宛行われると、那須《なす》氏・那須衆・成田《なりた》氏（いずれも下野国）と共に、長吉が「取次」とされた。

この変更については、家康や景勝らを「取次」とするルートとは別に、長吉を介して諸大名に対する交渉にあたらせ東国支配の強化を図ったとする説（曽根：二〇〇四）、家康が「取次」の立場を解かれ、長吉が「取次」の権限を手にしたとする説（戸谷：二〇〇六）、また、その後の宇都宮氏改易事件に関しては、三成・長盛らの東国支配強硬派＝集権派と、家康・長吉らの宥和派＝分権派の対立に着目した説（市村：一九八三）、上から設定された取次関係（長吉）と、かつての取次関係（三成・長盛）との競合に着目した説（梯：二〇一二）など、様々な見解が提起されている。

このような徳川氏分国周囲の大名・領主「取次」の選任について、一元的な目的・要因から説明することはできない。秀吉は家康の力を利用しながら、警戒もしていた。ゆえに、三成・長盛による「取次」（上杉・真田・佐竹・宇都宮・里見など）を通じて家康包囲網を形成する一方で、家康による「取次」（結城氏）も認めてバランスをとろうとした。さらに、文禄二年以降は秀吉奉行人の東国入部によって家康包囲網への影響力を高める一方で、長吉という家康と親密な関係にある人物の起用によって、家康の反発を和らげようとした。

右記のような複雑な情勢において、一貫して家康に対抗する立場に置かれたのが三成である。なぜ、秀吉は三成を家康に対置したのか。文禄五年（一五九六）、近衛信輔《このえのぶすけ》の処遇に関して家康や前田利家が信輔配流先の島津氏へ申し渡した内容につき、三成が強く反対するという事件があった（「斎藤文蔵氏所蔵文書」、伊藤：二〇〇三）。三成は相手が家康であろうと、一歩もあとに退かない強さを持っていた。秀吉はそのような強さを評価したのではなかろうか。そして、家康と三成との距離感を故意に遠ざけることによって、三成による家康に対する牽制効果を高めようとしたのである。

また、三成や長盛の軍事力では、家康と軍事的に対抗することはできない。このため、秀吉は家康に匹敵する軍事力を有する上杉氏や毛利氏の「取次」的役割を三成・長盛に担わせて、家康を潜在的な仮想敵とする三成・長盛・上杉・毛利（＋佐竹）による同盟関係を構築させたのである。

秀吉没後の家康と三成

秀吉の死から十日後の八月二十八日、毛利輝元は長盛・三成・正家・玄以に対して、起請文《きしょうもん》を提出した（『毛利家文書』）。その内容は、「もし今度定められた五人の奉行（いわゆる五大老）の内、秀頼様への謀叛ではなくても、長盛・三成・玄以・正家の意見に同意しない者があれば、私（輝元）は長盛・三成・玄以・正家に同意して、秀頼様へ奉公する」というものだったが、当初の案文では「秀頼様の取り立てられた衆と心を合わせ、表裏なく秀頼様へご奉公いたします。太閤様のご遺言もこれ以後忘れることはありません」となっていた。輝元起請文の訂正加筆された部分は三成の筆によるものであり、当初の案文に比べ、輝元の連携相手を明記すると共に、敵対する可能性のある者として、輝元以外の大老を明記した点に特徴がある。この訂正において、三成の想定した敵対勢力は家康であると推測され、これ以降の三成は、家康打倒に向けて様々な行動をとっていく。

慶長三年（一五九八）に比定される九月二日付内藤周竹（毛利氏家臣）書状写（『萩藩《はぎはん》閥閲録《ばつえつろく》』）によると、秀吉遺言のうち多数派工作の禁止について、秀吉の死の直後から家康の違背行為があったとして、三成ら五奉行と家康との間に緊張状態が生じた際、毛利輝元は先の起請文を守り、不測の事態に備えて上方方面に兵力を集結させている。このような三成与党の動きにより、九月三日、五大老・五奉行は再び起請文を取り交わし、緊張状態はいったん沈静化した。

慶長四年（一五九九）になると、家康は伊達氏のほか、豊臣系大名（福島氏・蜂須賀《はちすか》氏）と姻戚関係を結ぶことにより、再び多数派工作に着手した。公家の山科言経《やましなときつね》が残した『言経卿記《ときつねきょうき》』一月二十四日条には「去十九日に家康の縁組のことが問題となった。加賀大納言（前田利家）・備前中納言（宇喜多秀家）・毛利中納言（毛利輝元）・会津中納言（上杉景勝）・徳善院（前田玄以）・増田右衛門尉（増田長盛）・浅野弾正少弼（浅野長政）・石田治部少輔（石田三成）・長束大蔵大掾（長束正家）などが使者を派遣した」とあり、家康の専横に対して、ほかの大老や五奉行は詰問の使者を送っている。しかし、『言経卿記』

には前記に続いて「二十日におおよそ解決したようだ」とあり、翌日にはこの問題が収束したと言経は認識している。つまり、この折の軍事的衝突の危機は、軍記類が記述するほど長期に及んだ危機ではなく、徳川方の遺命違背という正当性の欠如、反徳川方の軍事的劣勢という双方の手詰まり感から、早期に収束したと考えられる。

ところが、前田利家が閏三月三日に没すると、事態は急展開した。利家の死の直後に、朝鮮出兵時の作戦および論功行賞問題をめぐって不満を募らせていた加藤清正・浅野幸長・蜂須賀家政《いえまさ》・福島正則《まさのり》・藤堂高虎・黒田長政《ながまさ》・細川忠興《ただおき》のいわゆる七将による石田三成襲撃事件が勃発したのである。この事件については長らく、七将の襲撃から逃れた三成が伏見の家康邸に逃げ込んだが、家康は三成を助けることで将来三成を挙兵させ、反徳川勢力を一掃しようとしたという見解が信じられてきた。しかしこの見解は、明治期に陸軍参謀本部が作成した『日本戦史・関原役』や徳富蘇峰《とくとみそほう》が書いた『近世日本国民史・関原役』などの記述に沿った誤った見解であり、実際には三成は伏見の自邸、おそらく伏見城内の「治部少丸」と呼ばれる曲輪に入ったのであることを、笠谷和比古《かさやかずひこ》氏が立証された（笠谷：二〇〇〇）。

毛利元康《もとやす》（元就《もとなり》八男）宛て毛利輝元書状（「厚狭毛利家文書」）には「石田三成からの使者として、小西行長《ゆきなが》と寺沢《てらさわ》正成（広高《ひろたか》）が来られました。三成は『私の命を狙った者たちは全く成果を挙げることができず、むしろ手をこまねいている今に至ってはよい機会ですので、こちらから仕掛けられるのがよいでしょう。そこで、輝元様も天馬のように都から下って、陣営を尼崎へ敷き続けるように』と申されました」とあることから、三成が伏見城内にいたこと、七将側の動きが止まった今、三成側から逆襲に転じる方針を伝え、輝元には尼崎方面に陣を構えるよう要請していることを、筆者は論証した（光成：二〇〇九）。三成は家康に助けを求めるどころか、七将側あるいはその背後にいる家康に対して軍事行動を計画していたのである。

この計画は、大坂城の在番を務めていた小出秀政《こいでひでまさ》や片桐且元《かたぎりかつもと》らが家康に与して、大坂城が徳川方によって占拠され、反徳川方は城内に入ることができない状態になっていたことから未遂に終わり、三成が近江佐和山《さわやま》城へ隠居することによって決着を見た。徳川方による大坂城の占拠という事実から推測すると、直接的な指示があったという証拠はないが、七将襲撃の背後には家康がいたものと考えられる。しかしながら、家康の意図は三成を失脚させることであり、大名石田家の存続を家康は保障した（水野：二〇一〇a）。

失脚後の三成と家康の関係について、水野伍貴《ともき》氏の研究によると、慶長四年九月に勃発した前田利長（利家の子）や浅野長政らが首謀者とされた家康暗殺計画の際、三成も執政的な地位にあった家康に対して協力的な姿勢をとったとされる（水野：二〇一〇b）。また、家康が三成の挙兵を誘うために会津征討を行ったとする点についても、右記のような三成の協力的な姿勢を踏まえ、家康は三成を警戒していなかったとされる（水野：二〇一〇a）。この三成の協力姿勢について、水野氏は①徳川党に与した、②警戒を解くための行動、という二つの可能性を提示しているが（水野：二〇一〇b）、筆者は②説を支持する。表面的には家康に屈服した姿勢を見せながら、決起の機会を窺っていたのではなかろうか。

宿命づけられていた二人の対立

最初から家康は石田三成と仲が悪かったのかという問いに対する答えは、イエス・アンド・ノーと言えるであろう。家康と三成の間に私的な交流があった形跡はなく（相田：二〇一一、中野：二〇一一）、その意味ではイエスである。しかし、そのような二人の没交渉は、家康を牽制しようとする秀吉の意図に基づくものであり、両者間に個人的な感情の対立があったわけではない。その意味では仲が悪いという表現はふさわしくなく、ノーである。

秀吉によって創り出された対抗関係であるが、秀吉が生きている間、家康と三成が大きく対立することはなかった。両者の間で秀吉がバランスをとりつつ政権運営したからである。しかしながら、長期間の対抗関係の継続によって、三成の心中には家康を潜在的な敵と見なす秀吉の底意が刻み込まれていった。ゆえに、秀吉が愛児秀頼の行末を案じつつこの世を去ると、三成は家康に対抗して豊臣政権を守る行動を開始したのである。いったんは挫折しながらも、執念深く家康を打倒しようとした。そのような三成の行動は、長期間にわたって秀吉によって創り出された対立構造が、秀吉の死によって噴出した結果であろう。

家康と三成の関ヶ原における対決は、秀吉によって宿命づけられていた。家康に対抗する存在として「取次」的役割を媒介に構築されていた、三成・長盛と、毛利氏・上杉氏らの同盟関係が基軸となり、反家康闘争としての関ヶ原の戦いが勃発したのである。

【主要参考文献】

相田文三「徳川家康の居所と行動（天正年6月以降）」（藤井讓治編『織豊期主要人物居所集成』思文閣出版、二〇一一年）
池上裕子『日本の歴史　織豊政権と江戸幕府』（講談社学術文庫、二〇〇九年）
市村高男「豊臣大名の歴史的位置――結城秀康を中心として」（『地方史研究』三三巻一号、一九八三年）
市村高男「近世成立期東国社会の動向――結城朝勝の動向を中心として」（『栃木県史研究』二四号、一九八三年）
市村高男「豊臣政権と房総――里見分国上総没収をめぐって」（『千葉県史研究』二号、一九九四年）

市村高男『戦争の日本史　東国の戦国合戦』（吉川弘文館、二〇〇九年）
伊藤真昭『京都の寺社と豊臣政権』（法藏館、二〇〇三年）
太田浩司『近江が生んだ知将 石田三成』（サンライズ出版、二〇〇九年）
尾下成敏「天正十年代初頭の羽柴秀吉の東国政策をめぐって――秀吉・家康の『惣無事』を中心に」（『史林』九二巻五号、二〇〇九年）
梯 弘人「豊臣期関東における浅野長政」（『学習院史学』四九号、二〇一一年）
笠谷和比古『関ヶ原合戦と近世の国制』（思文閣出版、二〇〇〇年）
片山正彦「豊臣政権の対北条政策と『長丸』の上洛」（『織豊期研究』七号、二〇〇五年）
川島孝一編「徳川家康文書 総目録」（徳川林政史研究所ホームページ、二〇一二年一二月版）
齋藤慎一『戦国時代の終焉――「北条の夢」と秀吉の天下統一』（中公新書、二〇〇五年）
斉藤 司「豊臣期関東における増田長盛の動向」（『関東近世史研究』一七号、一九八四年）
曽根勇二『近世国家の形成と戦争体制』（校倉書房、二〇〇四年）
竹井英文『織豊政権と東国社会――「惣無事令」論を越えて』（吉川弘文館、二〇一二年）
戸谷穂高「天正・文禄期の豊臣政権における浅野長吉」（『遥かなる中世』二一号、二〇〇六年）
中野 等「石田三成の居所と行動」（藤井讓治編『織豊期主要人物居所集成』思文閣出版、二〇一一年）
藤木久志『豊臣平和令と戦国社会』（東京大学出版会、一九八五年）
堀越祐一「豊臣五大老の実像」（山本博文・堀新・曽根勇二編『豊臣政権の正体』柏書房、二〇一四年）
水野伍貴「佐和山引退後における石田三成の動向について」（『政治経済史学』五三〇号、二〇一〇年a）
水野伍貴「秀吉死後の権力闘争と会津征討」（和泉清司編『近世・近代における地域社会の展開』岩田書院、二〇一〇年b）
光成準治『関ヶ原前夜――西国大名たちの戦い』（NHKブックス、二〇〇九年）
矢部健太郎「東国『惣無事』政策の展開と家康・景勝――『私戦』の禁止と『公戦』の遂行」（『日本史研究』五〇九号、二〇〇五年）

山本博文『幕藩制の成立と近世の国制』（校倉書房、一九九〇年）

光成準治（みつなり・じゅんじ）

一九六三年生まれ。九州大学大学院比較社会文化研究院特別研究者。博士（比較社会文化）。

◉主要業績

『毛利輝元』（ミネルヴァ書房、二〇一六年）、『関ヶ原前夜』（KADOKAWA、二〇一八年）、『小早川隆景・秀秋』（ミネルヴァ書房、二〇一九年）、『本能寺前夜』（KADOKAWA、二〇二〇年）、『天下人の誕生と戦国の終焉』（吉川弘文館、二〇二〇年）、『毛利氏の御家騒動』（平凡社、二〇二二年）。

第三部

関ヶ原の戦い・大坂の陣における家康

第九章 小山評定は本当にあったのか？

従来の小山評定のイメージ

これまでの関ヶ原の戦いに関する通説では、小山評定《おやまひょうじょう》は必ず登場する名場面の一つであった。上杉討伐のために徳川家康は慶長五年（一六〇〇）六月十六日に大坂城を出陣し、七月二日に居城である江戸城に帰着したあと、七月二十一日に江戸城を発して下野国《しもつけ》小山《おやま》（栃木県小山市）へ進軍した。小山評定は、七月二十五日、家康が小山において家康に従った諸将を集めて協議し、その結果、上杉討伐を中止して、上方の情勢に対応すべく諸将が西上することが決定された有名な軍議であり、動かしようのない歴史的事実であると深く信じられてきた。

特に、福島正則《まさのり》（尾張清須《きよす》城主）が諸将よりも率先して家康に味方すると宣言したエピソードや、山内一豊《やまうちかつとよ》（遠江掛川城主《とおとうみかけがわ》）が居城をいち早く家康方に明け渡すことを申し出たエピソードは、感動的なストーリーとして有名である。こうした有名なエピソードは一次史料（同時代史料）では全く確認できないが、このいわば出来すぎたストーリーが、現代において流布されている家康不敗伝説（歴史ドラマなどで描かれる家康像）といった家康神話を増幅させるのに一役買っている感さえある。

しかし、不思議なことに慶長五年七月から九月頃の家康が発給した書状や家康方の諸将が発給した書状などの一次史料を見ても、七月二十五日に小山で諸将が一堂が会して評定が開かれたことを記した書状は皆無なのである。その一方、後世の江戸時代の軍記物では、小山評定について、いかにも見てきたかのように諸将の台詞まで入って、臨場感たっぷりの感動的なストーリーが登場してくるのである（『関原《せきがはら》軍記大成《たいせい》』など）。こうした芝居がかった演出によるストーリーが、テレビドラマなどで繰り返し放映されてきたため、小山評定は間違いなく歴史的事実であると一般にも強く信じ込まれてきたのである。

このような先入観を排除して、「小山評定は本当にあったのか?」という問題を検証するため、以下においては、小山評定の存否を考える上でのポイントを提示して検討する作業を行っていきたい。

家康による上杉討伐の決定の経過

小山評定に至る経過の中で、そもそもの起点になるのは、家康が上杉討伐を決定し、大坂城から出陣したことである。よって、まずは家康による上杉討伐の決定過程を最初に見ることにしたい。

慶長五年（一六〇〇）七月、大坂において、反家康の首謀者の一人である安国寺恵瓊《あんこくじえけい》（毛利家重臣）が吉川広家《きっかわひろいえ》（毛利家重臣）に話した内容は次のようなものであった。

安国寺恵瓊が言うには、「家康が会津への御出馬を決めたが、この度、上杉景勝《かげかつ》上洛延引のことは、秀吉の『御諚《ごじょう》』（命令）により、領国の仕置《しおき》を申し付けられ、三年は役儀を免除されているので、このようになっている。景勝の身に落ち度があったわけではないので、『先に家康が景勝に対して話をすべきではないか』ということを、おのおのとして度々言上したが、家康は御承引せず、この度の御出馬（上杉討伐）を決めた。上杉討伐が決まった上は『彼表《かのおもて》』（会津）のことは、終わりになるまでであろう。このようになったので、諸大名はその進退がさらに安心しないことになった」（「吉川広家自筆覚書案（慶長六年）」、『吉川家文書之二』、九一七号文書）。

この経過をまとめると、①上杉景勝の上洛延引の理由は領国内の仕置のためであり、このことは秀吉の命令によるものである、②このように、上杉景勝に落ち度があるわけではないので、まわりからは家康に対して景勝と話し合いをするよう度々進言した、③しかし、家康はこの進言を無視して上杉討伐を強引に決定した、というようになる。

この経過の中で重要なのは、家康自身がまわり（増田《ました》長盛《ながもり》・前田玄以《げんい》・長束《なつか》正家《まさいえ》の三奉行などを指すと思われる）の進言を無視して強引に上杉討伐を決定した（ちなみに、家康が上杉討伐のために大坂を出陣した六月十六日の時点では、毛利輝元《てるもと》・宇喜多《うきた》秀家《ひでいえ》・前田利長《としなが》の三大老はそれぞれ帰国していて上方にはいなかった）、という点である。つまり家康は、上杉討伐の決定段階では豊臣政権の幹部クラスや主だった諸将とは一切協議をしていないのに、なぜ上杉討伐を中止する時だけは諸将と協議をするために評定を開くのか、という不思議な話になるのである。

上述した経過からすると、上杉討伐の軍事指揮権は終始家康が掌握していたと考えられ、その意味では上杉討伐の発動を決定すること、および、中止すること、については家康の一存で命じればそれで済む話なのである。上杉討伐の発動は、形式上は豊臣秀頼の承認を得た公戦という形をとり、上杉討伐に出陣した家康自身が軍事指揮権を掌握していた。従来の通説では、小山評定の存在を何ら疑うことなく、所与の前提として考えられてきたため、家康の軍事指揮権については十分検討されてこなかったが、上述のように家康の軍事指揮権のあり方を考えたならば、上杉討伐の中止段階でのみ評定を開くのはおかしな話であることは明白なのである。

小山評定論争①——「七月十九日付福島正則宛て徳川家康書状写」の解釈

小山評定の存否については、本多隆成《たかしげ》氏が肯定論の立場から、筆者（白峰旬）が否定論の立場から、相互の立論を批判して現在、論争が続いている。この小山評定論争についてはまだ決着がついていないが、学界における論争というのは、単に勝ち負けや優劣を競う性格のものではなく、論争することによって、新たな史料が掘り起こされたり、史料の解釈についていろいろな角度から分析が進む、というメリットがあるので、その点の意義も大きい。

つまり、学問上の論争というのは、いわばプロ棋士の対局のようなもので、議論の中身（内容）が重要なのである。ただし、本章では紙幅の都合上、小山評定論争の詳細な紹介をすることができないので、最もポイントとなる点のみについて触れておきたい。

まず、第一の論点としては、福島正則の動向に関する重要史料である「福島正則宛て徳川家康書状写」の解釈に関する問題である。この書状写は、その日付について、七月二十四日説（徳川家康の一代記である『武徳編年集成《ぶとくへんねん》』）、七月十九日説（『福島家系譜』『福嶋氏世系之全』)、七月九日説(『天正元和年中福島文書』)の三説がある(原文書は伝存せず、写の文書しか伝存していない)。

このうち、七月九日説は日付として早すぎるので除外できる。また、七月二十四日説は『武徳編年集成』の著者である木村高敦《たかあつ》が、『武徳編年集成』の七月二十五日条に小山評定を記載しており、それに合わせるため、日付および書状の中の文言を改竄《かいざん》したことが明らかなので七月二十四日説も除外できる。とすると、七月十九日説が正しいことになり、七月十九日に家康が福島正則に対して、この書状を出した意味を考える必要がある。

この書状の内容は、家康が福島正則に対して「早々に『其』(具体的な場所は不明)まで出陣したことを御苦労であるとし、『上方雑説《かみがたぞうせつ》』(上方における反家康の動向)のために福島正則の軍勢を西上させて、正則自身が『是』(家康がいる江戸)まで来るように。詳しいことは黒田長政《ながまさ》と徳永寿昌《とくながながまさ》が述べるので、詳しくは書かない」と記している。

筆者(白峰)の見解

この内容からは、①七月十九日の時点で、家康は「上方雑説」の情報を把握していた、②それに対応するため、福島正則の軍勢の西上を命じ、家康がいる江戸まで来るように指示した、ということがわかる。

ここで家康が福島正則の軍勢の西上を命じた理由は、正則の居城である尾張清須城（愛知県清須市）が、東海道筋で家康に味方する有力な大名の居城としては最西端に位置し、石田三成方の軍勢が東進した場合、清須城を奪取する可能性が高く、清須城を城主不在にしておくことが戦略的にマイナス要因になるため、正則とその軍勢をいち早く先発させて西上することを命じたのであろう。また、家康が正則を江戸に呼んだ理由は、正則を西上させるにあたって具体的な指示を直接与えるためであったと思われる。

このように七月十九日の時点で、家康が正則に西上を命じたことからすると、その後、正則は急遽西上して清須城に向かい、七月中には清須城に帰城したと考えられる。江戸から清須までの距離は約三百八十五キロであり、江戸時代の大名行列では一日に八～九里（約三十一・二一～約三十五・一キロ）移動できたので、その事例を参考にすると、正則の軍勢が急いで行軍した場合、七月中に清須へ帰着することは十分可能である。

あるいは、正則が少数の供回りのみで急いで七月中に清須城へ帰城し、そのあとから正則の軍勢が遅れて行軍してきたと想定することもできる。いずれにしても、七月十九日の時点で、家康から西上することを命じられたにもかかわらず、その後、正則がのんびりと関東にとどまっていたということは到底想定できるものではない。

本多氏による批判

こうした筆者の考えに対して、本多氏は、①この書状が出された目的について、白峰氏は繰り返し家康が正則に西上を命じたものとするが、この書状の主旨は、あくまでも正則を呼び戻すところにある、②七月十九日説では、正則はこの書状以前にすでに西上を開始していたことになるので、十九日付とするこの書状によって正則が西上を命じられたというのは誤りである、③冒頭に「御出陣」とあるので、二十四日説の場合はもとより、十九日説の場合であっても、この書状は会津の上杉攻めに関わるものと見なければならない、④十九日説をとる白峰説では、正則はすでに西上を開始しているにもかかわらず、徳永寿昌はこれと同行するどころか、正則を呼び戻す役割を担うという矛盾に陥っている、⑤「（慶長五年）八月十二日付伊達政宗宛て徳川家康書状」（『伊達家文書之二』、七〇〇号文書）では、小山において上方を優先すべきだと家康に進言した諸将として、正則は真っ先に名前を挙げられているので、十九日に正則が西上を開始したということはあり得ない、⑥福島正則をはじめとする豊臣系諸将の西上の開始は、すでに中村孝也氏以来述べられているように、やはり七月二十六日からであったと考える、⑦その際、諸将はいくつかの組に編制されて、順次西上を開始したとみられ、福島正則と徳永寿昌は第一陣のまさに先鋒として出陣したと思われる、⑧正則らは八月三日に三島・沼津あたりから家康宛ての書状を出した、⑨家康の西上時の行軍日程を参考にすると、正則の清須着城は八月十日頃、どんなに早く見ても八月九日頃となるだろう、⑩福島らが八月三日時点ですでに清須城にいたと言われるのは飛躍した話である、という批判を出している（本多：二〇一五）。

この本多氏の考えをまとめると、「七月十九日付福島正則宛て徳川家康書状写」は、あくまで正則を江戸に呼び戻しただけの内容であり、小山において（本多氏は明記していないが、これは小山評定を指すのであろう）、正則は上方を優先すべきだと家康に進言し、七月二十六日から西上を開始した豊臣系諸将の第一陣（先鋒）として出陣し、八月三日の時点で正則は三島・沼津あたりにいて、正則の清須着城は八月十日頃である、ということになる。

筆者（白峰）の反論

こうした本多氏の拙論への批判に対して、筆者の考えを述べると、上記①については、この書状の主旨は、「上方雑説」に対応するため、諸将の中で福島正則を単独で急遽西上させることであって、正則を江戸に呼び戻すことはそのプロセスの中の一行動に過ぎないと考えられる。上記②については、本多氏は「七月十九日説では、正則はこの書状以前にすでに西上を開始していたことになる」と指摘するが、この十九日付書状を読む限り、十九日以前にすでに西上を開始していたとは読みとれないので、この書状で正則が西上を命じられたとしても何ら問題はないと考えられる。

上記③については、書状の冒頭にある「御出陣」の解釈であるが、この点は筆者としても従来から上杉討伐を指すと考えており、それ以外の解釈を示したことはないので、本多氏の見解に異論はない。上記④については、これまでの拙論では、十九日説をとることにより、正則はすでに西上を開始していた、という指摘をしたことはないので、矛盾そのものが発生しないのであり、徳永寿昌が正則を呼び戻す役割を担っていても何ら問題はないことになる。

上記⑤については、「(慶長五年)八月十二日付伊達政宗宛て徳川家康書状」では、「福島正則などの諸将が『上方仕置《かみがたしおき》』を申し付けないと思い通りにならないと再三言うので、まずは江戸まで帰陣した」と記されているのであって、諸将の発言が小山においてなされたとは一切記されていないので(この諸将の発言については、発言の月日や場所に関する記載は一切ない)、十九日に正則が西上を開始したことを否定する論拠にはなり得ない。この正則の発言は、家康が江戸に呼び戻した時の発言である可能性も考えられる。

上記⑥、⑦については、福島正則の西上開始を七月二十六日とし、正則はその第一陣であった、としているが、七月十九日に急遽西上を家康から命じられた正則が、七日後の二十六日まで依然として関東にとどまっていたということは到底想定し難いものである。

上記⑦で本多氏は、諸将はいくつかの組に編制されて、順次西上を開始したと指摘している。しかし、『石川正西聞見集《いしかわしょうさいぶんけんしゅう》』（十七世紀に松井松平家の家臣・石川昌隆《まさたか》〈号正西〉が戦国時代以降の主家の覚書を記した史料）には、八月四日は西上する上方大名が小田原へ入り込み、宿がないため、その夜、松平康重《やすしげ》（武蔵騎西《きさい》城主）は早川口の山の陰に野陣をして夜を明かしたことや、翌日の八月五日には上方大名が箱根を越え、多勢（軍勢が多いこと）であったので、一足二足ずつ歩んでは先がつかえた、ということが記されている。

要するに、八月四日は西上する上方大名で小田原はいっぱいであり、翌日の五日は西上する上方大名が大挙して箱根越えをして、大混雑（大渋滞）であったことになり、本多氏が指摘するように、西上する大名が整然といくつかの組に編制されて順次西上を開始したのであれば、こうした街道（東海道）での大渋滞は起こらなかったはずである。

上記⑧については、これまで筆者が指摘しているように、八月三日の時点で正則が三島・沼津あたりにいたことを一次史料によって証明する必要があろう。上記⑨については、すでに筆者が指摘しているように、家康の西上時の行軍はすでに清須城を確保し、岐阜城を落城させた段階での行軍であり、清須城が石田三成・織田秀信《ひでのぶ》（美濃岐阜城主）によって奪取される危険を孕んだ状況下で急遽、正則が西上したことを考慮すると、家康の西上時の行軍日程は参考にならないと考えられる。

そもそも、上述したように七月十九日に家康から西上を命じられた正則の清須城帰城が八月十日頃とすると、二十日以上経過しており、日数がかかりすぎていることになる。そのように考えると、上記⑩において、拙論で八月三日の時点ですでに清須城に正則が在城していた、としているのは飛躍した見方ではなく、至当な見方ということになろう。

小山評定論争②——「七月二十九日付大関資増宛て浅野幸長書状」の解釈

小山評定論争に関する第二の論点としては、「（慶長五年）七月二十九日付大関資増《おおぜきすけます》宛て浅野幸長《よしなが》書状」（『大関家文書』）の解釈の問題である。

筆者（白峰）の見解

この書状の内容をまとめると、以下のようになる。

（一）「上方之儀」について、「各」（各自＝諸将）が仕置を相談したので、会津表への「御働」（軍事行動＝上杉討伐）は「御延引」になった。
（二）このことは、「上辺之儀」（上方における軍事的動向）を家康が確かに聞き届けた上で、家康がこの「様子」（上杉討伐の延期）について命じる旨を述べたことによる。
（三）浅野幸長は、この間は下野宇都宮（栃木県宇都宮市）にいたが、現在は下総《しもうさ》結城《ゆうき》（茨城県結城市）あたりまで来ている。
（四）「駿州」（駿河国）より上の「御人数」（軍勢）は、いずれも国々（諸国）へ返した。
（五）大関資増が浅野幸長に出した七月二十三日付書状については、浅野幸長は後日受け取ったが、その時（七月二十三日付の大関資増書状が浅野幸長のいるはずのところへ届いた日）、浅野幸長は下野小山（栃木県小山市）へ行っていたので、その時にすぐには大関資増へ返書を出すことができなかった。

本多氏による批判

上記の筆者の考えに対して、本多氏は、①上記（二）において「様子」＝上杉討伐の延期とし、「被仰出」とは「御命令」という意味であるから、家康が上杉討伐の延期を命じた、とする拙論の解釈は誤っている。「様子」は「上辺之儀」＝上方の動向についてのことであり、「被仰出（仰せ出さる）」は延期を命じたというように過去形としてではなく、「仰せ出さるべき旨」と今後のこととして述べられている。

②上記（一）において白峰氏は、「各」＝諸将を主語として解釈したが、ここは高橋明氏の理解（この文の主語は家康であり、家康が「各」＝諸将に対して相談した、という理解）に従ったほうがよい。そうなると、上記（一）の解釈は、「上方之儀」（三成らの挙兵）について家康が諸将に申し談ぜられ、その「仕置」（処置）として、会津への軍事行動を延期することになった、となる。

③談合・評定や進言があった場所については、小山であったことはもはや疑問の余地がなく、その月日については、家康は小山に七月二十四日に着陣し、二十六日には諸将が西上を開始しているので、通説どおりの二十五日と見るのが自然である、という批判を出している（本多：二〇一五）。

筆者（白峰）の反論

こうした本多氏の拙論への批判に対して、筆者の考えを述べると、上記①については、本多氏の解釈では、家康は「上辺之儀」（上方の動向）を聞き届けた上で、「様子」（上方の動向）について諸将に伝える予定である旨を家康が言った、ということになる。しかし、このように解釈すると、すでに諸将は西上の途についているので、江戸にいる家康が上方の動向について諸将を集めて説明する機会はないはずであり、たとえ説明したとしても、諸将を西上させる方針は変わらないはずである。

とすると、家康が上方の動向について諸将に説明する意味そのものが見えてこなくなるのではないだろうか。それから、「仰せ出さるべき旨」の解釈であるが、本多氏は、過去形としてではなく、今後のこととして述べられている、と指摘しているので、助動詞である「べし」を「予定」を示す用法として理解しているのであろうが、筆者はこの「べし」は「予定」ではなく「当然」（当然〜すべきだ）を示す用法と理解しているので、そのように理解すれば、家康が上杉討伐の延期について命じるべき旨を述べたというように過去形として解釈しても問題はないと考えている。

上記②については、この文について「各」＝諸将が主語であるのか、あるいは、家康が主語であるのか、という問題である。筆者は「各」＝諸将が主語であると考えているが、その理由は、この書状では、家康の発言については、すべて「仰」という語が使われているので、「申談」の主語は家康ではなく諸将であると解釈できる。もし、家康が主語であれば、「申談」ではなく「仰談」と記されるはずである。このように、「仰」と「申」の使い分けを正確に理解しなければ、この文の正しい解釈はできないであろう。よって、上記②についての本多氏（および高橋氏）の解釈は正しくないと考えられる。

上記③については、小山評定の存在を一次史料で立証しているわけではなく、その日付についても、考えようによっては、小山評定を開くことは家康が小山に着陣した七月二十四日でも可能であろうし、諸将が西上を開始する七月二十六日でも可能であろうから、日付の特定もできていない、ということになろう。

マクロな視点の必要性

小山評定の存否を考えるためには、七月二十五日前後の状況だけを見ていては駄目で、家康が強引に決行した上杉討伐の発動段階と、その後の石田三成や大谷吉継《よしつぐ》らによる反家康の軍事的決起の動向にも目を向けなければならない。

本多氏は「石田三成・大谷吉継らの挙兵の報もない中で、七月十八日以前に三成の「別心」を見越して上杉討伐を中止し、諸大名を西上させることを徳川中枢サイドで決定したり、それに基づき十九日に福島正則に西上を命ずるというようなことが、はたしてあったのかどうか」と指摘（拙論に対する疑問）しているが（本多：二〇一五）、この問題を考えるためには、石田三成や大谷吉継らによる反家康の軍事的決起が、通説で考えられているよりも当初から大掛かりなものであったことを考慮する必要がある。

二〇〇頁で引用した「吉川広家自筆覚書案（慶長六年）」の続きの箇所には、以下のような記載がある。「以後のことは、秀頼様の御為にもどのようにあるべきであろうか。上杉景勝の居城がある会津が堅固のうちに、おのおのが申し合わせて、家康に対して『弓矢』（戦争）に及ぶべきである、と佐和《さわ》山《やま》において石田三成と大谷吉継が申し合わせ、増田長盛そのほかもこれに同意した。今になっては毛利輝元が一刻片時も早々に『御上洛《（ママ）》（上坂ヵ）』するのがもっともである、と国許へ申し下す、ということを安国寺恵瓊が言った」。

この中で、「秀頼様の御為」としていることは、慶長五年（一六〇〇）の時点では、豊臣秀頼が天下人であり豊臣公儀の主宰者であることを明確に示している。その意味では、上杉討伐の発動段階から関ヶ原の戦いまでにおける家康の権力の実態を過大に評価することは慎むべきであろう。

また、会津が堅固のうちに、家康に対して戦争を仕掛けるべきであると、佐和山において石田三成と大谷吉継が申し合わせて増田長盛なども同意した、としている。このことからは、①家康に対して戦争を仕掛けるタイムリミットは、上杉討伐の軍事行動が実際に開始される以前の段階でなくてはならない、②こうしたタイミングを計っているということは、上杉景勝との事前盟約があった可能性が考えられる、③反家康の軍事的動きの首謀者は石田三成と大谷吉継だけでなく、毛利輝元の上坂以前の段階で三奉行の一人である増田長盛も加わっていた、という点が指摘できる。

つまり、家康を軍事的に打倒するためには、上杉景勝の軍事力が必要であったということを示している。そして、反家康の軍事的動きについて、当初は石田三成と大谷吉継だけが決起したという通説の見方への反証となり（石田三成と大谷吉継だけの孤独な決起ではないということ）、反家康の軍事的動きが通説で指摘されているよりも当初から大掛かりなものであり、それに豊臣政権の中枢である三奉行の一人が関与していた、ということを示している。

毛利輝元の大坂城入城は七月十七日であるので、これ以前の段階から石田三成と大谷吉継に三奉行の一人である増田長盛も加わっていることや、上杉景勝との事前盟約があった可能性が考えられることを考慮すると、七月十八日以前に上杉討伐の中止を徳川中枢サイドで決定したり、七月十九日の時点で家康が福島正則に急遽西上することを命じたのは妥当な判断であった、と考えられる。

小山評定は本当にあったのか?

小山評定が本当にあったとすれば、そのことを直接立証する一次史料を提示すれば済むことであって、理屈としては難しい話ではない。例えば、小山評定に関する5W1H（誰が、いつ、どこで、何を、なぜ、どのように）を明確に記した一次史料が発見されれば、簡単に証明できるのである。

しかし、これまでそうしたことを明確に記した一次史料は発見されていないのに対し（小山評定の日付を特定する一次史料さえ存在しないのが現状である）、後世の編纂史料（軍記物など）にのみ小山評定の情景をあたかも直接見てきたかのように雄弁に記されていることのアンバランスな理由を考えなければならないだろう。近年では、歴史上有名な慶安《けいあん》の御触書《おふれがき》や坂本龍馬の船中八策について、史料批判の点から再検討が提起されて大きな話題になっているが、小山評定の問題もこれらと同質の問題であると捉えてよかろう。

そもそも論からすれば、上述したように、家康が上杉討伐を決定する段階では家康の一存で決定したのに、なぜ上杉討伐を中止する時だけ諸将と協議するのか、という問題がある。

本多氏は「当時、主従関係になかった豊臣系諸大名のいっせいの西上や東海道諸城のいっせいの在番制などという重要な方策が、家康の一方的な命令で行い得たのかどうか。そのためには諸将の同意と納得を得ることが不可欠で、それを取り付けたのが七月二十五日といわれる小山での談合・評定であったとみることができないものかどうか」と指摘（拙論に対する疑問）しているが（本多：二〇一五）、この論法であれば、家康が上杉討伐を決定する段階でも「当時、主従関係になかった豊臣系諸大名」と十分協議してから決定したはずではないのか、ということになる。

つまり、こうした見方は、家康の軍事指揮権の問題を十分に理解していないから起こるのであって、そもそも封建時代における軍事作戦の発動に関する決定や中止に関する決定という重大な問題は、協議して決めるものではなく、軍事指揮権を持った大将が命令すればそれで済む話なのである。

さらに言えば、仮に七月二十五日に小山評定が行われたことが歴史的事実であったとすれば、小山評定は軍事方針を決定した重要な軍議であるから、七月二十五日付で諸将の間で取り決めた内容を一つ書きで列記し、軍議に参加した諸将が署判したはずである。例えば、慶長の役（朝鮮出兵）における井邑《チョンウプ》の軍議では、諸将間で取り決めた内容を一つ書きで五ヶ条にして列記し、日付（九月十六日付）を明記して宇喜多秀家ほか十四名の部将が連署している（「（慶長二年）九月十六日付長束正家・石田三成・増田長盛・前田玄以宛て宇喜多秀家ほか十四名連署言上状案」、『島津家文書之二』、九八八号文書）。このような文書（一次史料）が残されていないこと自体が、七月二十五日に小山評定が行われていないこと、および、小山評定自体がフィクションであることの傍証となり得ると考えられるのである。

【主要参考文献】

新井敦史「黒羽町所蔵の関ヶ原合戦関係文書について」（『那須文化研究』一三号、一九九九年）
尾上仁美「小山評定をめぐる史料と由緒」（江戸東京博物館・えどはくカルチャー『大関ヶ原展』関連講座③レジュメ、二〇一五年四月二十四日）
児玉幸多「大名行列」（『国史大辞典』八巻、吉川弘文館、一九八七年）
白峰 旬「フィクションとしての小山評定——家康神話創出の一事例」（『別府大学大学院紀要』一四号、二〇一二年）
白峰 旬「小山評定は歴史的事実なのか（その一）——拙論に対する本多隆成氏の御批判に接して」（『別府大学紀要』五五号、二〇一四年）
白峰 旬「小山評定は歴史的事実なのか（その二）——拙論に対する本多隆成氏の御批判に接して」（『別府大学大学院紀要』一六号、二〇一四年）
白峰 旬「小山評定は歴史的事実なのか（その三）——拙論に対する本多隆成氏の御批判に接して」（『史学論叢』四四号、二〇一四年）
白峰 旬「『小山評定』の誕生——江戸時代の編纂史料における小山評定の記載内容に関する検討」（『別府大学大学院紀要』一六号、二〇一四年）
白峰 旬「関ヶ原の戦いにおける吉川広家による『御和平』成立捏造のロジック——『吉川家文書之二』〈大日本古文書〉九一三号〜九一八号文書、及び、『（慶長五年）九月二十日付近衛信尹宛近衛前久書状』の内容検討」（『愛城研報告』一九号、二〇一五年）
白峰 旬「『十六・七世紀イエズス会日本報告集』における関ヶ原の戦い関連の記載についての考察（その二）——関ヶ原の戦いに至る政治状況と関ヶ原の戦い当日の実戦の状況」（『別府大学大学院紀要』一七号、二〇一五年）

白峰 旬「『十六・七世紀イエズス会日本報告集』における関ヶ原の戦い関連の記載についての考察（その二）――関ヶ原の戦いに至る政治状況と関ヶ原の戦い当日の実戦の状況」（『史学論叢』四五号、二〇一五年）

白峰 旬『新解釈 関ヶ原合戦の真実――脚色された天下分け目の戦い』（宮帯出版社、二〇一四年）

高橋 明「小山の『評定』の真実」（『福島史学研究』九一号、二〇一三年）

本多隆成「小山評定の再検討」（『織豊期研究』一四号、二〇一二年）

本多隆成「『小山評定』再論――白峰旬氏のご批判に応える」（織豊期研究会例会レジュメ、二〇一五年三月十七日）

白峰 旬（しらみね・じゅん）

一九六〇年生まれ。別府大学文学部教授。博士（歴史学）。

◉主要業績 『新視点 関ヶ原合戦――天下分け目の戦いの通説を覆す』（平凡社、二〇一九年）、『関ヶ原大乱、本当の勝者』（編著、日本史史料研究会監修、朝日新聞出版、二〇二〇年）など。

【付記】 現在、いわゆる「小山評定」の存否に関する「小山評定」論争は、本多隆成氏のほか、藤井讓治氏、水野伍貴氏も論争に加わり論文の応酬により深化・発展している。また、福島正則の動向に関しては高橋陽介氏による論考がある。こうした「小山評定」論争において、本稿は単行本刊行当時（二〇一五年）の議論の状況を示すものであり、当時の議論のプロセスを示すものとして、あえて改稿せずに再録することとした。「小山評定」論争関係の最新の論考として、拙稿「「小山評定」論争の最前線―家康宇都宮在陣説を中心に―」（『史学論叢』五一号、別府大学史学研究会、二〇二一年）があるので参照されたい。

第十章 「直江状」は本物なのか？

「直江状」とは？

「直江状」は、会津の大名上杉景勝《かげかつ》の家老である直江《なおえ》兼続《かねつぐ》が、慶長五年（一六〇〇）四月十四日付で西笑《せいしょう》承兌《じょうたい》に宛てた書状である。「直江状」より先に、承兌が十三日前の四月一日付で兼続に書状を出しており、「直江状」はこの内容を受けた返書に当たる。

承兌の書状は、家康の意向で出されたもので、上方では上杉氏に対する謀反の疑いが深刻であるにもかかわらず、未だ上洛と釈明のない対応を非難し、改めて上洛を促すものであった。それに対して、兼続は「直江状」で反論し、上洛を拒絶したのである。一部の例を挙げると、次の通りである（ここでは、承兌の書状の内容を【承兌】、「直江状」の内容を【直江】とし、照応する箇所をアルファベットで区分する)。

【承兌A】景勝卿の上洛が遅延していることについて、家康様は少なからず御不審に思っております。上方では穏便ではない(景勝が謀反を企てているとの)噂が流れておりますので、伊奈昭綱《いなあきつな》(家康の家臣)と河村長門《かわむらながと》(増田長盛《ましたながもり》の家臣。増田は五奉行の一人)を会津に遣わすことになりました。(中略)神指原《こうざしばら》に新たに城を築くことや、津川口に道や橋を造ることは良くありません(後略)。

【直江A】当国(会津)のことについて、上方で色々な噂が飛び交い、家康様が不審に思われるのは仕方のないことです。京都と伏見の近距離でさえ、色々と噂が止むことがありませんでした。ましてや、遠方にいる景勝は若輩であり、似合いの噂と思っております。問題ありませんので安心して下さい(後略)。

【承兌B】隣国の堀直政《ほりなおまさ》(越後春日山《かすがやま》の大名堀秀治《ひではる》の家老)が家康公に詳細に(上杉氏の動静を)報じているので、きちんと陳謝がなければ、景勝卿の言い分は通らないでしょう。気に留めておいてください。

【直江B】景勝の心中に別心など毛頭ございません。しかし、讒人(堀直政)の言い分について糾明もせずに、逆心があると思われてはどうしようもありません。従来通りに上杉家のことを思って下さるのであれば、讒言した者と引き合わせて是非を糺すべきです。こうしたこともないのであれば、家康様に別の思惑があるとしか思えません。

【承兌C】京都では「増右」（増田右衛《え》門尉《もんのじょう》長盛）と「大刑少」（大谷刑部《おおたにぎょうぶ》少輔《しょうゆう》吉継《よしつぐ》）が、家康公と話し合われているので、景勝卿の言い分は二人に伝えてください。「榊式太」（榊原式部《さかきばらしきぶ》大輔《たいふ》康政《やすまさ》、家康の家臣）へも伝えるべきです。

【直江C】「増右」（増田長盛）と「大刑少」（大谷吉継）が御取り成し下さるのは有り難いことです。用件がある時は二人にお伝えします。しかし「榊式太」（榊原康政）は景勝の表向きの取次です。たとえ、景勝の謀反が歴然だったとしても、一応意見するのが筋目であり、家康様のためにもなります。讒人堀直政の奏者となって上杉家の妨害をすることではないはずです。（榊原康政が）忠臣か佞臣か、御分別いただくことを重ねて御頼みします。

「直江状」の宛所は承兌になっているが、これは承兌からの書状に対する返信であることに加え、当時は自身より上位の者に書状を出す場合、直接本人に宛てて出すのではなく、側近の者に取り次ぎを頼み、書状を披露してもらうのが一般的だった。つまり、実質的には家康に対する反論だったのである。

「直江状」を見た家康は、兼続の無礼な態度に激怒したとされている。そして、家康は上杉氏を征討するために、自ら会津へ向けて出陣したのである（以下、この事件を会津出兵と記す）。しかし、最終的には、家康の留守となった大坂で石田三成ら反徳川勢力が挙兵した（のちに関ヶ原の戦いが起きる）ことにより、会津出兵は事実上中止されることになる。

「直江状」に激怒した家康が、会津に向かうために大坂を離れ、そして、家康の留守となった大坂で三成らが挙兵したため、結果論で言えば、「直江状」は、関ヶ原の戦いの引き金として、歴史を大きく揺るがした書状と言えよう。また、上杉家の家老に過ぎない兼続が、豊臣政権下で独裁的権力を築きつつあった家康に対して堂々と反論した豪胆さは、兼続が人気を集める理由の一つとなっている。

「直江状」の真偽をめぐって

だが、これらはあくまで「直江状」が本物であった場合の話である。「直江状」の家康に対する露骨なまでの反論は、礼儀を貴ぶ当時に書かれたものとしては異彩を放っており、今から五十年前にはすでに偽書（偽物）説が唱えられていた（桑田：一九六五）。

だが、二〇〇九年（平成二一）に、NHK大河ドラマ『天地人』の主人公として兼続が採り上げられたこともあり、議論が再燃。五月十一日に承兌が兼続の書状に対する返事を書いたことが『鹿苑日録《ろくおんにちろく》』（京都相国寺《しょうこくじ》の塔頭《たっちゅう》・鹿苑院の歴代院主の日記）に記載されている（書状の内容は記載なし）こともあって、「直江状」を本物とする説が活発化した。

この議論が複雑なところは、「直江状」には兼続が書いた原本が現存せず、書き写し（写本）が伝存するのみ、という点にある。そのため、花押《かおう》（サイン）などから本物か否かを探る手段をとることができない。また、書き写されていく過程で字句に誤りが生じてしまうことは起こり得るため、多少の不可解な点が生じたとしても、それが偽書説の決め手にはなりにくい。

こうした事情もあり、本物説・偽書説共に、全面的にその主張（本物・偽物）を言い切らない場合が多い。例えば、「直江状」の追而書《おってがき》（書状の端に記した追伸）は、「家康様または秀忠様が征討軍を率いて会津へ御下りになるそうですが、お相手いたしましょう」という過激な内容になっている。しかし、早い時期に成立した写本には、このような追而書は書かれていない。このことから、本物説を唱える研究者の多くが、追而書はのちに書き加えられ、改竄されたものであるという立場をとっている。

一方、偽書説の場合でも、兼続が書いた原本に改竄を重ねて違うもの（「直江状」）が成立したという可能性も否めないため、全くの捏造と言い切ることはせず、捏造と改竄の両方の可能性を唱える研究者が多い。また、兼続が承兌に返書を出したこと自体は認めており、「直江状」は兼続が出した書状とは内容が異なるものという立場をとっている。したがって、本物説・偽書説では語弊が生じてしまうため、以降、肯定派・否定派と呼んでいくことにする。

肯定派・否定派の主要な論点

ここでは一部の紹介とするが、近年の議論の流れを時系列に見ていきたい。

【肯定派①】（笠谷：二〇〇七）

・過激な内容の追而書のみが後代になって書き加えられ改竄された。
・慶長五年五月七日付の奉行衆連署状に「直江状」と関連した記述がある。

【否定派①】（宮本：二〇〇八）

・承兌の書状を持った使者（伊奈昭綱ら）が四月十日に伏見を発ったにもかかわらず、同月十三日に受け取ったとする「直江状」の記載は物理的に不可能（当時の上方から会津までの行程は十三日とされている）。
・兼続より上位に当たる増田長盛（増田右衛門尉長盛）らに「増右」といった人名と官職名という略称を用いる非礼な表記がある。
・慶長五年五月七日付の奉行衆連署状は、三中老と目された堀尾《ほりお》吉晴《よしはる》らが五奉行メンバーと連署し、さらに彼らより上位に位置づけられているなど、不信な点がある。

【肯定派②】（今福：二〇〇八）

・家康の周辺で「直江状」が筆写され、諸大名へ転送された。

・当時のままの字句ではないという条件つきで「直江状」の存在を容認したい。

【肯定派③】（山本：二〇〇九）

・全体として後代に手が加えられている可能性は否定できないが、取り次ぎに当たる者（榊原康政）に期待された行動が正確に書かれていて、決して後代の人には書けない。

【肯定派④】（白峰：二〇一一）

・「増右」といった略称は、承兌の書状において同様に用いられていることから、承兌の書状と「直江状」が照応関係にあることを考えれば整合的に理解できる。

・伊奈昭綱が承兌の書状を持参したとは、史料に書かれていない。伊奈の会津下向に先立って承兌が別の「使者」を遣わしたと考えれば、四月十三日に兼続が書状を受け取るのは不可能という日付的矛盾は生じない。

・江戸時代初期・前期に成立した写本は、文章的に見て「直江状」の原本に近いと考えられる。後代に写本が次々と転写されていく過程で語調が整った美文になったのではないか。

【否定派②】（宮本：二〇一二）

・西笑承兌は家康の意向を代弁する立場にある。承兌の書状に増田長盛らが略称されたからといって、兼続がこれに照応する形で増田らを略称し、敬語を用いない返状で十分ということにはならない。

・承兌周辺から、伊奈昭綱の会津下向に先立って別の「使者」が派遣された痕跡（記録）はない。この政局下での「使者」は、通常のそれや飛脚とは意味合いを異にする。家康の上意を汲んで書かれた承兌の書状は、私信の形式を採りながらも、実質的には公文書の色彩を帯びており、書状の口上を託された「使者」は機密を預かり、しかも直截に説明のできる上使、すなわち伊奈らの一行でなければならない。

・伊奈昭綱らが、上杉氏に直接語ったと見られる上洛勧説の内容について具体的に記述がないばかりか、逆にそれに反する主張がなされている。

・承兌の書状で挙げられている神指城の築城について全く触れられていない。

【否定派③】（渡邊：二〇一四）

・承兌の書状が、理路整然と順序立てて、兼続に必要な情報を的確に伝達しているのに対し、「直江状」は何度も何度も同じような釈明を繰り返しており、饒舌に過ぎる。

このように、これまでの議論は「直江状」に使われている字句や内容が、当時の社会通念に適うものか否かという点が中心となってきた。無論、「直江状」の真偽をめぐる上で重要な争点ではあるが、その反面、「直江状」に書かれている文面が、当時の上杉家の意向と一致するものであったのかという点においては、前者ほど議論が活発でないように思える。そのため本稿では、こうした視点から真偽を探っていきたい。

「直江状」の時代背景

家康が上杉氏に対して上洛を求めた背景には、堀氏の訴えがあった。具体的には、上杉氏が道路や橋を整備し、武具を調えて越後への侵攻準備をしているといった内容である。

上杉景勝は、家康と同じく豊臣秀頼を支える五大老を任されていたが、「直江状」が出された時期（慶長五年〈一六〇〇〉四月）は政治の中心地である上方にはおらず、会津で領内整備を行っていた。

景勝は、二年前の慶長三年（一五九八）、豊臣秀吉の命によって越後春日山から会津へ国替えになり、三月二十四日に会津入りしたものの、秀吉が同年八月十八日に没してしまったために、領内の整備が手つかずのまま、九月に上洛の途についた。景勝が再び領地へ向かうことができたのは、翌年の慶長四年（一五九九）八月のことであり、それから会津出兵を迎えるまでは領内整備に着手していた。

このように、上杉氏の領内の整備は、国替えによって新たに赴いた領地を治めるために必要なものであり、家康も同年（慶長四年）十月二十二日に景勝へ宛てた書状で、上杉氏の領内整備に同意している（『上杉家文書』）。

一見すると両者の関係は良好に思えるが、家康は一方で上杉氏の動きを警戒しており、戸沢政盛《とざわまさもり》（出羽角館《かくのだて》城主）から東北地方の情勢について報告を受ける（『譜牒余録』）など、他大名を巻き込んで入念な監視体制を敷いていたのである。

家康が上杉氏の動きを警戒していた理由は、大きく二つある。一つ目は、家康と景勝は共に秀頼を支える五大老を任されていたということ。加えて、家康と景勝の関係は良好ではなかった。秀吉の天下統一が成る以前では、織田家の旧領であった信濃をめぐって両者は衝突しており、家康が秀吉に真田昌幸《さなだまさゆき》（信濃上田城主）の征討を訴えた際は、景勝が昌幸を弁護している。また、秀吉の死後に起きた権力闘争においても、景勝は常に石田三成の側に立って、家康とは対立する位置にあった。

二つ目は、当時、景勝が同じく五大老の一人である前田利長《としなが》と相互援助の盟約を結んだとの噂が上方で飛び交っていたことが挙げられる。前田利長も景勝と同様に慶長四年の八月に上方を離れて領地の加賀へと戻っていたが、翌九月に土方雄久《ひじかたかつひさ》らが大坂城に登城する家康を討ち取ろうとしているとの話が浮上し、その首謀者が利長とされた。

家康はこの話を十分に利用して、利長を征討する準備を開始した。しかし、こうした最中に前田氏と上杉氏の盟約の噂が飛び交ったのである。五大老を任された有力大名を二人も相手にすることは、家康にとって望ましい状況ではなく、家康が上杉氏の動きを警戒したのは自然の成り行きと言える。

こうした状況下で堀氏の訴えが行われたのである。家康が戸沢政盛から東北地方の情勢について報告を受けていることを踏まえると、家康は上杉氏と領地を接する大名たちから情報の提供を求めており、堀氏の訴えは家康から求められた情報提供の一環であった可能性もある。

前田氏の征討は、前田・上杉の盟約の噂が影響したのか、最終的に回避され、利長の母芳春院《ほうしゅんいん》を徳川氏の領地である江戸へ人質に送ることで解決している。

家康の侍医である板坂卜斎《いたざかぼくさい》の覚書には「慶長四年の冬から加賀の前田氏へ征討軍が派遣されると人々は噂していた。慶長五年の二月になると、加賀征討の噂は止み、会津の上杉氏へ征討軍が派遣されると専ら噂された」といった内容が記されており、前田氏との問題が解決すると同時に、征討の対象を上杉氏へ移し、準備を開始したことがわかる。盟約を噂された一方（前田氏）が屈服したことにより、家康が軍事行動を躊躇する理由はなくなったのである。

会津出兵前夜

家康が上杉領周辺の大名を巻き込んで上杉氏の動向を監視していたのと同様に、上杉氏も徳川方の動きを警戒しており、慶長五年（一六〇〇）三月二十日付で景勝は家臣に宛てた書状で、赤津《あかづ》（福島県郡山市湖南町赤津）拠点の再築を急ぐよう促している（『覚上公御書集』）。

このように徳川方の動きを警戒して防備を固める一方で、景勝は二月十日に神指城（福島県会津若松市神指）の築城を兼続に命じている。神指城は、承兌の書状に問題として挙げられていた城であり、上方では戦支度と見なされていた。しかし、江戸時代の会津藩主保科正之《ほしなまさゆき》の家臣が著した歴史書（『会津四家合考』）によると、会津城は城や城下町を拡張できる余地がなかったため、広い土地に遷府《せんぷ》（領国の政庁を移すこと）を意図しての築城であったという。いわゆる都市計画であり、しかも、徳川治世下にもかかわらず、そう認知されていたのである。

この時期（慶長五年二、三月頃）の上杉氏は、都市計画と領国防衛の両面に力を注いでいたと言える。そして、転機を迎えるのが、承兌の書状を携えた伊奈昭綱ら糾明使の到来である。「直江状」には、四月十三日に兼続が承兌の書状を受領したと書かれているが、すでに先行研究で指摘されているように、伊奈昭綱らが伏見を発ったのは四月十日であるため、物理的に不可能である。到着は四月下旬と考えられる。

上杉氏の対応

伊奈昭綱ら糾明使の到来により、上杉氏は家康に恭順して上洛するか、抗戦するかの選択を迫られることとなった。上杉氏の動きに具体的な変化が見られるのは六月に入ってからであり、まず六月一日に神指城の築城を中止し、そして六月十日付で景勝が安田《やすだ》能元《よしもと》ら重臣たちに宛てて書状を出し、抗戦の決意を表している（『越後文書宝翰集』）。この景勝の決意表明は、上洛しないという結論と、讒言をした堀直政を問いただすよう家康側に要求した箇所が「直江状」と重なるため、しばしば肯定派の論拠に用いられる書状であるが、該当する部分の趣旨を抜き出すと次の通りである。

このたび上洛が実現しなかったのは、第一に、上杉家は財政に余裕がないこと、第二は、領内の整備・統治に当たる必要があるため、上洛は秋まで待って欲しいと奉行衆に返答したところ、謀反を企てているとの讒言があったとして再び上洛の催促が来た。上洛がない場合は、こちらに征討軍を差し向けるという。思うところはあったが、もともと謀反の考えなどないため、万事をなげうって上洛する覚悟を決めた。その際に一つ、讒言をした者を問いただすようにと申し入れたが、容れられず、ただ相変わらず上洛せよと言うばかりで、日限まで設けてくる有様である。どうあっても上洛はできない。

一読してわかるように、景勝は一度上洛の覚悟を決めている。「讒言があった」「征討軍を差し向ける」などのキーワードから、文中にある「再び上洛の催促が来た」というのは伊奈昭綱らの到来を指していると見ていいだろう。また、徳川秀忠が五月十八日付で森忠政《もりただまさ》（信濃《しなの》川中島《かわなかじま》城主）に宛てた書状にも「伊奈昭綱を遣わしたところ、景勝は上洛することに決まった」旨が記されている（『伊佐早文書』）。したがって、伊奈昭綱らが受け取った上杉氏の返答は「上洛する」というものでなくてはならない。

上洛を条件に、上杉氏から一つの条件が提示された。讒言をした堀直政を問いただし、公正な裁定を求めたのである。しかし、それは容れられなかった。そのため、家康との対決を決めたという。

使者の往復日数を踏まえて流れを整理すると、四月下旬に西笑承兌の書状を携えた伊奈昭綱らが会津に到着。西笑承兌が五月十一日に兼続に返事を書いていることから、伊奈昭綱らは五月十日頃に上方へ帰還し、家康へ上杉氏の回答が伝えられたと思われる。だが、家康は上杉氏の提示した条件を容れず、無条件での上洛を要求した。その通達は、五月下旬に会津へもたらされ、景勝は六月上旬までの間に抗戦の決断を下したという流れになる。

このように、上洛を拒否した「直江状」は、上杉氏が伊奈昭綱らに回答した内容と大きな相違がある。仮に「直江状」を肯定した場合、上杉氏は四月下旬の段階ですでに家康との抗戦を決断していたことになるため、神指城の築城中止、重臣たちに決意表明をする六月上旬に至るまで、空白の一ヶ月間は何をしていたのかという疑問に直面することになるだろう。

認め難い「直江状」の存在

神指城の築城中止は、都市計画と領国の防衛の両面に力を注いでいた状態から、防衛に一本化した方針転換であり、六月に入って慌ただしく抗戦の構えをとった印象を受ける。仮に四月下旬の段階で家康との抗戦を考えていたとしても、防備が万全でない以上、時間を稼ぐのが正しい政治的判断であり、それをしなかった「直江状」が実在したならば、直江兼続の武将としての評価は著しく低下してしまう。当時の上杉氏の実情から判断すると「直江状」の存在を認めることはできないのである。

一方、伊奈昭綱ら糾明使を会津へ派遣してからの家康の行動について見ていくと、四月二十七日に薩摩の島津惟新《いしん》（義弘《よしひろ》）に対して、伊奈昭綱らが良い返事を持ち帰らなかった場合は会津出兵を行うという見通しを伝え、その時は伏見城を守備するよう命じている（『島津家文書』）。

五月三日には、家康は下野那須《なす》氏の支族である伊王野《いおうの》資信《すけのぶ》に対して、会津へ出陣するという書状を出している（『譜牒余録』）。従来、伊奈昭綱らの帰還は五月三日とされてきたが、現在は往復路の日数が足りず無理であると否定されている（宮本：二〇〇八）。つまり、家康は上杉氏の返答を待つことなく出陣の意向を表明していたのである。

また、石田三成ら西軍が決起した際に、家康の罪状を十三ヶ条にわたって書き連ねた弾劾状（「内府ちかいの条々」）が出されている。その中に前田利長から母芳春院を人質にとったことが挙げられており、人質をとった理由を、会津出兵の際に前田氏が上杉氏に味方するのを防ぐためとしている。西軍の主張に基づくならば、前田利長との和解に動き出した頃から家康は会津出兵の準備を進めていたこととなる。

このように家康は、伊奈昭綱ら糾明使の帰還よりも前から会津出兵の準備を進めており、実現と成功に向けて用意周到であった。「直江状」を読んだあとの怒りに任せて、突発的に征討軍を出したのとは対照的であり、家康の側から見ても「直江状」は否定される。

「直江状」は諸大名に転送されたのか？

前述のように、「直江状」が実在したとは考え難い。だが、イエズス会の記録に「直江状」を肯定できるような記述があり、「景勝が書状で家康など物の数ではないとの態度を示して挑発した」という。

しかし、イエズス会の記録にある書状が実在したとしても、実際に挑発的な文言が含まれていたのではなく、讒言した堀氏の糾明を求めたものと思われる。この書状が何月に書かれたのか、兼続が書いた書状なのかなど、不明瞭な点が多いが、上杉氏から挑発的な書状が家康の許に届いたという噂が飛び交い、宣教師も知るところとなったのは事実と見ていいだろう。

しかし、上杉氏から挑発的な書状が届いたという情報が広がっていた反面、当時（慶長五年〈一六〇〇〉）に作成された「直江状」の写本は確認されていない。諸大名を含めて当時の人々は、挑発的な書状が届いたことについては聞かされていたものの、文面については知らされていなかったのではないだろうか。

無論、写本が作成されて諸大名に転送されたという説も存在する。現存する最古の写本である下郷共済会所蔵の「直江状」（寛永十七年〈一六四〇〉成立）は、本文の前に「江戸中納言秀忠卿七月七日附書状附属」と朱書きされており、その前方に慶長五年七月七日付の徳川秀忠の書状〔村上頼勝《むらかみよりかつ》宛て〕の写しが朱書きされていることから、秀忠が村上頼勝（越後村上城主）に書状を出した際に「直江状」の写しを添えたとし、それを筆写して成立したのが現存する最古の「直江状」とする説である（今福：二〇〇八、白峰：二〇一一）。

「江戸中納言秀忠卿七月七日附書状附属」と書かれていることから、通常はそう解釈すべきであるが、前述のように上杉氏の意向と異なる内容の書かれた「直江状」が当時（慶長五年）存在することはない。したがって、結論から述べるとその説は否定される。仮に「直江状」が存在した場合でも、いくつか疑問が生じてくる。最初に秀忠の書状の内容を示すと、次の通りである。

一通申し上げます。たびたびお伝えしておりますように、会津表への出馬（会津出兵の決行）は二十一日に定まりました。私（秀忠）は十九日に江戸から出立します。あなた（村上頼勝）の出陣に関する詳細な指示は、家康から伝達されますので、細かくは申しません。なお後音《こういん》（後便）を期します。恐々謹言。

まず、わざわざ写本を添えたにもかかわらず、秀忠は書状で「直江状」について一切言及していない。今回のように写本を作成し、書状に添えて出す時は、「直江からこのような書状が来ました」もしくは「直江からの書状を添えたので御覧ください」といったメッセージを本文に盛り込むのが一般的である。

「直江状」の写本を転送する意義としては、上杉氏の家康に対する不誠実な行為を具体的に示すことで、諸大名に会津出兵を納得させることにあるだろう。いわば大義名分を掲げるためのものであり、会津出兵を命じる第一報に添えるべきものである。また、秀忠は江戸にいたため、上方に届けられた「直江状」を転送するのであれば、家康が担うほうが効率的と言える。

そして、現存する最古の写本が、秀忠の書状に添えられた「直江状」（写本）を筆写して成立したものであるとするならば、兼続が出した書状（原本）から筆写の過程を二、三回しか経ていないことになる。したがって、ほぼ百％近く原本に忠実であることが求められる。そうなると、すでに指摘されている増田長盛らに略称を用いた非礼な行為についての問題は避けて通れない。

現存する最古の写本を作成した人物が、その写本の元となる史料（秀忠の書状と「直江状」）を手にした時、すでに何らかの事情で二つがセットに組まれていた可能性は高いが、実際に関連性のある史料か否かは再考の必要があるだろう。

「直江状」はどのように広まったか?

当時、上杉氏から家康の許に挑発的な書状が届いたということは世に広まっていたが、兼続が承兌に出した書状の中身は、家康とその周辺の限られた人物のみしか知り得ない、トップシークレットであった。

だが、意外なことに伝存する「直江状」の写本を成立した年代順に並べていくと、下郷共済会所蔵の写本（寛永十七年〈一六四〇〉成立）の次に古い写本は、往来物と呼ばれる教科書（承応三年〈一六五四〉成立）であった。その後に『武家事紀《ぶけじき》』（延宝元年〈一六七三〉成立）、『会津陣物語』（延宝八年〈一六八〇〉成立）といった軍学書・軍記物が続いている。

つまり、軍学書・軍記物という媒体を経由する以前から、「直江状」は教科書で扱われるほど有名な書状となっていたのである。かつては大名クラスでさえ目にしていなかったことと比較すると、機密性は皆無になったと言っていいだろう（もちろん、兼続の書状と「直江状」は別物、ということに留意しなくてはならない）。

この疑問は、「直江状」から少し離れて往来物に焦点を当てると明快になる。「直江状」と似た趣旨を持ち、さらに「直江状」に先駆けて寛永二年（一六二五）には往来物となっていた書状があるからである。それは「大坂状 幷《ならびに》 返状」と呼ばれ、大坂冬の陣の直前、家康と豊臣秀頼との間で交わされた一対の書状である。そして、秀頼が家康に出した返信は、開戦受諾の内容となっている。「大坂状幷返状」はすでに偽書と定まっている。

「直江状」と「大坂状幷返状」は、共に関ヶ原の戦い、大坂の陣という家康の天下統一過程における二大戦争において、相手方から抗戦の意思を伝えられたという点で共通している。二つとも読み手に「このような書状を出したのでは攻められて当然」という印象を与えるのである。

徳川政権が盤石なものとなった時、次に着手すべきは、その政権が正しい経緯をもって成立したことを天下万人に認識させることである。特に初代将軍の覇業であり、かつ、徳川政権の樹立に直結する二大戦争は、是が非でも美化すべき対象であった。

会津出兵を正当化するには、噂となっていた上杉氏の挑発的な書状に実体を与え、世間に流布させるのが効率的と言える。しかし、上洛に応じる旨が書かれていた兼続の書状を用いれば家康に非があることになってしまう。また、上杉氏が上洛を拒絶する旨の書状を出していた場合でも、六月以降に書かれたものであれば、家康の戦支度のほうが先になってしまう。そのため、糾明使に対する上杉氏の返答を正反対のものにした「直江状」が登場したのではないだろうか。

なお、「直江状」の写本として、往来物のあとに続く軍記物『会津陣物語』は、杉《すい》原《ばら》（水原）親憲《ちかのり》（上杉家の重臣）にゆかりのある杉原親清《ちかきよ》が酒井忠勝《ただかつ》（若狭小浜《おばま》藩主）の命によって記したものとされている。延宝年間（一六七三～八一）に他者の校訂を経て世に出された点は留意しなくてはならないが、上杉氏ゆかりの人物の手によるものと言えよう。このほか、『上杉家御年譜』（元禄十六年〈一七〇三〉成立）などの出羽米沢藩（上杉家）関係史料にも「直江状」が収められており、江戸時代中期の上杉家は「直江状」の存在を認めていたこととなる。

この理由については、『会津陣物語』の内容から窺うことができる。『会津陣物語』では、会津出兵前夜における景勝の主体性は皆無と言っていいほど見られず、石田三成との東西挟撃策など、徳川氏との闘争の主体は兼続にある。また、そこに描かれている兼続の人物像は、人材としては高く位置づけられているが、人柄は横柄であり好印象ではない。つまり、上杉家は兼続という奸臣《かんしん》によって徳川氏との闘争という誤った道へ導かれてしまったのであり、景勝の意思によるものではないという描き方がされているのである。兼続が徳川氏との闘争に導いたという点は、「直江状」も同様のことが言える。

毛利氏が関ヶ原の戦いで西軍の総帥を務めた責任を安国寺恵瓊《あんこくじえけい》（毛利家の外交僧）

に負わせたように、上杉氏にも過去を清算する上で奸臣の存在が必要だったのである。恵瓊は改易・死罪となったが、兼続の死後、直江氏も名跡が絶えて上杉家中に子孫が存在しなかったこともあって、兼続はその役割に適任であった。

「直江状」は、徳川氏・上杉氏の双方にとって都合が良いものであり、双方が本物と位置づけたために、本物ではないにもかかわらず真実味を帯びてしまったのである。しかし、これまで見てきたように兼続の書いた書状と「直江状」は別物なのである。

【主要参考文献】

石川松太郎『往来物の成立と展開』（雄松堂出版、一九八八年）
今福匡『直江兼続』（新人物往来社、二〇〇八年）
笠谷和比古『戦争の日本史　関ヶ原合戦と大坂の陣』（吉川弘文館、二〇〇七年）
木村康裕「兼続と『直江状』」（矢田俊文編『直江兼続』高志書院、二〇〇九年）
桑田忠親『日本の合戦7　徳川家康』（人物往来社、一九六五年）
白峰旬「直江状についての書誌的考察」（『史学論叢』四一号、二〇一一年）
水野伍貴「秀吉死後の権力闘争と会津征討」（和泉清司編『近世・近代における地域社会の展開』岩田書院、二〇一〇年）
宮本義己「内府（家康）東征の真相と直江状」（『大日光』七八号、二〇〇八年）
宮本義己「直江状研究諸説の修正と新知見」（『大日光』八二号、二〇一二年）
山本博文『天下人の一級史料――秀吉文書の真実』（柏書房、二〇〇九年）

渡邊大門『謎とき東北の関ヶ原——上杉景勝と伊達政宗』(光文社新書、二〇一四年)

[謝辞]
本稿の作成にあたり、長浜城歴史博物館館長(当時)・太田浩司氏からお話を伺うことができ、不明瞭であった点について確認をとることができた。厚く御礼を申し上げたい。

水野伍貴(みずの・ともき)
一九八三年生まれ。株式会社歴史と文化の研究所客員研究員。博士(文学)。
◉主要業績『関ヶ原合戦を復元する』(星海社新書、二〇二二年)、『関ヶ原への道——豊臣秀吉死後の権力闘争』(東京堂出版、二〇二一年)、「会津征討前夜——『直江状』の真贋をめぐって」(『研究論集 歴史と文化』第一一号、二〇二三年)など。

第十一章　家康と秀頼との関係——「二重公儀体制」をめぐって

豊臣家は徳川家の下であったか？

慶長五年（一六〇〇）九月の関ヶ原の戦いで西軍は敗北を喫し、全国に約二百二十万石を領していた豊臣秀頼は、最終的に摂津国、河内国《かわち》、和泉国《いずみ》の三ヶ国に約六十五万石を安堵されるにとどまった。西軍諸将の多くは、領地を没収あるいは削減され、その総石高は七百八十万石にのぼったという。その上、西軍の首謀者である石田三成、小西行長《ゆきなが》、安国寺恵瓊《あんこくじえけい》は斬首となり、宇喜多秀家《うきたひでいえ》は薩摩国に逃れたが、慶長十一年（一六〇六）に八丈島へ流罪となった。

こうして見ると、秀頼は自身の多大な所領を失ったばかりか、信頼できる諸将を失ったことになり、転落の一途を辿ったように思える。おそらく一般的には、この時点で徳川家と豊臣家の上下関係が逆転したと考えられているに違いない。事実、西軍から没収した領地のうち、約百三十五万石は徳川氏の蔵入地《くらいりち》（直轄領）に編入された。もともと徳川氏の蔵入地は約百万石と言われていたので、ほぼ倍増したことになろう。

近年は、以上のような通説的な見解に疑問が提示され、豊臣公儀と徳川公儀が互いに拮抗した形で併存したという説が現れた。それが笠谷《かさや》和比古《かずひこ》氏の提唱した「二重公儀体制」である。詳しくは後述するが、以下、政治の流れを追いながら、家康と秀頼との関係について、「二重公儀体制」の見解を踏まえながら考えてみたい。

所領配分の実際

東軍が勝利したことにより、西軍諸将の所領を没収したが、徳川家の蔵入地以外（約五百二十万石）は東軍に属した武将に恩賞として与えられた。所領配分の原案を作成したのは、家康の重臣である井伊《いい》直政《なおまさ》と本多忠勝《ただかつ》であり、各武将の軍功を優先して順位づけが行われたと言われている（『慶長年中卜斎記《けいちょうねんちゅうぼくさいき》』）。

所領の配分には一定の配慮がなされ、約四百二十五万石が関ヶ原の戦いで東軍の中心となって戦った豊臣系武将に与えられることになった。徳川家の一門や譜代の家臣には、残りの約二百二十万石を充てることになった。豊臣系武将とは、古くから豊臣家の恩顧を受けた武将たちである。

中でも福島正則《まさのり》や黒田長政《ながまさ》は、小山評定《おやまひょうじょう》（栃木県小山市）で真っ先に家康支持を表明し、多くの有力武将が徳川方の味方になるきっかけを作ったと言われている（近年、小山評定の開催の有無をめぐっては論争がある。本書第九章を参照）。そして、実際の戦いでは、西軍の主力部隊である宇喜多秀家の軍勢を打ち破る功績を挙げたのである。今後、彼らを家康の配下に収めるには、手厚い措置が必要だった。豊臣系の武将の中で、特に大幅な加増がされたのは、次頁の表に掲げた面々である。

大名配置の妙

注目すべきは、軍功によって取り立てられた豊臣系武将の多くが西国方面に配置されたことであろう。表に挙げた池田輝政《てるまさ》以下の四名は、山陽方面および九州方面に新たな領地を与えられた。しかもかなりの大禄である。逆に、徳川一門や譜代の家臣は、後述する通り東国を中心に配置された。

ほかの豊臣系武将を確認してみても、細川忠興《ただおき》は丹後宮津《みやづ》から豊前中津《ぶぜんなかつ》へ、浅野幸《よし》長《なが》は甲斐府中《ふちゅう》から紀伊和歌山へ、山内一豊《やまうちかつとよ》は遠江掛川《とおとうみかけがわ》から土佐浦戸《うらど》へ、それぞれが新しい領地を与えられた。これ以外の多くの豊臣系武将も、畿内周辺、中国、四国、九州方面に配置されたことを確認できる。

　徳川一門と譜代の家臣も大幅な加増がなされた。家康の次男・結城《ゆうき》秀康《ひでやす》は、下総《しもうさ》結城《ゆうき》の十万石から越前北ノ庄《きたのしょう》の五十六万九千石へと大幅な加増となった。この配置にも大きな意味があり、秀康は加賀前田家を牽制する役割を負ったという。未だ、外様大名に対する監視を必要としたのである。特に外様の中でも、前田家は突出した存在であった。

　同じく家康の四男・松平忠吉《ただよし》は、武蔵忍《おし》の十万石から尾張清須《きよす》の五十二万石へと加増となっている。この二人は、共に約五倍の大幅な加増となり、別格の扱いであった。徳川家の譜代の家臣も、加増によって多くが国持大名に取り立てられたが、概して小粒であり、せいぜい数万石程度である。

　ただし、その配置については大きな特色があった。豊臣系武将が西国方面に配置されたのとは異なり、彼らは関東から畿内周辺部にかけて新たな領地を与えられた。井伊直政は近

表　特に加増された豊臣系武将

氏名	旧石高（領国）	新石高（領国）
①**池田輝政**	15.2万石（三河・吉田）	52万石（播磨・姫路）
②**黒田長政**	18万石（豊前・中津）	52.3万石（筑前・名島）
③**加藤清正**	19.5万石（肥後・熊本）	51.5万石（同左）
④**福島正則**	20万石（尾張・清須）	49.8万石（安芸・広島）

江佐和山《さわやま》、本多忠勝は伊勢桑名、奥平信昌《おくだいらのぶまさ》は美濃加納《かのう》という具合である。その背後に松平忠吉が控えているのが興味深い。

こうした配置は、大坂の豊臣秀頼を牽制すると共に、西国へ新たに入封した西国大名への対抗措置であったと考えられている。同時に江戸の周辺に彼らを配置したのは、万が一に備えてということであろう。譜代の家臣が国持大名に取り立てられたのにも、大きな意味があったのである。

このように、江戸周辺には防御線を張るべく譜代たちが配置され、また加賀前田家など有力大名を牽制しつつ、大坂の豊臣家に睨みを利かせる絶妙な配置になったのである。

発給されなかった領知宛行状

家康は彼ら諸大名に対して、領知《りょうち》宛行状《あてがいじょう》を発給したのであろうか。実は、これだけ大幅な加増や転封を行ったにもかかわらず、家康から諸大名に対して、領知宛行の判《はん》物《もつ》や朱印状《しゅいんじょう》の類は発給されなかったことが指摘されている。このことが極めて異常な事態であったことは、もはや言うまでもないであろう。

当時、主従関係を結ぶには土地を媒介したものが基本であり、当主から土地を与えられたことを示す証文は、非常に重要な意味を持った。現在、戦国時代の古文書は数え切れないほど残っているが、その多くは土地の権利書に該当する領知宛行状が非常に多い。そうした証明書たる領知宛行状には大きな価値があり、それゆえに伝来したとも言えるのである。

家康から諸大名に宛てられた領知宛行状はないが、どうやって家康は彼らに所領を宛がったのだろうか。例えば、土佐山内家のケースでは、「土佐国を拝領したが、判物を頂戴することはなかった」とされている（『譜牒《ふちょう》余録《よろく》』）。また、肥後熊本の細川忠利《ただとし》は父・忠興に対して、豊前小倉に転封された時、家康から領知宛行の判物などを拝領したのか否か質問をした。忠興の答えは、「判物などはなく、私に限らず皆同じ扱いであった」というものであった（『大日本近世史料　細川家史料』）。

土佐山内家の場合は、榊原康政《さかきばらやすまさ》が使者として派遣され、土佐国の拝領を口頭で伝達されている。同じく福島正則の場合は、本多忠勝と井伊直政が使者として派遣され、安芸・備後《びんご》の両国を与える旨が口頭で伝達された。共に領知宛行という支配の根幹に関わることでありながらも、口頭という手段で行われているのである。なぜ、口頭という証拠が残らない方法が採用されたのであろうか。

家康が東軍を率いる将として勝利した以上、軍功を挙げた諸大名に対して、恩賞を与える必要がある。しかし、関ヶ原の戦い後、豊臣公儀は依然として存続し、その頂点にあるのは秀頼であった。つまり、家康は西軍に勝利したとはいえ、未だ秀頼の政務を支える代行者に過ぎなかったのである。

家康が実際に領知配分を行うには、秀頼に対する配慮が必要であった。豊臣公儀が頂点に立つ以上、家康が勝手に領知宛行状を発給するわけにはいかない。家康が判物を諸大名に発給できなかった背景には、豊臣公儀の存在を意識せざるを得ず、口頭による伝達は苦肉の策であったと言わざるを得ないのである。

以上の点を踏まえて、笠谷和比古氏はいわゆる「二重公儀体制」を提示したが、その点は後述することにしよう。

豊臣秀頼の存在

関ヶ原の戦いの勃発時、秀頼は十歳にも満たない少年だった。かつて秀頼の所領高は、全国各地に散在する蔵入地など約二百二十万石もあったが、合戦後には摂津国など三ヶ国約六十五万石が辛うじて認められ、約三分の一まで激減した。

秀頼は大幅な減封措置を受けたが、まだ豊臣公儀として認識されており、その地位はしばらくの間は比較的安定していたと言われている。

実は関ヶ原の戦い後、秀頼が関白に就任するとの噂が流れていた。慶長七年（一六〇二）十二月、醍醐三宝院《だいごさんぼういん》で同寺の座主《ざす》を務めた義演《ぎえん》は、近く秀頼が関白に任官するという風聞を書き留めている（『義演准后《じゅごう》日記』）。翌慶長八年（一六〇三）一月、毛利輝元《てるもと》は国許に宛てた書状の中で、秀頼が近々に関白になるであろうことを記している（『萩藩閥閲録《はぎはんばつえつろく》』）。また、相国寺《しょうこくじ》の住持を務めた西笑承兌《せいしょうじょうたい》も、勅使が大坂城の秀頼に派遣されたことから、関白任官の件であろうと考えている（『鹿苑日録《ろくおんにちろく》』）。秀頼の関白就任は、豊臣家の復権を予感させるものがあった。

いずれも風聞の域を出ていないが、秀頼が関白に任官するとの噂があったのは事実として認められる。ところが、家康は少なからず秀頼に警戒心を抱きつつも、豊臣家と融和する姿勢を怠らなかったようにも思える。

家康は慶長八年二月に征夷大将軍に任じられたが、豊臣方への配慮も忘れなかった。家康は秀吉の遺言を守り、当時まだ十一歳の秀頼に対し、孫娘で秀忠の息女・千姫《せんひめ》を嫁がせたのである。千姫は、まだ七歳の幼女であった。当該期における婚姻は、自由恋愛ではなく政略によるものである。つまり、秀頼と千姫との婚姻は、徳川・豊臣の両家が良好な関係を保とうとするメッセージであったと言えよう。

したがって、この段階で家康は豊臣家を滅亡に追い込もうとしたのではなく、秀頼と千姫との婚姻を通じて安定した関係を結ぼうとしたと考えられる。家康の姿勢は謀略に満ちたものではなく、良好な関係を築こうとしたと言えよう。

伊達政宗の考え

当時の有力大名たちが秀頼に対して、どのような考えを持っていたのかを示す点で興味深いのが、伊達政宗の書状である（「観心寺文書」）。

慶長六年（一六〇一）四月、政宗は家康の側近で茶人の今井宗薫《いまいそうくん》に書状を送った。その内容は、今後も幼い秀頼を擁立して挙兵する者が出てくる可能性が大いにあり、そのことが豊臣家にとって不幸なことであると指摘した上で、家康が秀頼を引き取り養育すべきであると説いた。さらに、秀頼が日本を統治する能力に欠けると判断された場合、家康は秀頼に二、三ヶ国程度（あるいはそれ以下）を与え、末永く豊臣家を存続させるとよい、と政宗は述べている。

政宗の書状からは、豊臣家の所領が縮小したとはいえ、秀頼の地位がなお安定していたことを窺わせる。政宗は秀頼を擁立する諸大名の存在を恐れ、そのような勢力が出現することを危惧していたようだ。また、家康の立場が、あくまで秀頼の後見人あるいは補佐役に過ぎなかった側面もわかる。政宗の立場は親家康派であったが、その政宗でさえ秀頼の存在を重視し、その対策を建言していたのである。

政宗の考えは、もう少し別の角度から解釈することも可能である。秀頼が安定した地位を保ち、諸大名が擁立する可能性があるということは、逆に家康にとっては脅威であった。つまり、もう少し書状の内容を深読みすれば、政宗の書状は家康に対して一刻も早い秀頼対策を薦め、警戒を促したものと考えてよい。「末永く」とは言いながらも、政宗は家康に対して、さらに踏み込んだ豊臣家への対策を促したとは言えないだろうか。

二重公儀体制とは？

従来、関ヶ原の戦い後における家康と秀頼との関係は、秀頼が摂津国など三ヶ国の一大名に転落したとの認識からが論じられてきた。それは「最初から家康は豊臣家を滅ぼそうとした」「徳川家と豊臣家の立場は逆転した」という考え方に収斂されていく。笠谷和比古氏はこうした通説に疑問を投げかけ、従来説に修正を迫る重要な学説として「二重公儀体制」を提唱した。「二重公儀体制」とは、おおむね次のように要約できる。関ヶ原合戦後の政治体制は、将軍職を基軸として天下を掌握しようとする徳川公儀と、将来における関白任官を視野に入れ、関白職を基軸として将軍と対等な立場で政治的支配を行おうとする潜在的可能性を持った豊臣公儀とが並存した。こうした両体制の並存を二重公儀体制という。

関ヶ原の戦い後、急速に豊臣公儀は衰退したのではなく、徳川公儀との並存という形で生き残ったということである。西国に豊臣系武将が配置されたことは、西国は秀頼が支配し、東国は家康が支配するという考え方にもなろう。両体制が東西で分割統治するような形で並存したのであり、それが大坂の陣まで続くという。

さらに笠谷氏は、二重公儀体制の有効性を補強するために、①豊臣秀頼に対する諸大名伺候《しこう》の礼、②勅使・公家衆の大坂参向、③慶長期の伊勢国絵図の記載、④大坂方給人知行地の西国広域分布、⑤秀頼への普請役賦課の回避、⑥慶長十一年（一六〇六）の江戸城普請における豊臣奉行人の介在、⑦二条城の会見における冷遇、⑧慶長十六年（一六一一）の三ヶ条誓詞の問題、という八つの論点を掲げている。

「二重公儀体制」は、全面的に承認されたわけではなく、曽根勇二氏、藤田達生《たつお》氏、本多隆成《たかしげ》氏らの批判がある。以下、①〜⑧までの論点について検証してみよう。

個々の論点の検証――①②③④の問題

①豊臣秀頼に対する諸大名伺候の礼について。慶長八年（一六〇三）二月の家康の征夷大将軍任官以前、諸大名は歳首《さいしゅ》を賀するため、先に大坂城の秀頼を訪ね、あとで伏見城の家康の許に伺候した。諸大名には豊臣公儀を重んじる意識があり、家康自

身も秀頼の居城である大坂城へ伺候していた。このことは、家康が秀頼に臣下の礼をとっており、形式的には秀頼の下に位置したことを意味する。

慶長八年二月以降も、諸大名が歳首を賀するため、秀頼のいる大坂城を訪問することは継続された。しかし、家康は征夷大将軍に任官されて以降、秀頼の許に伺候していない。家康は将軍に任官した以上、もはや秀頼への伺候は不要と考えたのであろう。

②勅使・公家衆の大坂参向について。慶長八年以降も朝廷から秀頼の許に勅使が派遣され、親王、公家、門跡衆も参向した。勅使・公家衆の大坂参向は、慶長十六年（一六一一）に後水尾《ごみずのお》天皇が即位してからも継続され、大坂冬の陣が勃発する慶長十九年（一六一四）まで行われた。家康の将軍任官後も朝廷の秀頼に対する態度は変化せず、豊臣公儀が健在であった証左とされている。

のちに官位授与には家康の推挙が必要になったために、右大臣であった秀頼は、関白への道を閉ざされてしまった。また、家康は天皇家の譲位問題に関与するほどの力があり、勅使・公家衆の大坂参向にどれほどの意味があったのか疑問が残る。それらは慣例的であったと考えられ、②については形式的な問題に過ぎず、根拠とするには疑義があるのではないだろうか。

③慶長期の伊勢国絵図の記載、および④大坂方給人知行地の西国広域分布について。

③は慶長十年代に作成された慶長期の伊勢国絵図（「桑名御領分村絵図」）に本多忠勝や

関一政《せきかずまさ》の名前と共に、秀頼家臣の名前が散見されることから、秀頼は家康と対等、またはそれ以上の権威を有していたとされる。

また④の指摘は、秀頼家臣の知行地が摂津・河内・和泉の三ヶ国だけでなく、伊勢と備中《びっちゅう》でも確認されており、両国が国奉行設置国であったことを勘案すると、残りの五畿内、但馬《たじま》、丹波、近江、美濃にも秀頼家臣の知行地があったと予測している。

以上の点に関しては裏づけとなる史料も乏しく、広範に存在したと想定される家臣の知行地の実態が実証されない限り、秀頼の支配権を強調するのは難しいのではないか。現時点で、豊臣給人の知行地は関東周辺の旗本領ほどの広域性や密度がなく、また摂津・河内・和泉は純粋な秀頼の直轄領でなく、大名領・寺社領が点在していたとも指摘されている。

個々の論点の検証——⑥の問題

⑥慶長十一年（一六〇六）の江戸城普請における豊臣奉行人の介在について（⑤は類似の問題なので省略）。家康は各地の大名に命令し、江戸城の普請を命じた（御手伝《おてつだい》普請《ふしん》）。御手伝普請は徳川公儀を権威づける上で、重要な意味を持っていた。

家康は征夷大将軍に任官すると、手始めに江戸市街地の大規模な整備に着手した。

家康は有力な外様大名、家門・譜代に命じて千石夫《せんごくふ》（石高千石に一人の割合で課された人夫役）を徴発すると、日本橋から新橋に至る広大な土地を造成した。新市街地は算盤目状の区画整理が実施され、町人地が生まれている。同時に東海道も付け替えられ、日本橋が街道の起点となった。やがて江戸城の大手やその周辺には、諸大名の邸宅が並ぶようになった。

江戸の整備が着々と進展する中で、各地の大名を動員し、江戸城の大改築が計画された。計画が実際に着手されたのは、慶長九年（一六〇四）のことである。工事には西国に本拠を置く外様大名が動員されたが、その中に豊臣秀頼の名前は確認できない。一方で、江戸城の普請奉行としては八名が任命され、うち二名が家康付きの幕臣、同じく四名が秀忠系の幕臣である。そして、残りの二名（水原吉勝、伏見貞元）が秀頼の家臣である。

この点について笠谷和比古氏は、秀頼の家臣が普請奉行を務めていたことに、深く重いものがあったと評価を行っている。秀頼は動員されなかったが、逆に家臣を派遣し普請を差配する側にあった。江戸城普請は徳川家の力だけではなく、秀頼の同意と協力を得て遂行され、対等な関係で協力したということになる。

家康が秀頼の存在に注意を払い、江戸城普請に動員しなかったのは、秀頼への配慮があったからに違いない。水原吉勝と伏見貞元の二人は、摂津・和泉両国の慶長国絵図の作成に関与したとも指摘されており、測量の専門家として家康から豊臣方に派遣要請があったのだろう。

ただ、仮に水原吉勝と伏見貞元が派遣されなくても、江戸城の普請は問題なく実行されたであろう。秀頼も派遣要請を断る理由はなく、そこに関係が対等であるか否かという問題を持ち出す必然性はないように思う。形はどうであれ、単に家康が秀頼の協力を取り付けたところに意義があるのではないだろうか。

個々の論点の検証——⑦の問題

⑦二条城の会見における冷遇について。慶長十六年（一六一一）三月、家康と秀頼の会見が京都二条城で行われた。家康と秀頼の会見は、これまでにも検討されていたが、様々な事情から実現しなかった。加藤清正などの秀吉恩顧の大名らが秀頼を説得し、ようやく実現したのである。豊臣方には、家康を警戒する動きがあったと言われている。

慶長十六年三月二十八日、二人は二条城で会見を行った。家康にとっては四年ぶりの上洛であった。秀頼が二条城に着くや否や、家康は自ら庭に出て丁重な姿勢で迎え入れたという。秀頼と対面した家康は、対等の立場で礼儀を行うよう勧めたが（『当《とう》代記《だいき》』）、秀頼は家康の丁重な申し出を固辞したのである。

家康が御成《おなり》の間に上がると、秀頼が先に礼を行った。これまでは家康が先に礼をしていたので、これでは順序が逆である。これまで下の立場にあった家康が、この時点で秀頼の上へと立場が逆転したと言え、このことが天下に知れ渡ったのである。従来、二条城の会見については、家康が秀頼を二条城に呼び出し、臣従させるために挨拶を強要したと考えられてきた。ところが、すでに多くの先行研究が指摘するように、家康の丁重な対応を考慮すれば、秀頼に臣従を強制したとは理解し難い。

二人の会見の本質は、家康が秀頼を二条城に迎えて挨拶を行わせたことにより、天下に徳川公儀が豊臣公儀に優越することを知らしめる儀式であったという説がある。しかも、それは家康が強制することなく、自然に行われたということになろう。この説が、最も妥当な説と考えられる。二人の会見は、家康が巧妙に仕組んだものであった。家康と秀頼は姻戚関係にあったので、家康はそうした関係も利用しながら、豊臣家を自然な流れの中で下位に位置づけようとしたと考えられる。

一連の流れを見ると、すでに官位などの立場は家康のほうが上であったため、秀頼は対等の立場でという提案を受け入れるわけにはいかなかった。家康もその点については、最初から織り込み済みであっただろう。

挨拶が秀頼の自発的な行為であったという点については、笠谷氏から少し違った解釈が提示されている。その理由は、孫婿・秀頼の舅で朝廷官位従一位《じゅいちい》の家康に対する秀頼の「謙譲の礼（家康にへりくだって挨拶すること）」であり、「臣従の礼（家康の家臣として挨拶すること）」ではないという解釈である。この説では、「謙譲の礼」と「臣従の礼」を使い分けている。

結論的には、「臣従の礼」という点で変わりないが、あくまで形式的な問題に過ぎないだろう。家康からすれば形はどうであれ、秀頼を二条城に出向かせ、自分に挨拶をさせることに大きな意味があった。家康は自ら強制的に命じるのではなく、自発的に行うよう仕向け、かつ自然な流れで秀頼に礼を行わせることに意味があったのである。

個々の論点の検証——⑧の問題

⑧慶長十六年（一六一一）の三ヶ条誓詞の問題について。正親町《おおぎまち》天皇が即位した慶長十六年四月十二日、家康は在京する諸大名に対して三ヶ条からなる法令を示し、誓詞を徴する形で誓約させた。

家康が定めた三ヶ条の法令は、第一に源頼朝以来の将軍の法式に触れ、以後、徳川幕府が発布する法令を堅く守らせることに始まっている。幕府の存在を強くアピールするものであった。そして、将軍の命令に背いた者を隠匿しないこと、謀反人・殺害人を隠匿しないことを遵守させたのである。この法令は、諸大名に幕府への忠誠を誓わせるものであり、その優位性を天下に知らしめるものであった。

これに同意した者は、北陸・西国方面の有力な諸大名二十二名にのぼった。ただし、奥羽・関東の諸大名十一名は江戸城の御手伝普請に従事しており、上洛していなかったため、翌慶長十七年一月に同意した。そのほか中小クラスの譜代・外様の大名ら五十名も三ヶ条の法令に誓約し、家康は全国の大名を臣従化させることに成功したのである。

ところが、豊臣秀頼は三ヶ条の法令に誓約していない。それゆえ、秀頼が徳川将軍に臣従化される存在ではないなど、諸大名と比較して別格な存在であり、徳川公儀に包摂されていない点が強調されがちである。秀頼の自立性あるいは豊臣公儀は健在であると言えそうであるが、これをどう考えるべきであろうか。

家康が秀頼に対して配慮をし、特別な扱いをしたのは事実であろう。しかし、三ヶ条の法令については、秀頼を臣従させるのが目的ではなく、あくまで全国の諸大名を臣従させるのが目的であった。そうして秀頼を孤立させようとしたのではなかったか。力でねじ伏せるのではなく、周囲を固めて自発的に秀頼を臣従化させる方法である。あるいは、諸大名から孤立させる戦術と言えよう。

周囲の大名が家康に臣従化している中で、家康は狡猾かつ巧みな方法によって、心理的にも秀頼を追い詰めたことになろう。したがって、三ヶ条の法令に秀頼は誓約をしなかったが、これはこれで秀頼や豊臣家を様々な面で追い詰めたことになったのである。

改めて家康と秀頼との関係を考える

家康が秀頼の扱いについて、相当な注意を払っていることは、筆者も同意するところである。したがって、「最初から家康が豊臣家を滅亡させようとした」とか、家康による様々な謀略を強調する見解は、単なる俗説に過ぎないと考える。むしろ家康の態度は、秀頼への様々な配慮を示している。

ところが、慶長八年(一六〇三)における家康の征夷大将軍任官が一つの契機となり、二年後に秀忠が将軍職を継承したことは決定的であった。この時点で徳川公儀が完全に確立され、優位になったことは疑いない。それゆえ、慶長十九年(一六一四)の大坂の陣まで「二重公儀体制」が続いたとは認めがたい。

以後、秀頼の権威は徐々に低下し、徳川公儀の下位に甘んじてしまう。家康は秀頼を、ほかの大名と同じく、やがては完全なコントロール下に置きたかったのは事実であろう。家康は強大な権力で秀頼を服従させることはなかったが、狡猾な手法を用い、真綿で首を絞めるごとく、じわじわと追い詰めたのが実態であったと考える。したがって、「二重公儀体制」を認めるにしても、その期間は慶長八年から長くても慶長十年（一六〇五）頃までであろうと考えられるのである。

【主要参考文献】
笠谷和比古『関ヶ原合戦と近世の国制』（思文閣出版、二〇〇〇年）
笠谷和比古『戦争の日本史　関ヶ原合戦と大坂の陣』（吉川弘文館、二〇〇七年）
曽根勇二『片桐且元』（吉川弘文館、二〇〇一年）
曽根勇二『敗者の日本史　大坂の陣と豊臣秀頼』（吉川弘文館、二〇一三年）
藤田達生『日本近世国家成立史の研究』（校倉書房、二〇〇一年）
本多隆成『定本 徳川家康』（吉川弘文館、二〇一〇年）
福田千鶴『豊臣秀頼』（吉川弘文館、二〇一四年）
『歴史読本』編集部編『ここまでわかった！ 大坂の陣と豊臣秀頼』（新人物文庫、二〇一五年）
渡邊大門『大坂落城　戦国終焉の舞台』（角川選書、二〇一二年）
＊本書（単行本）刊行後、小川雄「「二重公儀」の実像――徳川氏・羽柴氏の協調関係とその破綻」（渡邊大門編『江戸幕府の誕生』文学通信、二〇二二年）が公表されたので、併せて参照されたい。

渡邊大門（わたなべ・だいもん）
＊略歴は第四章を参照。

第十二章 方広寺鐘銘事件の真相とは？

事件は家康の謀略だったのか？

徳川家康と豊臣秀頼の武力衝突（大坂の陣）の要因になったのが、方広寺鐘《ほうこうじしょう》銘《めい》事件である。まずは、事件について、通説の確認などをしておきたい。

慶長十九年（一六一四）七月に方広寺（京都市東山区）の大仏殿が再建された時、梵《ぼん》鐘《しょう》に刻まれた「国家安康《こっかあんこう》」「君臣豊楽《くんしんほうらく》」という二つの言葉が問題視された。本来、前者は国の政治が安定することを願うことを意味し、後者は領主から民に至るまで豊かな楽しい生活を送るということを意味していた。二つの言葉は悪い意味ではなく、良い意味なのである。

しかし、家康は前者が「家康」の二文字を分断して配置した不吉の言葉であると捉え、後者が「豊臣」を主君として楽しむ意であると疑い、強い不快感を示したのである。通説によると、家康に近侍する「黒衣の宰相」崇伝《すうでん》がそそのかし、事件の端緒を作り上げたと言われている。家康の怒りは収まることがなく、豊臣方で交渉を担当した片桐且元《かたぎりかつもと》も弁明に苦慮し、結局、大仏の開眼供養は行われなかった。

且元は駿府城の家康の許に馳せ参じたが、且元は家康から具体的な解決策を示されなかった。そこで、且元は事態を収拾すべく、豊臣方の首脳に三つの和睦の条件、すなわち①秀頼が大坂を離れ、江戸に参勤すること、②秀頼の母・淀殿《よどどの》が大坂を離れ、人質として江戸に詰めること、③どちらか一つでも承諾できない場合は、秀頼が大坂城を退去し国替えをすること、を提示した(『駿府記』)。

いずれの条件とも豊臣方には受け入れ難いものであることから、且元の提案は拒否された。しかも家康は別ルートで、淀殿らに対して心配に及ばないと伝えていたので、不利な条件を示した且元は批判を浴びせられ、裏切り者と罵られた。結局、且元は殺害されるとの噂が流れたので大坂城を退いた。交渉が決裂した結果、豊臣方が家康との合戦に備えて、兵粮米を備蓄していたことや牢人衆が大坂城に入城したという事実も重なり、家康は秀頼を討伐する決意を固めたのである。

方広寺鐘銘事件は、最初から家康が豊臣家を滅亡させるために仕組んだ謀略であったとの通説が根強く支持されている。しかし、笠谷和比古《かさやかずひこ》氏や主室文雄《たまむろふみお》氏の研究によって、後世の編纂物に基づく見解は否定され、新たな見解が示されている。以下、それらの研究を参考しながら、改めて事件について考えてみよう。

方広寺大仏殿とは？

方広寺は京都市東山区茶屋町にある天台宗寺院で、通称は「大仏殿」「京都大仏」などと呼ばれている。天正十四年（一五八六）、豊臣秀吉の発願によって着工し、三年後の天正十七年（一五八九）に完成した豊臣家ゆかりの寺院である。開山は、秀吉の信任が厚い真言宗の僧侶・木食応其《もくじきおうご》であった。大仏殿は文禄四年（一五九五）に完成し、漆と金箔で彩色された木造毘盧舎那仏《びるしゃなぶつ》（大仏）が安置されたが、文禄五年（一五九六）閏七月に畿内一帯を襲った大地震によって倒壊した。秀吉は代わりに、甲斐国から善光寺如来《ぜんこうじにょらい》（阿弥陀三尊《あみださんぞん》）を移座して本尊に迎えようとしたという。

慶長三年（一五九八）の秀吉没後から四年を経た慶長七年（一六〇二）、秀頼は亡父の追善供養のために大仏殿の再建に取り掛かるが、作業中の失火により消失した。一度は挫折したのである。秀頼は再び工事に取り組み、ようやく大仏が完成したのは慶長十七年（一六一二）のことで、二年後の慶長十九年（一六一四）には悲願の大仏殿がついに再建された。想像もつかない苦労があったのだ。

大仏殿の再建工事に際しては、費用に亡き秀吉の蓄えていた金・銀が充てられ、すっかり底を尽くありさまだったという。豊臣家の威信をかけた事業であり、もはや後戻りできなかった様子が窺える。慶長十九年四月十九日に方広寺大仏の鐘鋳《しょうちゅう》が家康の許に報告され、その後、後水尾《ごみずのお》天皇の勅定《ちょくじょう》を得て、同年八月三日に開眼供養会が行われることになった(以上『駿府記』など)。

豊臣家にとってみれば、あとは開眼供養が行われるのを待つのみであったが、予想できなかったことが次々と起こったのである。

こじれた大仏開眼供養会

大仏開眼供養会の行われることが決定したにもかかわらず、天台宗の僧侶で家康の懐刀と呼ばれた南光坊天海《なんこうぼうてんかい》が、その中身に異議を唱えた。

天海は、前回の供養会で高野山《こうやさん》の木食応其の申し出を受け入れ、真言宗を上座《かみざ》の左班《はん》にしたため、今回は天台宗の僧侶を上座の左班にするよう要請した。自身が天台宗の僧侶であったことや、供養導師が天台宗の妙法院《みょうほういん》(京都市東山区)であったことも大きな理由だったであろう。宗派間のゴタゴタであったが、この申し出が問題をこじれさせる要因となる。

天海は仁和寺《にんなじ》（京都市右京区）が真言宗御室《おむろ》派の総本山であることが影響したのか、仁和寺門跡が供養会に出席することを強く非難した。天海は天台宗の僧侶が左班でなければ出仕を拒むという、強硬な態度で主張を行ったようである。家康も大仏の開眼供養と堂供養を同時に実施するのかと問い掛けるなど、状況はややこしいことになり、大仏開眼供養会は計画の時点で様々な問題が生じていたと言えよう。

この問題を豊臣方で扱い、徳川方との交渉を一手に引き受けたのが先述の片桐且元である。且元は天正十一年（一五八三）四月の賤ヶ岳《しずがたけ》の戦い（羽柴〈豊臣〉秀吉と柴田勝家の戦い）で活躍し、「賤ヶ岳の七本槍」の一人に数えられた人物である。豊臣政権下でも重んじられ、関ヶ原の戦い後は家康の指示を受けつつ秀頼を補佐するという、微妙な立場にあった。

慶長十九年（一六一四）七月十八日、且元は駿府城に赴き、「八月三日の早朝、仁和寺御門跡が開眼供養を終えて退出ののち、日中に堂供養を行います。座配につきましては、天台宗を左班にいたします」と家康に回答した（『駿府記』）。

つまり、供養を二日に分けるよう指示した家康へ配慮し、一日の日程を午前と午後に分けることによって、折衷案を提示したのである。ただし、仁和寺門跡の排除という、天海の主張は受け入れなかった。豊臣家にとっては、最大限の配慮をした提案だったが、これで問題は終わらなかった。

臨済宗の僧侶で家康の信頼が厚い金地《こんち》院《いん》崇伝は、家康が提案した通り、開眼供養と堂供養を二日に分けるべきであると改めて主張した。その言い分とは、「幸いにして八月十八日は秀吉様の十七回忌にあたります。ですから三日に本尊の開眼供養を行い、十八日に堂供養を行うとよろしいと家康様が仰っています」というものであった(『本光国師《ほんこうこくし》日記』)。強硬な姿勢を崩さなかったのである。

崇伝の意見を要約すれば、十八日が秀吉の十七回忌になるので、その時一緒に堂供養をやればよい、ということになろう。なぜ、ここまで二日に分けることに執着したのかは判然としない。この見解は崇伝の考えではなく、実質的に家康の意向であったと考えてよいだろう。その後、且元は一日で開眼供養と堂供養を行うことを再度提案するが、この点は鐘銘問題の件と合わせて、のちほど取り上げることにしよう。

本来、大仏開眼供養と堂供養を主催する主体は豊臣方にあったが、家康は天海・崇伝の言葉を借りて、何かと申し入れをしたことがわかる。供養そのものを停止せよとまでは言わないが、中身に立ち入って妨害しているようにも見える。家康の意図はわかりづらいところもあるが、やがて方広寺鐘銘問題が起こったのである。

「国家安康」への不快感

慶長十九年（一六一四）七月二十一日、家康は大仏鐘銘に「関東に不吉の語」があり、しかも上棟《じょうとう》の日が吉日でない、と立腹の意を豊臣方に表明したが、具体的に鐘銘のどの部分が不吉であるのかは書かれていない。対応した片桐且元は、八月十八日に豊国《とよくに》神社（京都市東山区）で豊国臨時祭が催されるため、八月三日に開眼供養と堂供養を行いたいと改めて申し入れた（以上『駿府記』）。先述の通り、豊国臨時祭では、秀吉の十七回忌が執り行われる予定であった。

しかし、家康の考えは変わることなく、大仏供養の件について棟札《むねふだ》（棟上げの時、工事の由緒・年月・建築者・工匠などを記して棟木に打ちつける札）と鐘銘に問題がある、と不快の意を示すと、再度、大仏開眼供養と堂供養を別の日に実施するよう迫ったのである（『駿府記』）。家康の命令を受けた崇伝は且元に書状を送り、上棟、大仏開眼供養、堂供養を延期し、改めて吉日を選んで実施するよう要請した（『本光国師日記』）。かなり執拗とも言える交渉である。

その後、鐘銘の写が大工頭の中井《なかい》正清《まさきよ》から家康に送られ、鐘銘に東福寺《とうふくじ》（京都市東山区）の長老・文英清韓《ぶんえいせいかん》が撰した「国家安康」の四文字があることが発覚して、問題の本質が明らかになる。家康はこれを不快であるとし、ほかにも同様の箇所があると指摘した。さらに数日後、今度は棟札の内容にも強い不快感を表明し、奈良・東大寺の棟札の例に従うように主張したのである（以上『駿府記』）。

鐘銘を撰した文英清韓は、伊勢国安芸郡の出身で、臨済宗の僧侶である。慈雲大忍《じうんたいにん》（一説に文叔《ぶんしゅく》清彦《せいげん》）の法を受け嗣ぎ、伊勢国の無量《むりょう》寿寺《じゅじ》に住したという。のちに加藤清正の帰依を受けて九州に下向し、文禄・慶長の役に随行した。慶長五年（一六〇〇）には東福寺の第二百二十七世となり、四年後の慶長九年（一六〇四）には南禅寺《なんぜんじ》（京都市左京区）に昇住している。五山の碩学《せきがく》としても知られ、漢詩文にも優れており、申し分のない人物であった。

豊臣家としては、万全を尽くして人選や準備をしたものの、思わぬところで足をすくわれたことになろう。いったい何が問題だったのであろうか。

鐘銘批判の経緯

この間、家康の側近・本多正純《まさずみ》と崇伝は片桐且元に書状を送り、何も知らないような田舎者（清韓）に鐘銘の撰文を命じ、内容は不要なことを長々と書き入れているとした上で、棟札には棟梁の名前も書き記していないではないか、と強く非難した

（『本光国師日記』）。これが、先述した棟札の問題点であろうが、随分と厳しい口調である。

奈良・興福寺《こうふくじ》南大門などの棟札を確認すると、棟梁の姓名が書き記してあったので、家康は改めて棟梁の名前を棟札に書き記すよう命じた。棟梁の名前がなかったのは、大工頭・中井正清の手落ちと推測される。ここでも豊臣家は、足をすくわれるような形になった。予想外のことである。

その後、家康は京都五山の僧侶を動員し、鐘銘の内容を十分に検討するよう命じ、徹底して究明に臨んだのだ。回答が寄せられたのは、八月六日のことであった。五山僧は鐘銘について、これだけ長い文は見たことがないと指摘した上で、縁起あるいは勧進帳の類であると嘲笑した。実際の鐘銘は「国家安康」「君臣豊楽」の文言だけではなく、かなりの長文であった。手厳しい批判である。中でも鐘銘の「国家安康」の四文字については、家康にとって見逃し難い重要な指摘がなされていた。五山僧の主要な意見を七点挙げると、次頁の表のようになろう。

表のように、清韓の撰した「国家安康」については、家康の諱《いみな》を書き分けることになるという観点より、すべての五山僧から批判的な見解が示された。ルールとして諱を二字に分けて書かないことや避けるのが常識ならば、清韓はあまりに迂闊であったと言わざるを得ない（清韓の釈明は後述）。ただし、ルール違反であることが指摘され

表　五山僧の意見一覧

＊『摂戦実録』より

僧侶名	意見
①東福寺・月渓聖澄《げっけいしょうちょう》	「家康」の名前の二字の間に、「安」の字を入れたことは、最もよくないことである。
②東福寺・集雲守藤《しゅううんしゅとう》	日本・中国とも天子の諱（実名の敬称）を避けることは、古い決まりである。天下名物の鐘銘に思慮が足りず書いたことは、物事を知らないからである。
③南禅寺・悦叔宗最《えいしゅくそうさい》	家康の名前の二字を書き分けるようなことは、古今なかったことである。
④南禅寺・英岳景洪《えいがくけいこう》	家康の諱の二字を「国家安康」の四字に書き分けることは、前代未聞のことである。
⑤天龍寺・三章令彰《さんしょうれいえい》	考えもなく家康の名前を書くこと、特に銘文の言葉が諱に触れることはよろしくない。ただし、遠慮して避けるべきかは覚えていない。
⑥相国寺・有節瑞保《うせつずいほう》	銘文中に家康の諱を書くことは、好ましくない。ただし、武家の決まりは知らないが、五山ではある人物について書く際、その人の諱を除いて書く決まりはない。
⑦建仁寺・古澗慈稽《こかんじけい》	「国家安康」という銘文で家康の諱を犯したことは、よろしくない。

ても、「国家安康」が家康を呪詛《じゅそ》・調伏《ちょうぶく》するとは言っていない点に注意すべきであろう。

儒学者の林羅山《らざん》は、五山僧以上に舌鋒鋭く清韓を批判した。羅山は儒学中興の祖である藤原惺窩《ふじわらせいか》に師事したが、やがて家康に召し抱えられ、さらに秀忠、家光、家綱の四代の将軍に仕えた。幕府の御用学者的な存在だった。

羅山は「国家安康」の四文字について、諱を犯すことであって礼法に背く無礼・不法の至りとし、諱を切り裂いたことはもってのほかであると非難した。諱を二つに分けることが良くないという見解は、五山僧と同じである。さらに「君臣豊楽」については、豊臣家が子孫繁栄を願う本心があったと解釈し、家康に対する呪詛・調伏の心が隠されていると指摘した。しかも羅山の言い分はこれだけではなかった。

羅山は、鐘銘の文中の「右僕射源《うぼくやみなもとのあ》朝臣《そん》」という文言を問題視した。「右僕射」とは右大臣の唐名であり、この場合は家康のことを示している。羅山はこの文言を「家康を射る」と解釈し、けしからぬことだと主張したのである。ところが、いずれにしても、豊臣方が家康の死を願っていたという解釈になろう。通説的な見解によると、羅山の指摘が決定的なものになったと言われている。

ところが、近年の羅山研究によると、当時はまだ羅山には大きな発言権がなかったと指摘されており、事の重大さを強調するための後世の作為である可能性がある。常識的に考えても、「右僕射」が右大臣の唐名であることは周知のことだったので、あまりに強引な解釈である。

同様に、鐘銘事件を仕掛けた張本人は、これまで崇伝とされていたが、最近の研究によって誤りであることが明らかにされた（笠谷：二〇〇七）。実際は、鐘銘について問題があると家康に指摘する者があり、改めて家康から崇伝に鐘銘について意見を求めたが、崇伝は全く知らないことだと回答したという（『本光国師日記』）。こちらも、羅山の場合と同じく、後世に作られた逸話であると推測される。

つまり、家康が僧侶らの知識層を動員して、鐘銘の調査を行ったのは事実であるが、羅山や崇伝の入れ知恵があったという点には注意を要するということである。ただし、諱を二つに分けないというルールを誤ったことは共通した見解であり、少なくとも家康の心証を悪くしたのは事実であったと考えられる。

清韓の釈明

五山僧の厳しい指弾を受けて、文字を撰した清韓は窮地に追い込まれた。しかし、五山僧のすべてが清韓に批判的であったわけではなく、例えば「大仏鐘銘の中に、国家安康という句があった。これを見て、日頃から清韓を妬んでいた悪知恵の邪僧たちは、清韓に家康公を調伏する本心があって、この句を作ったと考えた。そして、今度の供養は関東調伏（家康調伏）のためであると家康に伝わったので、ご立腹になられたのである」といった記録が残っている（『東福寺誌』）。

つまり、五山僧たちが優秀な清韓を妬んで、意図的に家康へ讒言《ざんげん》したということになろう。となると、家康の許には、清韓の不利になる情報が舞い込んだ可能性が高い。

一方で、「清韓が凶詞と知っていて書いたのではない」という、妙心寺《みょうしんじ》（京都市右京区）の海山元珠《かいざんげんじゅ》の言葉が残っている（『武徳編年《ぶとくへんねん》集成』）。清韓を評価する記録もあることから、少なくとも清韓が悪意を持って鐘銘を撰したわけではないと推測される。清韓が家康を呪って鐘銘を作成しても、何のメリットもないからである。

慶長十九年（一六一四）八月十七日、清韓は豊臣方の交渉役・片桐且元に伴われて駿府へ赴き、幕府の取り調べに応じた。清韓はあらかじめ弁明書を作成しており、家康に陳謝した上で「国家安康」「君臣豊楽」の二つの言葉について、「国家安康というのは、御名乗の字（家康）を隠し題として入れ、縁語としたものなのです。申し上げておきたいのは、昔も今も縁語にすることは多いことなのです。（中略）この意が届かなかったようでしたら、私の不才であるがゆえです。万事放免くだされば、生前死後の大幸になることでしょう」と弁明を行った（『摂戦《せっせん》実録』）。

隠し題とは和歌、連歌、俳諧で、内容に関係なく、題とされた事物の名を直接表面に表さないで詠み込むことである。「家康」の文字を直接表示することなく、この場合は「家」と「康」に分けて、「国家安康」の四文字の中に織り込んだのである。縁語とは、主想となる語と意味上密接に関連し合うような言葉をほかの箇所に使用して、表現の面白味や、あやをつけることである。

清韓は「家康」の文字を用いて、「国家安康」という縁起のいい言葉を考えついた(つもりだった)のである。清韓は徳川家と豊臣家の繁栄と四海(天下)の平和を願っており、決して悪意を持って鐘銘を作成したわけではない。そもそも「国家安康」という言葉自体は、先述の通り良い意味であった。それを徳川方では、悪意に満ちた解釈をしたと言わざるを得ないであろう。

清韓は鐘銘に華やかさを加えるため、隠し題、縁語という詩文作成上の修辞を駆使したが、その優れた漢詩文の能力はかえって大きな仇となった。ただし、清韓に悪意がなかったとはいえ、鐘銘に本来入れるべきでない諱を、さらに二つに分けて組み込んだのは大きなミスであった。清韓は釈明をしたが、家康は決して許そうとしなかった。

その後、清韓の経歴に疑惑の目が向けられ、家康は清韓が本当に南禅寺で紫衣《しえ》(勅許によって高僧にのみ着用が許された袈裟・法衣のこと)を得たのか調査を命じた(『本光国師日記』)。家康は清韓の経歴に詐称があれば、これを失脚させることにより、豊臣方を追い詰めようとでも考えたのであろうか。ところが、板倉重昌《いたくらしげまさ》が調査した結果、清韓が紫衣の位階を得ていることが判明し、疑惑は晴れたのである。

あまりの事態に見るに見兼ねた東福寺住持の集雲守藤《しゅううんしゅとう》は、窮地に陥った清韓を救うため、崇伝に対して家康への執り成しを依頼した。しかし、崇伝は多忙を理由として要請を断り、集雲守藤からの進物も返却したという。崇伝からすれば、せっかく清韓（あるいは豊臣方）を追い詰めたのであるから、救う理由などなかったのであろう。そうでなければ、ここまで厳しく追及しないはずである。

ここまで家康が鐘銘にこだわったのには、何らかの理由があったに違いない。以後、鐘銘問題と大仏開眼供養の問題は、思わぬ方向に動き出す。

決裂した交渉

その後、鐘銘問題と大仏開眼供養はどうなったのだろうか。

慶長十九年（一六一四）七月二十六日、家康は京都の板倉重昌と片桐且元に対して、上棟、大仏開眼供養、堂供養のすべてを延期するように要請し、二人は延期することを了承した（『本光国師日記』）。事態を収拾するには、中止しか選択肢がなかった。供養が予定された前日の八月二日には準備も整っていたが、中止の一報が入ると、見物人たちは空しく引き上げたという。供養は、すでに多くの人々の関心を集めていたのである。

この時点で、釈明が認められず大仏開眼供養が中止に追い込まれたこともあり、秀頼が家康の下位に位置したことは明白になったと言えよう。単に大仏開眼供養の開催の有無という問題だけでなく、鐘銘問題も含めて政治問題と化していた。

供養の中止後、豊臣方は鐘銘問題を解決するために、駿府の家康の許へ且元を派遣した。交渉を引き受けた且元には、気の遠くなるような交渉が待ち受けており、老獪《ろうかい》な家康の前で翻弄されることになる。家康自身は且元のあとに訪ねてきた大蔵卿《おおくらきょう》の局《つぼね》（大野《おおの》治長《はるなが》の母）には面会したが、且元とは決して会おうとはしなかった。且元を応対したのは、側近の本多正純と崇伝の二人である。面会しなかった理由は、家康と且元との身分差に求められようが、且元は心理的にも厳しい状況に追い込まれたに違いない。

且元は今後の措置について、秀頼から家康・秀忠に対し、反逆の意思がない起請《きしょう》文《もん》（誓約書）を提出する旨を正純と崇伝に告げた。これが最大限の譲歩であったと考えられる。正純と崇伝から家康に豊臣方の条件が伝えられたが、その返事は「ノー」であった。それどころか、家康から明確な解決策が提示されることもなく、且元は解決策を自分で考えなければならないという事態に陥った。

後述する通り、家康が望んだのは秀頼の起請文ではなかった。それゆえ拒否したわけであるが、率直に条件を示さないところが興味深い。

反発を受けた且元

約一ヶ月間、且元は駿府に滞在し交渉に臨んだが、明確な解決策を得られず、駿府を去ることになった。大坂へ帰る途中、且元は解決策を探るべく、ただ妙案を捻り出すしかなかった。慶長十九年（一六一四）九月十八日、且元は大坂城で、①秀頼が大坂を離れ、江戸に参勤すること、②秀頼の母・淀殿が大坂を離れ、人質として江戸に詰めること、③どちらか一つでも承諾できない場合は、秀頼が大坂城を退去し国替えをすること、という三つの条件を示して事態を収拾しようとした。

おそらく且元は、家康の心中を推し量って、この提案を行ったと考えられる。家康は何も言わなかったというが、何らかの形で意向を伝えられた可能性はあろう。

結局、且元の三つの提案は、結果的に大きな反発を招いた。先に大蔵卿局が駿府で家康と面会したと述べたが、その際、家康は豊臣家に対して異心がないと述べ、淀殿に安心するようお伝え願いたいと言っており、淀殿らはすっかり安心していたのである。あらかじめ家康の言葉を受けていた淀殿らは、且元の提案が豊臣家への裏切りであると激怒し、それどころか怒りが収まらない徳川強硬派の豊臣家臣は、且元を討つと息巻いたのである。

結果的に且元にとっては、意に沿わない形で嫌疑をかけられることになった。これも家康の作戦だったのであろうか。

十月一日、身の危険を感じた且元は、一族と共に大坂城を退去し、摂津茨木《いばらき》城に立て籠もった。自動的に豊臣家に敵対したことになろう。且元の思いとは裏腹に、討伐の対象になってしまい、やがて攻め込んでくるであろう豊臣方の軍勢に備えて、城の防備を固めたのである。

且元は家康と秀頼の狭間で、複雑な立場にあった。関ヶ原の戦い以降は家康のために尽くしたことから、大和竜田《やまとたつた》二万八千石の城主となり、摂津・河内《かわち》・和泉《いずみ》の国奉行を務め、同時に秀頼の付家老的な役割を担っていた。要するに、且元を討つことは家康の家臣を討つのに等しく、家康が秀頼を討伐するための格好の口実となり、いよいよ大坂冬の陣へと突入したのである。

参考までに『十六・十七世紀　イエズス会日本報告集』によると、もともと家康と且元は結託しており、これまで述べてきた交渉の内容は、すべて二人が仕組んだ謀略であったという。こうした点も興味深いが、改めて検討の機会を持ちたい。

徳川方の意図

関ヶ原の戦い後、西軍は敗戦したとはいえ、形式的な立場は家康より秀頼が上であった。しかし、家康が慶長八年(一六〇三)に征夷大将軍に就任するなどし、両者の立場は徐々に逆転することになる。その間、家康が豊臣家を滅ぼそうと思っていたか否かは、判断が難しいところであるが、少なくとも自らの配下に収めたいとは考えたことであろう。

家康は豊臣家だけが「聖域」であること、あるいは「特別扱い」という状態を脱したかったに違いない。また、大坂という経済の中心地も魅力であったと考えられる。大坂の陣後、家康は大坂を接収するが、この時点でそうした構想はあったと考えられる。秀頼の他国への移封が条件に入っていたのは、その証左と言えよう。

方広寺鐘銘事件とは、豊臣方に揺さぶりを掛ける絶好のチャンスであった。それゆえ、家康はブレーンである天海、崇伝、羅山あるいは五山僧などを用い、豊臣方の落ち度を追及することになったと推測される。そして、解決策についても自身が提案することなく、且元に考えさせた点も誠に興味深い。そして、そこから導き出したのは、先述した三つの条件であった(家康が示唆した可能性はある)。

仮に、豊臣方が条件を飲めば、状況は変わったのかもしれないが、結局は拒否されるに至った。家康は、「拒否」という選択肢も当然予想していたであろう。

豊臣家が家康の要求を拒絶したことについては、ほかの大名の手前もあり、容易に許すわけにはいかなかった。当然、豊臣家を討伐しなくてはならなくなる。そう考えるならば、家康は豊臣家をコントロール下に置けない場合は一戦交え、滅亡させるまで戦うかは別として、少なくとも自らの優位性を示すことを第一義に置いたと考えられる。

方広寺鐘銘事件は、そうした一連の動きの一つのきっかけであり、家康が自らの正当性を担保するための一つの方策だったのである。

【主要参考文献】

笠谷和比古『戦争の日本史　関ヶ原合戦と大坂の陣』(吉川弘文館、二〇〇七年)
曽根勇二『片桐且元』(吉川弘文館、二〇〇一年)
曽根勇二『敗者の日本史　大坂の陣と豊臣秀頼』(吉川弘文館、二〇一三年)
圭室文雄「崇伝と大坂の陣」(同編『天海・崇伝――政界の導者』吉川弘文館、二〇〇四年)
本多隆成『定本 徳川家康』(吉川弘文館、二〇一〇年)
渡邊大門『大坂落城　戦国終焉の舞台』(角川選書、二〇一二年)
＊本書(単行本)刊行後、草刈貴裕「方広寺鐘銘事件をめぐる片桐且元と大蔵卿局の動向について」(二十

六世紀史論叢』一五号、二〇二一年）が公表されたので、併せて参照されたい。

渡邊大門（わたなべ・だいもん）

＊略歴は第四章を参照。

第四部

家康の戦略

第十三章 家康は戦さ巧者だったのか?

家康の合戦

歴史上の人物の政治的な能力や合戦における戦闘的な能力を数値化することは難しい。それは、現代のようにコンピューターを使って、個人の学力の偏差値や会社の利益率など、具体的な数値を打ち出して、特定の対象の能力をある程度測る作業と違って、残された史料の中から過去の事実を復元する歴史学においては、史料の残存数が対象によって一定ではないからである。

ただ、復元された過去の事実から、現在の問題を解決する方法を学ぶのが、歴史学の存在意義であるならば、歴史上の人物の政治力や戦闘力などがどのくらいあるのかは、誰しもが気になる問題であろう。

徳川家康と言えば、「海道一の弓取り」「野戦の名手」と言われる戦さ巧者とされている。前者は、家康の三河・遠江への勢力拡大の様子を評したもので、江戸時代後期の史書『徳川実紀《じっき》』では、越後の上杉謙信が家康と元亀元年（一五七〇）に同盟を結ぶ際に、家康を評した言葉として記述されている。また同書には、天正十二年（一五八四）の小牧《こまき》・長久手《ながくて》の戦いの際に、羽柴（豊臣）秀吉が家康を指して、「日本は言うに及ばず、唐・天竺《てんじく》（中国・インド）にも古今にこれほどの名大将はいない」と評したとも記述されている。後者の典拠は不明であるが、家康の七十四年の生涯における戦歴を評したものとされている。さらに、三河の一国人領主の家に生まれ、今川氏配下の一武将となり、最終的に日本全国を統一した武家政権である江戸幕府を開いたことから、辛抱強く、手堅い戦略を練る政治家・謀略家とも評価され、ひいては、家康が本質的に戦争を好まない平和主義者であるかのようにも評価されることがある。

ところで、家康の合戦の詳細な状況は、『松平記』『三河物語』『武徳編年集成《ぶとくへんねん》』など、江戸時代に成立した史料によって伝えられている。家康研究においては、これらは、松平中心史観あるいは徳川氏創業史観とも言える、「全国政権である江戸幕府を創業した徳川氏」という前提の下、その前段階である戦国時代の徳川氏の歴史を叙述しているものが多いため、そのような史観を排除しつつ、大名同士が交わした書状や家臣の戦功を賞した感状など、当時の史料を中心に研究する必要があると言われている。

だが一方で、家康だけに限らず他の戦国大名でも同様だが、合戦の詳細な状況が書かれている当時の史料は、大名や合戦ごとに差はあるものの、あまり多くない。むしろ、その直前直後の史料の方が多く残っている。そのため、軍勢の人数や武将の戦闘の様子などの詳細な状況は、新出の信頼できる史料の発見がない限り、どうしても後代の史料に依拠せざるを得ないものである。

そのような研究状況の中、本章では家康の合戦を概観して、家康が本当に戦さ巧者だったのかを考察したい。なお、本書の構成上、検討対象とする期間は、家康の初陣から天正九年（一五八一）三月の高天神城《たかてんじん》（静岡県掛川市）の戦いまでとする。

今川氏からの自立――初陣から三河統一まで

家康は、天文十六年（一五四七）九月に織田氏の人質に、天文十八年（一五四九）末に今川氏の人質となり、幼少期を主に駿府（静岡市葵区）で過ごしていたが、天文二十四年（弘治元年、一五五五）に元服して、烏帽子親《えぼしおや》である今川義元から偏諱《へんき》を受けて、竹千代《たけちよ》から松平次郎三郎元信《じろうさぶろうもとのぶ》と名乗った。弘治二年（一五五六）には、今川氏一門で元服の際の理髪役であった関口氏純《せきぐちうじずみ》の娘（築山殿《つきやまどの》）を娶った。これにより、家康は今川氏配下の一武将となり、永禄元年（一五五八）七月までには祖父清康《きよやす》の一字を取って、元康《もとやす》と改名した。

この頃の今川氏は、三河や尾張で織田氏との抗争を繰り返していたが、永禄元年春、三河寺部《てらべ》城（愛知県豊田市）の鈴木重辰が今川氏に叛き、義元から元康に鈴木氏討伐が命じられた。これが、元康の初陣とされる寺部の戦いであるが、この合戦における家康の動向は、『松平記』などの後世に書かれた史書の記述によるものが大半で、当時の詳細な様子は、現時点では不明である。なお、これより先の弘治二年（一五五六）二月に、三河日近《ひぢか》城（愛知県岡崎市）の奥平定直《さだなお》を攻撃した日近の戦いでは、元康の一族の東条《とうじょう》松平忠茂《ただしげ》が参加したとされるが、この合戦を元康の初陣とする説もあり、今後の検討課題であろう。

桶狭間の戦い

今川氏の三河方面進出が活発化する中で、永禄三年（一五六〇）五月十二日、義元が尾張平定を目指して二万五千人とも言われる大軍を率いて駿府を出発した。東海道を西進して十六日には岡崎、十七日には知立《ちりゅう》、十八日には沓掛《くつかけ》城（愛知県豊明市）を本陣とした。この時に元康は今川軍の武将として千人余の軍勢を率いて参加し、十八日夜に義元から鵜殿長照《うどのながてる》が守る大高《おおたか》城（愛知県名古屋市緑区）に兵粮を届けるよう命令され、敵中を突破して兵粮搬入を成功させた。これが、元康の知略と武勇の代名詞となった「大高城兵粮入れ」である。

十九日早朝には、今川軍が織田方の鷲津《わしづ》砦《とりで》・丸根《まるね》砦（いずれも愛知県名古屋市緑区）を攻撃、この時に元康は丸根砦を攻略したが、今川方の拠点の守備のために大高城へ入った。そして同日に、義元が桶狭間山へ進軍したところ、織田信長の奇襲によって戦死した。この桶狭間の戦いで義元が戦死したことにより、今川方は総崩れとなり、尾張東部・三河西部方面から撤退した。

大高城にいた元康は、直ちに西三河の制圧に乗り出し、七月には織田方の水野氏と石瀬《いしがせ》（愛知県大府市）で戦い、また、刈谷《かりや》城（愛知県刈谷市）付近の十八町畷でも合戦があったという。九月には、高橋郡（三河国加茂郡の矢作川以西の通称、愛知県豊田市を中心とする地域）の挙母《ころも》・広瀬《ひろせ》・伊保《いぼ》・梅坪《うめつぼ》（いずれも愛知県豊田市）でも織田方と合戦があったとされるが、梅坪での戦闘のみ古文書で確認されている。

この桶狭間の戦い直後の元康の動向について、従来は、合戦直後に元康は今川氏から独立して、独自の勢力範囲を拡大したとされていたが、本多隆成《たかしげ》氏や柴裕之氏は、元康の今川氏からの自立は永禄四年（一五六一）からで、永禄三年の段階では今川方として織田方と戦闘状態であったと指摘している（本多：二〇一〇、柴：二〇一四）。

永禄四年に入ると、元康は正月まで織田方と交戦していたが、二月頃に元康の母の実家である水野氏を仲介として織田氏と和睦した。これは、元康と信長の一時的な停戦であったが、義元の後継者である氏真《うじざね》に相談もなく独断で和睦したことから、氏真から「逆心」と見なされた。なお、通説では、この時に信長と元康が尾張国清須《きよす》で会見して清須同盟が成立したと言われているが、平野明夫氏によって、会見自体は後世の創作で、実際はなかったと指摘されている（平野：二〇〇六）。

今川氏真との戦い

信長との停戦以降、元康は氏真と交戦状態になり、三河各地の対抗勢力との合戦が続くようになる。三月に碧海《へきかい》郡中島《なかじま》城（愛知県岡崎市）の板倉重定《いたくらしげさだ》、四月初旬に幡豆《はず》郡東条《とうじょう》城（愛知県西尾市）の吉良《きら》義昭《よしあき》、四月十一日に宝飯《ほい》郡牛久保《うしくぼ》城の牧野成定《まきのなりさだ》、八月二十四日に宝飯郡長沢（愛知県豊川市）の糟谷《かすや》善兵衛《ぜんべえ》（鳥屋根《とやがね》城の戦い）、九月十三日に吉良義昭（藤波畷《ふじなみなわて》の戦い）など、元康自身ではなく家臣や一族が今川方と戦った合戦もあるが、特に四月十一日の牛久保の戦いは、柴裕之氏によって、当時の古文書に「三州錯乱」と表記されていることから、三河国内を二分する大規模な合戦であったと指摘されている（柴：二〇一四）。

永禄五年（一五六二）正月、室町幕府第十三代将軍足利義輝《よしてる》による今川氏と徳川氏の停戦命令が発令され、相模の北条氏康《うじやす》と甲斐の武田信玄にも和睦実現に協力するよう伝達された。しかし、元康は二月に宝飯郡上之郷城《かみのごう》（愛知県蒲郡市）を攻略、城主の鵜殿長照は戦死し、その子の氏長《うじなが》・氏次《うじつぐ》を捕虜として、駿府にいる元康の妻の築山殿、嫡男竹千代（のちの信康《のぶやす》）、長女亀姫と人質交換した。今川方も攻勢に出て、二月に設楽《したら》郡富永《とみなが》城（愛知県新城市）、七月に八名《やな》郡嵩山《すせ》の中山《なかやま》城（愛知県豊橋市）、九月二十二日に宝飯郡大塚《おおつか》城（愛知県蒲郡市）が攻略され、九月二十九日には宝飯郡八幡《やわた》（愛知県蒲郡市）で合戦があった。

永禄六年（一五六三）三月、元康の嫡男竹千代と信長の次女徳姫との婚約が成立して、信長との同盟が強化された。五月十二日には、宝飯郡御油口《ごゆぐち》（愛知県豊川市）で今川方と合戦があり、結果は元康の敗北であったが、これ以降、今川方の積極的な進出は史料上に見えなくなる。なお、この年の七月頃から、元康は家康と改名して、今川氏からの決別を示している。

三河の一向一揆

このように、家康が今川方に対して徐々に優勢になっていった頃、家康の領国を二分する三河一向一揆《いっこういっき》が勃発する。一揆の原因として、永禄六年六月に松平宗家譜代の重臣で今川氏との断交に反対した上野《うえの》城（愛知県豊田市）の酒井忠尚《ただひさ》との対立、兵粮の徴収における一向宗寺院の不入《ふにゅう》権《けん》（年貢等の税の徴収を免除）の侵害が挙げられ、特に家康の家臣団に一向宗門徒が多かったことから、事態が家康領国の存続にも関わる問題に発展した。さらに、この一揆に東条城の吉良義昭が家康から離反して合流、今川氏との連携を画策するようになった。

一揆軍と家康方との戦いは、永禄六年秋頃から始まり、閏十二月には家康は東条城を攻撃した。永禄七年（一五六四）正月十一日には、土呂《とろ》・針崎《はりざき》・野寺《のでら》の一揆勢が家康の家臣の大久保氏が守る上和田砦《かみわだ》（愛知県岡崎市）を攻撃したが、これを撃退した。以降、各地で一揆軍との戦闘が相次いだが、次第に家康方が優勢となり、二月初旬には水野氏からも援軍が派遣された。

二月中旬から三月初旬に一揆軍と和睦交渉が開始され、家康は一揆参加者の赦免や寺院の不入権の保護を約束したが、一揆の解体後には、一揆方の武将は三河から追放され、一向宗の僧侶には改宗を迫り、拒否した者は寺院を破却、三河からも追放された。最後まで抵抗した酒井忠尚も、九月に三河から駿河に追放された。

三河一向一揆の鎮静化後、家康は東三河の攻略を本格的に開始し、永禄八年（一五六五）三月に吉田城《よしだ》（愛知県豊橋市）、同時に田原城《たはら》（愛知県田原市）を攻略した。永禄九年（一五六六）五月九日には、牛久保城の牧野成定が家康に帰順して、家康は織田領である高橋郡と碧海郡の水野氏領を除く三河一国を統一した。十二月二十九日には、ほかの松平一族と格差を付けるため、徳川に改姓、朝廷から従五位下《じゅごいのげ》三河守に叙任され、名実共に三河一国を支配する大名となった。

姉川の戦い

永禄十一年（一五六八）十二月、武田信玄が甲相駿三国同盟を破棄して、駿河に侵攻を開始、今川氏真はこれに対抗できず、駿府から遠江懸川城《とおとうみかけがわ》（静岡県掛川市）に逃れた。これと呼応する形で、家康も同月中に遠江に侵攻、天竜川を越えて懸川城に進軍したが、容易に攻略できなかったため、永禄十二年（一五六九）正月に懸川城の近辺に砦を築き、包囲網を形成した。今川方も当初は籠城に耐えていたが、次第に劣勢となり、同年五月に徳川方と講和して懸川城は開城、氏真は妻の早川殿《はやかわどの》の実家である相模の北条氏を頼って落ち延びた。これによって、家康は遠江を制圧、信玄とは大井川を境目として、領土分割を行った。

永禄十三年（元亀元年、一五七〇）四月、家康は信長の越前朝倉《あさくら》氏攻撃を支援するために、自ら上洛して参陣したが、信長が同盟を結んでいた近江小谷《おだに》城主浅井長政《あざいながまさ》の離反によって、織田軍は越前から撤退、家康も京都へ戻り、岡崎へ帰還した。次いで六月二十八日には、再び信長の援軍として参陣、浅井・朝倉連合軍と近江国浅井《あざい》郡の姉川（滋賀県長浜市）で合戦が行われた。

姉川を挟んで対陣していた両軍は、同日未明に家康と朝倉軍の間で戦闘が始まり、最初は浅井・朝倉軍が優勢であったが、徳川軍の榊原康政《さかきばらやすまさ》が朝倉軍の側面を攻撃したことによって形勢が逆転、一方の織田軍も、浅井方の横山《よこやま》城（滋賀県長浜市）を監視していた西美濃三人衆（稲葉《いなば》一鉄《いってつ》・氏家卜全《うじいえぼくぜん》・安藤守就《あんどうもりなり》）が、浅井軍の側面を突いたことにより、浅井軍は劣勢となり、やがて浅井・朝倉軍は撤退、織田・徳川軍の勝利に終わった。

　この姉川の戦いについて、太田浩司《こうじ》氏は、一般的に知られている合戦の記述は明治三十四年（一九〇一）に発行された参謀本部編『日本戦史　姉川役』を基本にしたもので、実際は大規模な合戦ではなく、浅井長政による織田軍への奇襲とその失敗という小規模な合戦であったこと、姉川の戦いの呼称は、浅井氏側の史料では「野村合戦」、朝倉氏では「三田村合戦」など、陣を置いた場所によって呼称が違うこと、「姉川合戦」と呼称したのは徳川氏側の史料のみで、その呼称自体が徳川家康中心史観を示していることを指摘している（太田：二〇一一）。

　また、平野明夫氏は、信長・家康間の書札礼《しょさつれい》（書状などを出す時の礼法）の分析から、天正元年（一五七三）から同五年（一五七七）の間に家康の方が目下の位置になっているという変化を指摘し、それと姉川の戦いを含む元亀年間（一五七〇〜七三）の近江における争乱の際に、信長と十五代将軍足利義昭《よしあき》が共同出兵している事実から、姉川の戦いにおける家康の参陣は、信長ではなく、足利義昭の要請に応じたのであり、この時点では信長と家康は対等の関係であったことを指摘している（平野：二〇〇六）。

姉川の戦いに勝利した家康は、次第に信玄との関係を悪化させていった。これは、永禄十一年（一五六八）末の信玄の駿河侵攻の際に、家臣の秋山虎繁《あきやまとらしげ》を別働隊として信濃《しなの》から北遠江に進軍させていたこと、永禄十二年（一五六九）五月の懸川開城の際に、今川氏真の処遇について家康が信玄と相談せずに独断で行ったこと、元亀元年十月に家康が越後の上杉謙信と同盟を結んでいたことなど、以前から両者の間は不信感が漂う状態であった。

甲斐武田氏との抗争

武田信玄との戦い

また、家康は、このような事態を予見して信玄を警戒していたのか、この頃に本拠地を岡崎城から遠江浜松城（静岡県浜松市中区）へ移転し、岡崎城は信康に任せていた。そして、元亀二年（一五七一）に信玄の遠江・三河侵攻が開始されるが、これについては、当該期の古文書の年次比定を再検討した鴨川達夫氏・柴裕之氏が、元亀二年とされた遠江・三河侵攻に関する史料の年次は天正三年（一五七五）の間違いであり、元亀二年には信玄の侵攻はなかったと指摘している（鴨川：二〇〇七、柴：二〇一四）。これに対して、柴辻俊六《しばつじしゅんろく》氏は、当該期の信玄と畿内の反信長勢力との外交に関する史料の検討から、元亀二年の侵攻は存在すると指摘している（柴辻：二〇一三）。双方の説の検討は、今後の課題とするが、徳川・武田の十年近い抗争の本格的な始まりが、元亀年間であることは間違いないであろう。

当時の武田氏は、元亀二年十月に相模の北条氏康が死去したことにより、永禄十二年（一五六九）五月から上杉謙信と北条氏の間で締結されていた越相同盟が破棄され、元亀三年（一五七二）に北条氏と武田氏の間で甲相同盟を再び締結した。これにより、武田領国の東側の脅威は取り除かれ、信玄は西側への進出を開始した。元亀三年七月に飛騨《ひだ》の江馬輝盛《えまてるもり》を攻撃して、これを謙信の許へ追放した。同月に奥三河の山家三方《やまがさんぽう》衆《しゅう》（作手奥平《つくでおくだいら》氏・田峯菅沼《だみねすがぬま》氏・長篠《ながしの》菅沼氏）を調略して武田氏に帰属させ、九月に美濃国郡上《ぐじょう》の遠藤《えんどう》氏、十月に北遠江の天野《あまの》氏が武田氏に従属、十一月には東美濃の岩村遠山《いわむらとおやま》氏が織田氏から離反して武田氏へ従属した。

そして信玄自身は、駿河方面から遠江に入り、十月中旬頃に高天神城（静岡県掛川市）を攻略、信濃から青崩峠《あおくずれとおげ》を越えて遠江に進軍した山県昌景《やまがたまさかげ》と秋山虎繁の別働隊と二俣《ふたまた》（静岡県浜松市天竜区）で合流して、中根正照《なかねまさてる》・青木貞治《あおきさだはる》らが籠城する二俣城を攻撃、籠城衆の激しい抵抗に遭うものの、十一月晦日に攻略した。その後、信玄は浜松方面に向かって進軍するものの、浜松へは向かわずに三河へ進軍した。

これを見た家康は浜松城から出陣、信長からの援軍も得て、十二月二十二日、三方原《みかたがはら》（静岡県浜松市北区）で合戦が行われたが、待ち伏せていた武田軍に織田・徳川軍は大敗した。そして信玄は、元亀四年（天正元年、一五七三）正月、三河野田《のだ》城（愛知県新城市）を攻撃した。家康は吉田城まで出馬し、城将である菅沼定盈《さだみつ》らも防戦に努めたが、二月に降伏・開城した。ところが、この頃に信玄の病状が悪化したためか、武田軍は甲府へ向けて撤退し、その途中の四月十二日に信玄は信濃国駒場《こまば》（長野県阿智村）で死去した。

このような元亀三年から元亀四年の状況は、従来は信玄の上洛を目的とした西上作戦の一環とされてきたが、近年の柴裕之氏の研究などから、その目的は遠江・三河の侵攻であったと指摘されている。三方原の戦いについては、家康が自らの戒めとして、大敗したあとの自分の情けない姿を描かせた画像が有名であるが、谷口克広《かつひろ》氏によると、戦闘について書かれた史料は非常に少なく、『信長公記《しんちょうこうき》』『松平記』『三河物語』でも戦闘の展開の記述はわずかで、確実なことは戦闘が午後四時頃に始まったこと、三方原台地の中で合戦があったこと、武田軍の足軽たちが礫《つぶて》を投げたことから戦闘が始まったこと、短時間で勝負がついたことの四点であると指摘している（谷口：二〇〇六）。

武田勝頼との戦い

信玄死後、四男の勝頼《かつより》が後継者としての地位に就いたが、一方で信玄の死を契機に、家康は反撃に転じた。元亀四年五月上旬には、大井川を越えて駿河国岡部《おかべ》（静岡県岡部町）を放火したのち、遠江天方城《あまがた》（静岡県森町）をはじめとして、信玄に攻略された遠江国の諸城を奪回した。七月には、信玄に降伏した三河長篠城（愛知県新城市）への攻撃を開始、城の近辺に砦を築いて包囲網を形成、勝頼も援軍を派遣したが間に合わず、九月に開城した。

天正二年（一五七四）に入ると、今度は勝頼の反撃が開始された。まず正月には、信長の領国である東美濃の明知城《あけち》（岐阜県恵那市）を攻撃、二月に攻略した。五月には、遠江高天神城（静岡県掛川市）を攻撃、城主の小笠原氏助《うじすけ》（のちに信興《のぶおき》）は家康に援軍を要請するも、家康は単独で武田勢に当たるのを不利と考えたのか、信長の援軍を待っていたが、その間の六月に高天神城は開城・降伏した。

天正三年（一五七五）には、武田軍のさらなる攻勢が続き、四月には足助《あすけ》城（愛知県豊田市）、大野田《おおのだ》砦（愛知県新城市）、二連木《にれんぎ》城（愛知県豊橋市）など、三河国における徳川方の諸城を次々と攻略、五月一日には奥平信昌《のぶまさ》らが守る長篠城を包囲した。一方、武田軍の三河侵攻に際して、家康は各地で小規模な戦闘を行うものの、守勢に回り、武田軍が三河に迫ると嫡男信康が岡崎から出陣、家康も四月末には浜松城から吉田城に移動した。

なお、同時期に武田方に呼応して家康・信康父子の暗殺を計画した大岡弥四郎《おおおかやしろう》事件（『三河物語』では大賀《おおが》弥四郎）が発生したとされる。また、長篠城を包囲された信昌らは、家康に援軍を要請するが、この時に派遣された使者が、奥平氏家臣の鳥居強右衛《とりいすねえ》門尉《もんのじょう》で、彼が家康の下から長篠城に帰還しようとした際に、武田軍に捕まり磔刑《たっけい》に処せられた話は有名であろう。

長篠の戦い

信昌からの援軍要請を受けた家康は、さらに信長へ援軍を要請、信長は五月十三日に岐阜を出発、十四日には岡崎に到着して家康と合流し、十八日には長篠城西方の設楽郷（愛知県新城市）に進軍した。信長は極楽寺《ごくらくじ》山《やま》、家康は高松山《たかまつやま》を本陣として、有《あ》海原《みはら》で連吾川を前に馬防柵を建設した。五月二十日、長篠城を包囲していた武田軍が有海原に進軍、織田・徳川軍と対峙した。これを見た徳川軍の将である酒井忠次《ただつぐ》は、その日の夜に長篠城の付城である鳶ヶ巣山《とびがすやま》砦を奇襲して、武田軍の長篠城の包囲網を崩した。翌日、背後を取られた勝頼は、有海原に布陣した織田・徳川軍に正面から突撃、それを狙って織田・徳川軍は大量の鉄砲で武田軍を狙撃して勝利した。

この長篠の戦いは、織田・徳川軍の鉄砲の三段撃ちの有無、武田軍の騎馬隊・鉄砲隊の編制など、信長が近代的な戦法で旧時代の武田軍を打ち破った、信長の革新性を象徴する戦争としてしばしば取り上げられる。ただ、徳川氏から見た場合は、信玄の時から続く武田氏との遠江の領有をめぐる戦争の一環であり、信長は徳川氏の援軍として出陣してはいるものの、合戦前後の徳川・武田の動向を見ると、合戦の主軸は徳川氏対武田氏であろう。

長篠の戦いで織田・徳川軍が武田氏に勝利したことにより、家康は遠江方面で反撃に出た。長篠の戦いに勝利した天正三年五月以降、七月には北遠江の光明《こうみょう》城・犬居《いぬい》城（いずれも静岡県浜松市天竜区）を攻略、八月二十四日には諏訪原《すわばら》城（静岡県島田市）を攻略して、これを牧野《まきの》城（牧野原城とも）と改め、同月二十八日には小山《こやま》城（静岡県吉田町）を攻撃したが攻略には至らず、十二月二十四日には六月から包囲していた二俣城を攻略した。

武田氏を滅亡に追い込む

天正五年（一五七七）閏七月、家康は高天神城を攻撃するために出陣、高天神城の西に位置する馬伏塚《まむしづか》城（静岡県袋井市）に入り、勝頼も高天神城の支援のために小山城に入った。九月に両軍で合戦があったものの、十月二十日に勝頼が撤退、家康も二日後に浜松へ帰還し、同陣していた信康も岡崎へ帰還した。

天正六年(一五七八)三月には、家康が懸川から大井川を越えて駿河に入り、田中《たなか》城(静岡県藤枝市)を攻撃して外曲輪《そとくるわ》を破ったが、勝頼が小山城に入ったため、家康は牧野城に入った。七月になると、家康は高天神城攻撃の前線基地として、城の南西に横須賀《よこすか》城(静岡県掛川市)を築き、馬伏塚城主であった大須賀康高《おおすがやすたか》を城主とした。八月には、家康・信康父子が小山城・田中城を攻撃し、田中城周辺で苅田《かりた》(収穫前の稲を刈り取って敵の兵粮を断つ戦法)を行った。

十月末には勝頼が遠江に出陣して、十一月三日に横須賀城へ迫る勢いを見せたが、家康・信康父子が馬伏塚城から出陣して支援を行ったため、勝頼は十二日に高天神城から撤退した。天正七年(一五七九)四月にも勝頼が駿河から出陣したが、家康・信康父子が馬伏塚城から出陣して応戦、勝頼は間もなく撤退した。

このように、この期間の徳川・武田間の攻防は、相互の拠点を攻撃する局地戦で決着がつかない小康状態であったが、天正七年八月に北条氏が徳川氏と手を組む事態になったことから、勝頼は伊豆方面からの北条氏の攻撃にも対処せねばならず、これと呼応して家康も駿河方面へ出兵した。天正八年(一五八〇)に入ると、三月に大坂砦・相坂砦・中村砦を築き、六月には獅子ヶ鼻《ししがはな》砦などを築いて、高天神城を包囲する城塞群を建設した。この間に、高天神城の籠城軍から降伏・助命の嘆願があり、家康が信長にその旨を報告したところ、信長はそれを許さなかった。

天正九年（一五八一）三月二十二日、家康の攻撃に際して、守将の岡部元信《もとのぶ》をはじめとする籠城衆が一斉に城外へ出陣、元信以下の将兵が討死して、高天神城は開城した。これにより、武田氏の勢力は東海地方から大きく後退し、駿河江尻《えじり》城代で武田氏の一族衆である穴山信君《あなやまのぶきみ》が家康に投降するなど、武田氏から離反する者が相次いだ。

そして、信濃方面から織田氏、駿河方面から徳川氏と北条氏が武田領国に侵攻を開始、天正十年（一五八二）三月に勝頼が天目山《てんもくざん》（山梨県甲州市）で自刃して武田氏は滅亡した。

家康の戦争の特徴

❶城砦建設による包囲網の形成

以上、家康の合戦を時系列で概観してきたが、そこに見られる特徴として、①城砦建設による包囲網の形成、②知行宛行による誘降工作、③近隣勢力との外交、の三点を挙げることができる。

①は、桶狭間の戦い後から当時の史料上で確認できる戦法で、例えば永禄四年（一五六一）六月二十七日に家臣の本多広孝《ひろたか》と松井忠次《ただつぐ》に宛てた書状で、戦功を挙げた二

人に知行地の給付を約束しているが、その中で「今回小牧で取手（砦）を築いたことは祝着である」「今回東条の津の平に取手を築いたことによる勲功として」など、合戦における城砦建設が確認できる。

天正三年（一五七五）の長篠の戦いでは、酒井忠次が鳶ヶ巣山砦を攻略して、武田軍の長篠城包囲網を崩したことが織田・徳川軍の勝利に貢献しており、天正五年（一五七七）から始まる高天神城の攻略では、高天神城周辺の城に軍勢を駐屯させるだけでなく、新しい砦を次々と建設して、城砦群による包囲網を形成した様子が、一族の深溝《ふこうず》松平家忠《いえただ》の日記である『家忠日記』など、当時の史料からも確認できる。

城砦の規模の問題もあろうが、天正十八年（一五九〇）の小田原攻めで、豊臣秀吉が小田原城の付近に石垣山《いしがきやま》城を一夜で建設して、北条方を圧倒させた事実などから推測すると、複数の城砦を建設することにより、敵方に圧迫感を与える効果を期待した戦法をとっていたと考えられる。

❷知行宛行による誘降工作

②は、家康に限らず他大名でも見られるが、合戦前に敵方への誘降工作として、味方に付くことを条件に、従来からの知行地の領有の保障（本領安堵）や戦功による新たな知行地の付与（新恩給与）を約束することである。実は、家康に関する史料の中

で、単純に戦功を賞した感状や合戦の状況を説明するような書状など、家康の合戦の様子を具体的に示す史料は残存量が少ない。しかし、合戦後に行われた知行宛行の史料の中には、「今回の忠節により」「今回の遠江侵攻によって」など、戦功を理由とした知行宛行が行われたことを示す文言がある。また、永禄七年（一五六四）の東三河侵攻に際しては、奥三河の奥平定能《さだよし》に十二ヶ所で三千五百貫を、二連木城の戸《と》田《だ》重貞《しげさだ》に十五ヶ所で二千九百六十九貫を与えることを約束しており、永禄十一年（一五六八）十二月の遠江侵攻では、西遠江の井《い》伊谷《いのや》三人衆（菅沼忠久《ただひさ》・近藤康用《こんどうやすもち》・鈴木重時《しげとき》）に対し、家康に味方することを条件に本領安堵と新恩給与を約束している。

　史料の残存量も少なく、史料上の僅かな記載からの推測のため、簡単に言い切れることではないが、家康は合戦前に相当数の知行宛行の約束を行った可能性があり、そのことから、合戦前に自分に有利な状況を作ることを徹底して行っていたのではないだろうか。

　後年、慶長五年（一六〇〇）の関ヶ原合戦の際に、家康は伊達政宗に対して、味方をすれば百万石を与える約束をしたとされるが、空手形になってしまう可能性を含みつつも、自分に味方をすれば確実に恩賞があることを示すことによって、合戦を有利に展開させる戦法をとっていたと考えられる。

③近隣勢力との外交

③も、当時の大名が諸勢力との離合集散を繰り返して、自己の勢力を拡大あるいは維持していたことは、周知の事実である。家康も今川氏配下の一武将として出発してから、織田氏との同盟、武田氏との一時的な提携と長期に及ぶ抗争、北条氏との同盟など、近隣諸勢力との外交によって自己の勢力圏を拡大していったことが、当時の史料でも確認できる。だが、ここで注目すべきは、家康がほかの大名家と比べて、一族衆を強力な後ろ盾として勢力を拡大できなかったため、自らの裁量で外交を展開していかなければならなかったことである。

大名である以上、自分の裁量で政治を行うのは当然だが、武田氏、北条氏、織田氏などの戦国大名の家では、引退した前当主が領国全体の支配者となり、家を継いだ現当主を外交などの場面で支えながら領域を維持する方法が多く見られる。しかし、家康の場合、前当主である父広忠《ひろただ》の急死、三河松平一族の勢力争いなどが理由で、その方法がとれず、また、大規模な軍団を組織することも容易でなかった。そのため、大勢力の傘下に属することを含めて、自らの裁量で状況を判断して行動する必要性がほかの大名家よりも高かったと言える。

そのことから推測すると、家康は武器を取って戦う方法よりも、外交によって合戦を有利に導く方法をとらざるを得なかったと考えられる。後年、豊臣政権下の五大老の地位にまで昇り詰め、やがて天下の政治を差配することになるが、その根底には、今川氏・織田氏・武田氏・北条氏との外交経験があったのではないだろうか。

このような家康の合戦の特徴から考えると、家康は、自己の勢力が他勢力よりも小規模だった経験から、直接的な武力よりも、威圧・報酬・外交など、なるべく武力を使わずに相手より優位に立つ方法を模索し続けていた武将で、戦さ巧者というよりは、現場に忠実な対応を行った現実主義者と言えるのではないだろうか。

【主要参考文献】

太田浩司『浅井長政と姉川合戦――その繁栄と滅亡への軌跡』(サンライズ出版、二〇一一年)
小川雄・柴裕之編著『図説 徳川家康と家臣団』(戎光祥出版、二〇二二年)
鴨川達夫『武田信玄と勝頼――文書にみる戦国大名の実像』(岩波新書、二〇〇七年)
久保田昌希編『松平家忠日記と戦国社会』(岩田書院、二〇一一年)
久保田昌希・大石泰史編『戦国遺文 今川氏編』第三巻(東京堂出版、二〇一二年)
柴辻俊六「戦国期武田氏の遠江支配」(『日本歴史』七七七号、二〇一三年)
柴裕之『戦国・織豊期大名徳川氏の領国支配』(岩田書院、二〇一四年)
柴裕之『徳川家康 境界の領主から天下人へ』(平凡社、二〇一七年)
柴裕之『青年家康 松平元康の実像』(角川選書、二〇二二年)
谷口克広『戦争の日本史 信長の天下布武への道』(吉川弘文館、二〇〇六年)
日本史史料研究会編『信長研究の最前線――ここまでわかった「革新者」の実像』(洋泉社歴史新書y、二

〇一四年）
平野明夫『徳川権力の形成と発展』（岩田書院、二〇〇六年）
平山 優『敗者の日本史9 長篠合戦と武田勝頼』（吉川弘文館、二〇一四年）
本多隆成『定本 徳川家康』（吉川弘文館、二〇一〇年）
本多隆成『徳川家康と武田氏 信玄・勝頼との十四年戦争』（吉川弘文館、二〇一九年）
山田邦明『愛知大学綜合郷土研究所ブックレット 戦国時代の東三河――牧野氏と戸田氏』（あるむ、二〇一四年）
＊このほかにも『愛知県史』資料編・織豊1（二〇〇三年）をはじめとして、愛知県・静岡県内の各自治体史を参考にした。

千葉篤志（ちば・あつし）
一九八一年生まれ。日本大学文理学部人文科学研究所研究員。
◉主要業績 「戦国大名間の同盟に関する一考察――越相同盟における上杉氏側の同盟認識について」（『史叢』七七号、二〇〇七年）、『史料集「萬葉荘文庫」所蔵文書』（共編、日本史史料研究会 二〇一三年）、『史料集「柴屋舎文庫」所蔵文書2』（共編、日本史史料研究会 二〇一五年）など。

第十四章 家康はどのように大名統制を進めたか？

変わる「関ヶ原の戦い」の評価

慶長五年（一六〇〇）の関ヶ原の戦いでの勝利を経て、徳川家康が天下人へと大きく前進したことは周知の通りである。そして豊臣家は一大名へと転落し、家康は譜代大名を、豊臣家を抑えるように配置すると共に、豊臣系大名を遠方へ追いやったとされた。

ところが近年、戦い自体はあくまでも豊臣家内での戦いであって、家康は豊臣家の重臣という立場から脱却したわけではなかったと考えられている。また、戦い自体は勝利したものの、息子の秀忠率いる徳川家の本隊が間に合わず、豊臣系大名の兵力に頼らざるを得なかった。そのため、戦後の論功行賞において、豊臣系大名を優遇せざるを得なかったと指摘される（笠谷：二〇〇八）。本稿では、そのような立場であった家康が、諸大名を統制していく過程を検証していきたい。

関ヶ原の戦い後

関ヶ原の戦い後、いわゆる西軍側であった石田三成・小西行長《ゆきなが》・宇喜多秀家《うきたひでいえ》・長宗我部盛親《ちょうそかべもりちか》ら八十八名の領地が収公された。また、毛利輝元《てるもと》・上杉景勝《かげかつ》・佐竹義宣《よしのぶ》ら五名が削減された。その合計高は約六百三十万石。当時の日本の総石高が約千八百万石であったので、そのおよそ三分の一を家康が没収することに成功した。

しかしながら、この時、家康は完全に自らの意思で差配することはできなかった。その証拠の一つが、自らの名で領知朱印状《りょうちしゅいんじょう》を出せなかったことである（藤井：二〇〇八）。家康は未だ豊臣家の重臣である以上、豊臣秀頼を飛び越えて自らが諸大名に宛行状を出すわけにはいかなかった。また、豊臣系大名を優遇し、没収した六百三十万石のうちの八割に相当する五百二十万石を彼らに与えた。

一方で、家康は諸大名への優位性を持ち始めていた。すでに、関ヶ原の戦い前の慶長四年（一五九九）に、加賀の前田利長が自らの母や家老の子息を江戸に人質として送っていた。こののち幕府は「証人制」として、大名一族や家老の子息を江戸に置く。人質の意味合いが強いものである。

関ヶ原の戦い後、肥前佐賀の鍋島直茂《なべしまなおしげ》・勝茂《かつしげ》父子が家康の許へ上洛・参勤した。二人は翌年にも江戸へ参府した。また、前田利長も、養子利常《としつね》と秀忠の娘が婚姻したことに合わせ、慶長七年(一六〇二)に江戸へ参府するなど、江戸へ参勤する大名が現れ始めた(丸山:二〇〇七)。

同年には、豊前《ぶぜん》小倉の細川忠興《ただおき》に江戸で賜邸が行われ、諸大名に邸地が与えられるようになる。

将軍宣下

慶長八年(一六〇三)二月、家康は征夷大将軍に補任《ぶにん》される。未だ秀頼が健在であるとはいえ、名実ともに武家の棟梁となった。これにより、家康は独自に諸大名に命令を発する権限を得た。

同年三月より、家康は幕府の本拠地である江戸市街の大改造を始める。この時、前田利長・伊達政宗・上杉景勝・池田輝政《てるまさ》・福島正則《まさのり》・加藤清正ら大大名を動員した。翌年には江戸城の改築も進められ、こちらも浅野幸長《よしなが》・黒田長政《ながまさ》・鍋島直茂ら有力大名が動員された。

このように、幕府主導で諸大名を動員して城普請を行うことを「天下普請」と呼ぶが、諸大名はその後も立て続けに天下普請を命じられる。彦根城・伏見城・駿府城・丹波《たんば》篠山《ささやま》城・名古屋城などである。これは豊臣勢への対抗という意味と、将軍と大名との主従関係を相互に確認するという意味があったことが指摘されている（笠谷：一九九二）。

家康が将軍宣下を受けた年、黒田長政・蜂須賀《はちすか》至鎮《よししげ》・上杉景勝・池田輝政・毛利輝元・加藤清正などの諸大名が参勤を行った。江戸へ参勤し、妻子を江戸に置く大名が増えつつあった。丸山雍成《やすなり》氏によると、秀吉も諸大名に伏見あるいは大坂に邸地を与え、妻子をそこに留め置くことを進めており、諸大名も秀吉の許に参勤を行っていたことから、江戸時代の参勤交代の雛型は、秀吉の時代にほぼできあがっていたとする（丸山：二〇〇七）。家康の政策は、先行制度を継承したものであった。

秀忠の将軍宣下

慶長十年（一六〇五）、家康は秀忠に将軍職を譲った。将軍宣下に当たり、秀忠は諸大名を従えて上洛した。以降、家康は「大御所」と名乗る。

しかし、武家の棟梁としての立場は家康が保持し続けた。秀忠への将軍宣下の前年に当たる慶長九年（一六〇四）八月、家康は諸大名に対して、支配する村々別に田畠高を書き上げた「郷帳《ごうちょう》」と、郡・村・村高・道や川などを描いた「国絵図」の作成・提出を命じた。大名の領地と国土の把握を目指したのである。国絵図・郷帳提出時には将軍職は秀忠へ移っていたが、大御所家康へ提出された。

また、諸大名への領知宛行は、秀忠からの宛行へと移行を進めてはいたものの、最終的には家康によってなされていた（藤井：二〇一一）。「天下人」は家康であり、家康が大名統制を進めていたことは明らかである。

慶長十一年（一六〇六）四月、家康は朝廷に対して、武家の官位を幕府の奏請なしに与えないよう求めた。朝廷と諸大名との個別の関係を断ち切ることと、武家官位を幕府が把握することによって、大名を統制する意図があった。

秀忠が江戸城へ、家康が駿府城へ移ることにより、諸大名が江戸と駿府へ参勤するようになった。慶長十四年（一六〇九）、家康は秀忠に対して、上方大名の証人を査検させた。併せて北国・中国・西国の諸大名に対して江戸への参勤と同地での越年を命じている（丸山：二〇〇七）。証人と参勤交代を着々と制度化させ、大名家への統制を確立させていく様子が見てとれる。もっとも、江戸への参勤交代が法制化されたのは、家康死後の寛永十二年（一六三五）の武家諸法度である。証人制は寛文五年（一六六五）に廃止されるが、その後も大名の妻子が江戸に在住することは続けられる。

誓紙の提出

諸大名への統制を強めていく中で、慶長十六年（一六一一）、家康は初めて諸大名へ法度を出した。

同年三月、家康は後陽成《ごようぜい》天皇の譲位と後水尾《ごみずのお》天皇の即位のために上洛していた。後陽成天皇の譲位の翌日、豊臣秀頼と二条城において会見する。そして四月十二日、後水尾天皇の即位した日に、上洛していた諸大名に対して、次のような誓紙を提出させた（『徳川禁令考』）。

条々

一、右大将家以後、代々公方の法式のごとく、之《これ》を仰ぎ奉るべし。損じてを考えられて、江戸より御条目を出ださるにおいては、いよいよ堅くその旨を守るべき事。

一、あるいは御法度に背き、あるいは上意を違えるの輩、各《おのおの》国々に隠し置かれべからざる事。

一、各抱え置くの諸侍以下、もし反逆・殺害人たるの由、その届けあるにおいては、互いに相抱えられべからざる事。

右条々もし相背くにおいては、御糾明を遂げられ、速やかに厳重の法度に処せられるべきもの也。

慶長十六年四月十二日

右大将家とは、源頼朝を指す。歴代将軍の「法式」のように、諸大名は幕府の法度を順守すべきとする。徳川家が歴代将軍の継承者であることを強調している。

この誓紙を上げたのは、細川忠興・池田輝政・福島正則・島津家久《いえひさ》・前田利常・加藤清正・黒田長政・藤堂高虎《とうどうたかとら》・蜂須賀至鎮・山内忠義《やまうちただよし》・鍋島勝茂ほか合計二十二名の北国・西国の有力大名である。翌慶長十七年（一六一二）には、上杉景勝・丹羽《にわ》長《なが》重《しげ》・伊達政宗・立花宗茂《たちばなむねしげ》・佐竹義宣・最上義光《もがみよしあき》ら東国大名十一名が秀忠に対して誓紙を上げた。また、小大名五十名も誓紙を上げている。

徳川家に臣従することを諸大名が誓ったわけであるが、この際はまだ「誓紙」という形をとっている点に着目する必要がある。誓紙は誓約する側が承知しなければならない。藤井讓治《じょうじ》氏は、定められた法が未だ一方的に押し付けられるわけではなく、家康が絶対的な優位性を確立していない、と指摘する（藤井：一九九一）。

大坂の陣後

慶長十九年（一六一四）・二十年（一六一五）の大坂冬の陣・夏の陣については、それだけで一稿をなすべきものであるが、ここでは、豊臣方からの勧誘が諸大名へ行われながらも、結局豊臣家ではなく、皆徳川家に従軍したという事実を指摘しておきたい。家康は制度面ではまだしも、諸大名を服従させることには成功していたのである。

大坂夏の陣終結後の慶長二十年閏六月、幕府は西国の外様大名を中心に、居城以外の支城の破却を命じた。「一国一城令」と呼ばれるものである。

ただし、細川家の豊前中津《なかつ》城や藤堂家の伊賀上野《いがうえの》城のように、破却を免れた支城があることも付け加えておきたい。このうち藤堂家は伊勢国と伊賀国に領地が広がっており、あくまでも一国に一城と考えられて破却を免除されたのである。

一方、長門《ながと》国と周防《すおう》国の二国に領地がありながら、毛利家では、一族の吉川広家《きっかわひろいえ》の居城である周防岩国《いわくに》城を破却した。このことから、大名家によって対応が分かれたことが窺える。

居城は大名の軍事的拠点となる。そのため、この法令は大名統制策の意味合いが大きいが、一方で、大名の有力家臣が支城を所持することが難しくなった。毛利家も、一族で家臣でもある吉川家の力を削ぐことを念頭に置いたのであろう。「一国一城令」は、軍事面において、大名が家臣に対して優位性を持つ結果を招いた。

武家諸法度

慶長二十年（一六一五）七月、幕府は武家諸法度を制定する。大名統制という視点から見ても、一つの集大成と言えるものである（全文は参考資料として後掲する）。まずは要点を紹介したい。

第一条では、「文武弓馬の道」を嗜むように命ずる。

第二条では、群飲佚游《ぐんいんいつゆう》（酒食遊興）を禁ずる。

第三条では、法度に背いた者を領内に隠して置くことを禁止する。

第四条では、国々大名・小名・諸給人《きゅうにん》の抱える士卒《しそつ》について、反逆あるいは殺害人であるとの告発があれば領内から追放するよう命ずる。この条文をもって、武士が簡単に他家へ奉公することが困難になった。以前の家から訴えがあると、次の家が召し抱えることが難しくなるからである。結果的に大名側の優位性が強調され、下剋上の風潮を抑えることとなった。

第五条では、他国人を自国に置くことを禁ずる。しかし、他国の人間が多く行き交う実情から現実的ではないと考えたためか、のちの武家諸法度では削除された。

第六条では、居城の修復であっても、必ず幕府へ届けることと、新儀の造営を禁止する。一国一城令を踏まえ、居城についても幕府への届け出が必要となった。

第七条では、隣国において新儀を企て、徒党を組む者があれば早速言上すべきことを述べる。

第八条では、私《わたくし》に婚姻を結ぶことを禁止する。豊臣政権下の文禄四年（一五九五）の「御掟」でも同様の文が見られる。しかし、家康自身がこの掟を破ったことはよく知られている。諸大名が勝手に徒党を組まないように制定したのは明白である。

第九条では、諸大名の参勤作法について述べる。江戸への参勤ではなく、京都への参勤時の規定である。この法度制定時には、京都に滞在する大名も多かった。ただし、厳密な解釈は研究者によって異なる。塚本学《まなぶ》氏は、同条文は家康ではなく、天皇への参勤であるとし、天皇への参勤を抑える必要から制定されたとする（塚本：一九七二）。一方、丸山雍成氏は家康への伏見城・二条城への謁見を念頭に出されたとする（丸山：二〇〇七）。いずれにせよ、寛永十二年（一六三五）の家光政権下の武家諸法度より、江戸への参勤交代の規定へと変わるのである。

第十条では、衣装の規制について述べる。

第十一条では、乗輿の規制について述べる。

第十二条では、諸国諸侍の倹約を命じる。

第十三条では、「国主」は政務の「器用」な人物を選ぶべきこととする。

法度自体は秀忠の名前で出されているものの、実際には大御所である家康が金地院《こんちいん》崇伝《すうでん》に命じて作成させたものである。この法度には宛所《あてどころ》がなく、将軍が一方的に制定する形になっているところが注目できる。

第三条と第四条は、先述の慶長十六年（一六一一）に出された誓紙から踏襲したものである。また、大名統制という視点からは逸れるが、第一条・第十二条・第十三条などは大名や武士に求める姿を幕府が示したという点が注目できる。また、第二条・第十二条・第十三条などは室町幕府の『建武式目《けんむしきもく》』を踏襲したものであり、幕府がこれまでの武家政権の後継組織であること、そして諸大名などへも、ふさわしい「領主」として領地を支配するように求めていると解釈することができる。家康は徳川家を頂点とする、新たな武家社会を構築しようとしていた。

個別的事例

ここまでは主に制度面から大名統制について見てきた。ここからは、個別具体的な大名家の事例を紹介して、家康と大名の関係を見ていきたい。

家康の時代、多くの大名家が改易《かいえき》になった。確かに、関ヶ原の戦いで功績のあった小早川秀秋《ひであき》も、家康の実子である松平忠吉《ただよし》ですら跡継ぎがなく改易となっている。そのため、家康は隙あらば有力大名を取り潰そうとしたと考えられることも多い。しかし、家康の介入を受けながら、家内の問題を解決した大名家があったことも事実である。

①井伊家

井伊《いい》家はもともと三河譜代ではないものの、藩祖である直政《なおまさ》の活躍もあり、譜代大名の中でも最高の格式を有するに至った。関ヶ原の戦い後に石田三成の旧居城であった近江佐和山《さわやま》城へ移ったが、わずか二年で亡くなってしまった。関ヶ原の戦いの際の鉄砲傷が原因とも言われる。跡を継いだのは嫡男の直継《なおつぐ》（のち直勝《なおかつ》）である。しかしながら、直継は家督相続時に十三歳と若く、なおかつ病弱であった。

慶長十年（一六〇五）、井伊家で家臣団を二分する対立が起こる。重臣河手《かわで》良行と椋原正直《はらまさなお》らが、同じく重臣で対立する鈴木重好《すずきしげよし》の不法を幕府に訴え出たのである。家康は鈴木父子の追放を決めるものの、井伊家中を統率していた木俣守勝《きまたもりかつ》の執り成しで、この時は父子とも井伊家にとどまることになる。

しかし、二年後の慶長十二年（一六〇七）、西郷重員《さいごうしげかず》と鈴木重辰《しげたつ》（重好の子）の争論が起こり、家中騒動が再燃する（彦根市史編集委員会：二〇〇八）。これらの問題に対して、直継は解決に向けた方策を見出すことができなかった。

ところで、直継には同い年で異母弟の直孝《なおたか》がおり、大坂冬の陣では兄の代わりに井伊家の家臣団を率いていた。

家康は冬の陣後の慶長二十年（一六一五）二月、直継に与えられていた直政の家督を改めて直孝に与えた。直継には上野《こうずけ》国安中《あんなか》（群馬県安中市）三万石を分知されて、家臣団も分割した。家康は井伊家を二つに分けることで、井伊家の危機を救うこととしたのである。

②池田家

池田輝政は、播磨《はりま》姫路城を整備した武将として知られている。後室として家康の娘を娶り、家康の信頼も厚かった。関ヶ原の戦い後は播磨を中心に五十二万石を領した。また、庶子忠継《ただつぐ》は慶長八年（一六〇三）に備前国を、同じく忠雄《ただかつ》は慶長十五年（一六一〇）に淡路国をそれぞれ与えられた。この二人は家康の外孫に当たる。輝政は、これら庶子の石高と合わせて八十万石となり、「西国将軍」とも呼ばれるようになる。

慶長十八年（一六一三）に輝政が亡くなると、家督を相続したのが嫡男の利隆《としたか》である。利隆は輝政と前妻との子で、家康の血を引いていない。領地と家臣団をどのように分割するかがにわかに問題となった。このうち領地については、利隆に宍粟《しそう》・赤穂《あこう》・佐用《さよう》三郡を除く播磨国、忠継には備前一国と先述の播磨三郡、忠雄は淡路国を引き続き領することとなった。

次に、家臣団をどのように分割するかについて、利隆と忠雄・忠継の母である良正院《りょうしょういん》がそれぞれ家康に案を提出している。この時家康は、良正院の案は備前行きの家臣が多いと不快感を示し、利隆の案を受け入れている（次田：二〇〇五）。

家康は、池田家の家臣団構成に干渉できる立場にあった。一方で、家康が娘である良正院ではなく利隆の意見を取り入れたことは、家康側にも「公儀」としての公正な判断が求められていることを示している。

ほかにも、慶長十年（一六〇五）に土佐藩の山内一豊《かつとよ》が死去した際は、家康は嫡男忠義を実父の康豊《やすとよ》（一豊の弟で忠義の父。忠義は一豊の養嗣子）が補佐するように命じているし、慶長十六年（一六一一）に熊本藩の加藤清正が亡くなった際は、藤堂高虎に嫡男忠広《ただひろ》の後見を命じた。家康が諸大名の問題に介入することは、大名家を統制する一面がある一方、諸大名の統治が滞らないためでもあった。

幕府と藩を取り持つ「取次」

このような家康と大名との間を仲介する役割を果たすのが、「取次《とりつぎ》」と呼ばれる存在である。「取次」制度自体は、秀吉時代から存在しており、秀吉死後、家康は取次のシステムを継承する。山本博文《ひろふみ》氏によると、家康は当初、豊臣系大名を「取次」としている。これは家康が豊臣家の「五大老」の筆頭格として、豊臣政権内での自らの地位を積極的に活用したからである。しかし、関ヶ原の戦いから家康の将軍宣下を経て以降、取次は家康の側近で固められるようになる(山本：一九九〇)。

江戸時代初期は、幕府組織が未熟であったこともあり、取次の存在は諸大名にとっても重要であった。田中誠二氏は取次について、出頭《しゅっとう》(年寄)の中から大名が選択し、依頼するという性格のもので、大名側が別人に乗り換えることもあること、また取次を依頼しても、相手から拒絶されることもあり得るとする。

田中氏によると、萩《はぎ》藩毛利家では関ヶ原の戦い後、井伊直政を取次に擬したとする。その後、家康の大御所時代になって、家康へは本多正純《まさずみ》、秀忠へは本多正信《まさのぶ》が取次となった。毛利家では取次へ城地選定や一族の参勤などについて「指南《しなん》」を依頼している(田中：一九九二)。

また、先述の池田家の家臣分割の事例では、家康の側室である阿茶局《あちゃのつぼね》が執り成しを行っている（次田：二〇〇五）。取次を女性が行うこともあったのである。

徳川公儀の確立

関ヶ原の戦い後、家康は「天下人」としての地位を確立していった。それに伴い、各大名への統制を強めていった。その中には、取次や参勤など秀吉時代からの制度を活用したものもあった。

また、家康は幕府の「公儀」としての立場を確立していった。諸大名にも「公儀」の一員としての自覚を促すと共に、必要とあらば諸大名への介入を行った。その際も恣意的なものではなく、自らが「公儀」であるという側面を忘れなかった。そして諸大名統制は、大名の家臣団への優位性へも繋がることになった。

元和二年（一六一六）四月十七日、家康は他界する。家康の政策は形を変えつつ継承されていく。武家諸法度は少しずつ内容を変えながら、新将軍就任の際に諸大名へ読み聞かせるようになった。天下普請はやがて城自体が築かれなくなり、三代家光の時代をもってほぼ終わるものの、大河川の普請が命じられることになる。「御手伝普請」と呼ばれるものである。参勤交代は江戸時代を通して執り行われる。家康時代の大名統制策が、その後の将軍家―大名家の関係を大きく規定していくのである。

【参考資料】

武家諸法度（慶長二十年）全文（『徳川禁令考』）

＊ここでは読み下し文とし、適宜送り仮名と読み仮名を付した。

一、文武弓馬の道、もっぱら相嗜むべき事。
左文右武は古の法なり。兼備せざるべからず。弓馬はこれ武家の要枢なり。兵を号《なづ》けて凶器となす。已《や》むを得ずしてこれを用ふ。治にして乱を忘れず、何《いかん》ぞ修練を励まざらんや。

一、群飲佚游《ぐんいんいつゆう》を制すべき事。
令條に載する所、厳制殊に重し。好色に耽《ふけ》り、博奕《ばくえき》を業とするは、これ亡国の基なり。

一、法度に背くの輩、国々に於いて隠すべからざる事。
法はこれ礼節の本なり。法を以て理を破り、理を以て法を破らず。法に背くの類《たぐい》、その科《とが》軽からず。

一、国々の大名、小名ならびに諸給人、各々相抱えの士卒、叛逆殺害人たりと告ぐる者あらば、速やかに追い出すべき事。それ野心を挟《さしはさ》むの者、国家を覆すの利器、人民を絶やすの鋒剣たり。豈《あに》、允容《いんよう》するに足らんや。

一、自今以後、国人の外、他国者に交わりを置くべからず。およそ国に因りてその風これ異なり。或いは自国の密事を以て他国に告げ、或いは他国の密事を以て自国に告ぐるは、佞媚《ねいび》の萌《きざ》しなり。

一、諸国の居城、修補たりといえども必ず言上すべし。況《いわん》や新儀の構営、堅く停止せしむる事。

城、百雉を過ぐるは国の害なり。峻塁《しゅんるい》・浚湟《しゅんこう》、大乱の本なり。

一、隣国において新儀を企て、徒党を結ぶ者これあらば、早く言上致すべき事。

入皆党《たむら》あり。また達する者少なし。ここを以て或いは君父に従わず、にわかに隣里に違う。旧制を守らず何ぞ新儀を企てんや。

一、私《わたくし》に婚姻を締《むす》ぶべからざる事。

それ婚合は陰陽和同の道なり。容易にすべからず。睽《けい》に曰く、寇《こう》にあらずして婚《こん》媾《こう》せば、志、まさに通ず。寇《こう》すれば則ち時を失うと。桃夭《とうよう》に曰く、男女正を以てし、婚姻時を以てすれば国に鰥民《かんみん》無きなり、と。縁を以て党をなす、これ姦謀の本なり。

一、諸大名参勤作法の事。

続日本紀制に曰く、公事に預からずして、恣《ほしいまま》に己族を集むるを得ず。京裡《きょうり》二十騎以上、集行するを得ず云々と。然らば則ち多勢を引率すべからず。百万石以下、二十万石以上は二十騎を過ぐるべからず。十万石以下は、その相応たるべし。けだし公役の時はその分限に随うべし。

一、衣装の品、混雑すべからざる事。

君臣上下、格別たるべし。白綾、白小袖、紫袷《あわせ》、紫裏、練《ねり》、無紋小袖、御免なき衆、猥《みだ》りに着用あるべからず。近代、郎従諸卒、綾羅《りょうら》錦繍《きんしゅう》等の飾服、古法にあらず。甚だ制しおわんぬ。

一、雑人、恣《ほしいまま》に輿に乗るべからず事。

古来、その人により御免無く乗る家、これあり。御免以後乗る家これ有り。然るに近来、家郎諸卒に及び輿に乗る。誠に濫吹《らんすい》の至りなり。向後においては、国大名以下一門の歴々は、御免に及ばず乗るべし。その外、昵近《じっこん》の衆、ならびに医陰両道、或いは六十以上の人、或いは病人等、御免以後乗るべし。家郎従卒の恣に乗るは、その主人越度《おちど》たるべし。但し、公家、門跡、ならびに諸出世の衆は制限にあらず。

一、諸国諸侍、倹約を用ひらるべき事。
富者はいよいよ誇り、貧者は及ばざるを恥づ。俗の凋弊《ちょうへい》、此より甚だしきは無し。厳制せしむ所なり。
一、国主は、政務の器用を撰《えら》ぶべき事
凡そ治国の道は人を得るに在り。明らかに功過を察し、賞罰必ず当たり、国に善人有らば、則ちその国いよいよさかんなり。国に善人無くば、則ちその国必ず亡ぶ。これ先哲の明誡《めいかい》なり。

右、この旨を相守るべき者なり。

慶長二十年七月

【主要参考文献】

笠谷和比古「将軍と大名」(藤井譲治編『日本の近世3　支配のしくみ』中央公論社、一九九一年)
笠谷和比古『近世武家社会の政治構造』(吉川弘文館、一九九三年)
笠谷和比古『関ヶ原合戦――家康の戦略と幕藩体制』(講談社学術文庫、二〇〇八年)
田中誠二「藩からみた近世初期の幕藩関係」(『日本史研究』三五六号、一九九二年)
塚本 学「武家諸法度の性格について」(『日本歴史』二九〇号、一九七二年)
次田元文「池田利隆の家臣団編成について」(『岡山地方史研究』一〇五号、二〇〇五年)
藤井譲治「『法度』の支配」(藤井譲治編『日本の近世3　支配のしくみ』中央公論社、一九九一年)

藤井讓治『徳川将軍家領知宛行制の研究』（思文閣出版、二〇〇八年）
藤井讓治『日本近世の歴史1　天下人の時代』（吉川弘文館、二〇一一年）
深谷克己『大系日本の歴史9　士農工商の世』（小学館ライブラリー、一九九三年）
丸山雍成『参勤交代』（吉川弘文館、二〇〇七年）
山本博文『幕藩制の成立と近世の国制』（校倉書房、一九九〇年）
横田冬彦『日本の歴史　天下泰平』（講談社学術文庫、二〇〇九年）
『古典大系　日本の指導理念4　創業の初心①　秩序ある時代を求めて』（第一法規出版、一九八三年）
彦根市史編集委員会編『新修彦根市史　第二巻　通史編近世』（彦根市、二〇〇八年）

藤尾隆志（ふじお・たかし）

一九七六年生まれ。水戸市教育委員会歴史文化財課世界遺産係長。博士（文学）。

◉主要業績　『鴨方藩』（単著：現代書館、二〇二一年）、『播磨新宮町史　史料編Ⅰ　古代・中世・近世』（共著：新宮町、二〇〇五年）、「岡山藩池田家における分家大名への認識とその活動」（『岡山地方史研究』一二九号、二〇一三年）、「分家大名が本家大名に果たした役割」（『史泉』一二二号、二〇一五年）など。

第十五章 家康と天皇・公家衆

「封じ込まれた」天皇のイメージ

一般に、「徳川家康と天皇の関係」や「江戸時代の天皇」と言ってイメージされるのは、徳川幕府（武家）によって統制され、手も足も出ない状態であった、という多分にネガティブなものである。その代表的な例は、慶長二十年（一六一五）に制定された「禁中並《ならびに》公家中諸法度」である。これまでは、禁中並公家中諸法度によって、天皇の行動は規制された結果、天皇や公家衆は学問や文化の世界に封じ込まれた、といったイメージで語られることが多かった。

このようなイメージが形成されてきたのには、家康と天皇との関係（公武《こうぶ》関係）を探る研究の中で、視点がやや一方的であったことに原因がある。これまでは、主に家康が自ら築き上げていった権力構造の中に、天皇や朝廷をどのように取り込んでいったか、という点に注目して研究が行われてきた。その結果、この時期の天皇・公家衆の動向や公武関係は、家康による「朝廷の統制」と理解される傾向にあったのである。

しかし、かかる理解は一面的と言えよう。「家康（武家）による統制」とのみ理解した場合、この時期の天皇や朝廷の存在意義や、彼らが果たしていた役割の意義が見えにくくなる。「家康による天皇・朝廷の統制」を指摘するのみにとどまらず、家康はどのような面で天皇や朝廷が必要だったか、という点についても、目を向ける必要がある。

また慶長期（一五九六〜一六一五）、特にその初期段階においては、家康の権力だけが突出していたわけではなかった。慶長五年（一六〇〇）九月の関ヶ原の戦い以後、家康は覇権を握り、全国支配への道を歩んでいった。その一方で、羽柴《はしば》（豊臣）秀頼の政治的な地位が即、低下したわけではなく、彼の存在も決して小さいものではなかったのである。

このような状況下、天皇・朝廷は、豊臣・徳川のいずれか一方に偏ることなく、二人の「武家」双方に対応する必要があった。同時に、家康もまた秀頼の存在を十分に意識していたであろう。

家康にとって、天皇や朝廷はどのような存在だったのか。家康は、どのように天皇や朝廷と関係を構築し、維持していったのか。本稿では、この問題について、家康の行った対天皇・朝廷への政策・制度面のほか、近年、研究が活発化している儀礼面にも焦点を当て、多角的に追求していく。

そして、これらの検討を踏まえて、これまで「封じ込まれた天皇」とイメージされてきた、慶長期の天皇・朝廷像の実態について明らかにしていきたい。

公家衆による挨拶儀礼

先ほども触れたように、近年、儀礼に関する研究は盛んである。儀礼研究とは、具体的には挨拶の礼や贈答行為についての研究を指す。この分野の研究が進められていく中で、挨拶・贈答といった「行為」は、単なる「慣習」といったレベルで語られるものではなく、実際の政治権力の行使や、政治的な支配にも反映するもの、と理解されるようになった。

このような儀礼研究の成果を取り入れ、ここではまず、慶長期の家康と天皇・朝廷および公家衆との関係を捉えるために、家康に対する公家衆の挨拶儀礼(＝参礼《さんれい》)に注目する。慶長期に入り、折に触れて公家衆は家康に対して参礼を行っていたが、同時に彼らは秀頼への参礼も忘れてはいなかった。その様子を探り、当時の家康や秀頼と公家衆の関係を具体的に検討したい。

家康への参礼は、目的によっておおよそ三つに分けられる。すなわち、年中行事に際しての礼、叙位任官《じょいにんかん》に際しての礼、上洛時の見舞と引っ越し（＝移徙《わたまし》）時（二条城への移徙時、慶長八年（一六〇三）三月）の礼である。以下、これらの礼のありようを見ていこう。

年中行事の礼のうち、最も多く史料上に現れるのは年始の挨拶、つまり「年賀《ねんが》の礼」である。これは、慶長四年（一五九九）から同二十年（一六一五）まで、ほぼ毎年確認できる。日取りは一定していないが、それは家康の上洛日に左右されているためである。例えば、慶長七年（一六〇二）を例に挙げると、二月十四日に上洛した家康に対して、公家衆は同二十三日に「年賀の礼」を行っている（『時慶記《ときよしき》』二月二十三日条）。加えて、慶長九年（一六〇四）・十年（一六〇五）時も同様になされた。

さらに、家康が征夷大将軍に任官した慶長八年を境として、節句（三月三日の上巳《じょうし》・五月五日の端午《たんご》）や八朔《はっさく》（八月一日に、日頃恩恵を受けている人に対して謝意を表する社交行事）などに際しても、参礼が行われるようになった（『慶長日件録《けいちょうにっけんろく》』『言経卿記《ときつねきょうき》』など）。

また、上洛見舞については、慶長七年段階では、家康の上洛時に公家衆が路次《ろじ》で「迎《むかえ》」に赴くのみであった。これが慶長九年に至ると、いったん「迎」に赴いたのち、日を改めて家康の滞在先（伏見城）に赴くようになるなど、より丁寧な「礼」（＝厚礼《こうれい》）に変化している（『慶長日件録』三月二十九日条・四月一日条）。このような変化は、将軍任官を機とした家康の政治的地位の向上を反映するものである。

次に、家康の許に「礼」に赴いた公家衆の面々についても触れよう。前述したように、家康への参礼が史料上、初めて確認できるのは、慶長四年時の「年賀の礼」である。

この時、家康の許へ赴いた公家は、山科言経《やましなときつね》・上冷泉為満《かみれいぜいためみつ》・四《し》条《じょう》隆昌《たかまさ》ら、ごく限られた面々である。あとでも触れるが、彼ら三人は天正十三年（一五八五）六月、正親町《おおぎまち》天皇（在位一五五七～八六）から譴責《けんせき》を受け、出仕《しゅっし》禁止の処分（＝勅勘《ちょっかん》）が下ったため、大坂本願寺を頼り、堺（大阪府堺市）に逃れた（『言経卿記』六月十九日条）。

その間、特に山科言経は家康から経済的援助を受けている（『言経卿記』天正二十年〈一五九二〉十一月十五日条）。また、彼らの譴責処分が解かれた（＝勅免《ちょくめん》）のは、家康から朝廷への働きかけが功を奏したことによる（『言経卿記』慶長三年〈一五九八〉十一月三日条・『お湯殿《ゆどの》の上《うえ》の日記』慶長六年〈一六〇一〉五月十一日条）。このように当初、参礼を行ったのは、いずれも家康と近い関係にあった公家たちであった。

慶長五年から九年段階に至ると、状況は一転する。家康の許へ、摂家《せっけ》（摂政・関白を出す格の高い公家）や門跡《もんぜき》（特定の寺院の住職を務める天皇家や摂家の子弟）といったトップクラスを含めた公家衆が礼に赴くようになった。つまり、参礼者数の増加や顔ぶれの多彩化が見られるようになったのである。このありようは、公家衆が将軍に任官した家康を、武家権力者のトップとして認識し始めたことを示すものである。

注目すべきは、この段階においても、秀頼に対する参礼が途絶えていないことである。秀頼に対する公家衆の参礼が、史料上初めて確認できるのは、慶長四年の年賀時である（『義演准后日記《ぎえんじゅごう》』正月八日条）。その後、門跡のほか摂家を含む公家衆たちは、新天皇（後水尾《ごみずのお》天皇）の即位（慶長十六年〈一六一一〉）を経て、大坂冬の陣（慶長十九年〈一六一四〉）の時期に至っても、秀頼への「年賀の礼」などは継続して行っている。この間、参礼者の顔ぶれや参礼の日取りには変化はなく、かつ参礼者の人数に至っては減少もせず、むしろ増加している様子も窺える（『時慶記』慶長十八年〈一六一三〉正月二十六日条）。

ここから、公家たちは秀頼の存在・立場を決して無視しておらず、秀頼—朝廷間の関係は良好であったことがわかる。このことは、家康の公家衆への対応に影響をもたらしている。次項で、さらに詳しく見ていこう。

昵近衆《じっきんしゅう》の成立

さらに、慶長十年（一六〇五）に至ると、参礼は特定の公家集団、家康と「昵近《じっきん》」の公家たちが中心となって行われるようになった。この家康と「昵近」、つまり家康と近い関係にある特定の公家集団の名が、史料上に初めて現れたのは、慶長八年（一六〇三）三月、家康が征夷大将軍任官後、その御礼を言上《ごんじょう》するために参内《さんだい》（宮中に上がり天皇と対面すること）した時である（『お湯殿の上の日記』三月二十五日条）。

この時、家康は「昵近衆」と称する、烏丸《からすま》光宣《みつのぶ》・光広《みつひろ》、日野《ひの》輝資《てるすけ》・資勝《すけかつ》・光慶《みつよし》、広《ひろ》橋《はし》兼勝《かねかつ》・總光《ふさみつ》・兼賢《かねかた》、万里小路《までのこうじ》充房《あつふさ》・兼房《かねふさ》、白川《しらかわ》雅朝《まさとも》、飛鳥井《あすかい》雅庸《まさつね》・雅賢《まさかた》、勧修寺《かじゅうじ》光豊《みつとよ》、上冷泉《かみれいぜい》為頼《ためより》、阿野《あの》実顕《さねあき》、正親町三条《おおぎまちさんじょう》実有《さねあり》、山科《やましな》言経《ときつね》、高倉《たかくら》永慶《ながよし》ら、十二家十九名の公家たちを従えて、参内している。

もっとも、烏丸以下の公家たちは、すでに慶長五年（一六〇〇）段階から家康への参礼を行っていた（『時慶記』六月十七日条）。また、家康は慶長八年以前にもしばしば参内しているものの、いずれの場合も、供をする公家衆は伴っていない。

つまり、先の烏丸以下の公家たちは、慶長八年時点に至って初めて「昵近衆」として扱われるようになったのである。そして、彼ら昵近衆は参礼ばかりではなく、家康が参内する際には、禁裏御所（天皇の住居）の唐門《からもん》の外での送迎、天皇との対面時には天皇御前まで家康に付き従う、など儀礼の場で活躍を見せるようになった。かかる昵近衆の働きは、ほかの公家とは異なることから、次第に公家衆の間で「昵近衆とそれ以外の公家」という身分意識の表れが生じるに至った（『言経卿記』慶長十一年〈一六〇六〉五月七日条など）。

　では、なぜ家康は慶長八年の段階で昵近衆を編制したのであろうか。この理由の一つに、秀頼の存在がある。前述したように、この時期も秀頼に対する公家衆の参礼は継続して行われている。慶長八年段階での、秀頼・家康両者への参礼者の人数・顔ぶれは同じである。加えて、秀頼に対する公家衆の参礼の様子は、公家関白に対する参礼（年賀の礼・八朔の礼）の様子と共通する。

　さらに、この時点においても公家をはじめ武家・僧侶たちは、秀頼を次期関白として期待していた（『義演准后日記』慶長七年十二月晦日条など）。実際、官位（官職《かんしょく》と位階《いかい》）の昇進でも、家康は慶長八年二月に従一位《じゅいちい》右大臣・征夷大将軍に任官したが、その約二ヶ月後には秀頼が正二位《しょうにい》内大臣へ昇進するなど、両者は拮抗している。

　このように、今なお朝廷や公家衆との関係を維持している秀頼に対して、家康は自身の立場を積極的に示す必要に駆られたのである。そのため、家康は将軍任官の御礼参内の場を利用した。繰り返しになるが、この時、家康は昵近衆を編制し、彼らを率いて参内したのである。

実はこのスタイルは、室町幕府将軍の参内時と同じである（『お湯殿の上の日記』永禄三年〈一五六〇〉二月六日条・同十一年〈一五六八〉十月二十二日条など）。

家康は、これまでの参内スタイルを変え、室町将軍の参内のそれを模倣した。このスタイルでの参内は、かつての室町将軍の姿と重なることから、「将軍」としての家康の地位・立場を、朝廷・公家衆に印象づけることとなったであろう。つまり、家康の昵近衆編制の理由の一つには、次期関白と見なされている秀頼との差異化を示し、併せて「将軍」としての自らの地位を表明することにあったのである。

昵近衆への期待

家康が昵近衆を編制した理由は、ほかにもある。続いて、もう一つの理由を探っていこう。まず、家康が編制した昵近衆の特徴から見ていきたい。

「昵近衆の成立」で述べたように、将軍任官時の参内スタイルは家康が独自に創り出したものではない。これは、昵近衆の編制にも言えることである。慶長八年（一六〇三）時に「昵近衆」として現れた公家衆、すなわち烏丸以下の者たちは、室町時代の昵近衆として挙がっていた「家」（＝日野・広橋・烏丸・正親町三条・飛鳥井・高倉・上冷泉・勧修寺）の子孫たちであった。加えて、室町時代の昵近衆に課せられた役割には、将軍参内時や外出時に供をする、将軍御所での儀礼に参列するといった儀礼面にとどまらず、将軍の警護、将軍―朝廷間の交渉のパイプ役など、多岐にわたっていた。慶長期の昵近衆も、家康の参内時に供をするほか、家康―朝廷間の交渉の場でも活躍している。その具体的な様子は後述するが、役割面においても室町時代の昵近衆と共通する。系譜の面でも、役割面でも、「武家」との対応に比較的、慣れた面々が、昵近衆として選ばれたのであろう。

さらに、慶長八年時の昵近衆の面々は、朝廷内においても実務を担う中心的な存在と見なされていた。例えば、当時、摂家を除く公家衆には、従来の官位昇進ルートに基づいた区分（家格＝家の格式）のほか、天皇との親疎《しんそ》に基づく区分があった。彼らは、天皇と血縁関係を持つなど、より天皇に近い存在の内々《ないない》（内々衆《ないないしゅう》）と、外様《とざま》（外様衆）に区分されている（『言経卿記』慶長八年十二月十六日条）。先に挙げた昵近衆の面々は、ほぼ内々衆に区分される公家たちであることから、天皇との関係が密接な者たちで編制されていたことがわかる。

併せて、昵近衆に挙がっている公家たちの「家」は、朝廷内の実務を担当する「家」、いわば実務官僚といった家柄に相当する。彼らはこの時期も、種々の朝儀《ちょうぎ》（朝廷の儀式）、例えば秀頼の権中納言任官に際しての陣儀《じんのぎ》（会議）（『お湯殿の上の日記』慶長三年四月二十日条）や、節会《せちえ》（宮中で開催された宴）（『お湯殿の上の日記』慶長五年正月一・七日条）に携わり、その奉行を務めている。

注目すべきは、昵近衆には、勅勘を受けたことのある公家たちは選出されていないことである。この時期の勅勘者の中には、先に挙げた山科・四条・上冷泉・日野らのほか、四辻季満《よつつじすえみつ》・水無瀬《みなせ》兼胤《かねたね》・六条有広《ろくじょうありひろ》らがいるが、彼らは昵近衆には含まれていない。六条・四辻・四条・水無瀬らの勅免は、家康から朝廷への働きかけで実現した（『言経卿記』慶長五年四月十九日条・同六年五月十一日条など）ことからも明らかなように、彼らは家康と接点を持つ者たちであった。それにもかかわらず、当時点で昵近衆に編制されることはなかったのである（例外は、山科言経と日野輝資・資勝父子）。ここから、昵近衆の編制に当たって、家康が後陽成《ごようぜい》天皇（在位一五八六～一六一一）の思惑をも考慮していたことが窺える。

このように、昵近衆の特徴は、武家との関係をスムーズに結べる者、朝廷内部の運営面に明るい者、天皇との関係が良好な者、であった。家康は、以上の点を重視して昵近衆の編制に当たったのである。これまで昵近衆は、「武家寄りの性格を持つ公家集団」と見なされ、家康は自身と密接な関係を持つ昵近衆を編制することで、「公家衆（公家社会）を分断する」策を講じた、と捉えられてきた。しかし昵近衆の特徴を見直すと、従来の理解には、再考の余地があると言えよう。

それでは、家康は昵近衆にどのような期待を寄せていたのであろうか。これを探ることによって、昵近衆の編制の理由も解き明かされよう。

慶長八年二月十二日の家康の将軍任官を機に、勧修寺光豊・広橋兼勝の二人の公家が、武家伝奏《ぶけてんそう》（朝廷—武家間の交渉をつかさどる公家）に改めて任じられた（『公卿補任《くぎょうぶにん》』など）。しかし、武家伝奏は家康に専従《せんじゅう》するわけではなく、朝廷から秀頼への使者も務めている（『時慶記』慶長八年四月二十二日条）。加えて、武家伝奏は朝廷（後陽成天皇）から公家衆への命令を伝達することもあった（『時慶記』慶長八年九月二日条など）。

かかる武家伝奏をめぐる状況を踏まえると、朝廷との関係を維持・強化していく上で、家康には独自のパイプ役が必要だったのではないだろうか。朝廷—家康間を取り結ぶパイプ役、これこそが昵近衆編制のもう一つの理由であり、すなわち昵近衆に期待された役割だったのである。

家康と朝廷①——猪熊事件をめぐって

この時期、朝廷内部で起きた事件の中には、その解決に家康が関わることもあった。特に有名なのは、猪熊《いのくま》事件（＝官女《かんじょ》密通事件）であるが、家康の関与とはいったいどのようなものであったのだろうか。以下、この事件の経過を追いつつ、見ていこう。

猪熊事件とは、慶長十四年（一六〇九）六月半ばに発覚した、猪熊教利《のりとし》を中心とする八人の公家衆（烏丸光広・大炊御門頼国《おおいみかどよりくに》・花山院忠長《かざのいんただなが》・飛鳥井雅賢・難波宗勝《なんばむねかつ》・徳大寺《とくだいじ》実《さね》久《ひさ》・松木宗信《まつきむねのぶ》）、および一人の医師（兼康頼継《かねやすよりつぐ》）と、後陽成天皇（在位一五八六〜一六一一）に仕える五人の女房《にょうぼう》（後宮《こうきゅう》女房）衆（新大典侍《しんおおすけ》広橋《ひろはし》氏・権典侍《ごんのすけ》中院《なかのいん》氏・中内侍《なかのないし》水無《みな》瀬《せ》氏・菅内侍《かんのないし》唐橋《からはし》氏・命婦《みょうぶ》讃岐《さぬき》）との密通事件である。

この事件は、慶長十四年六月半ばに明るみに出た。もっとも、公家衆と後宮女房のスキャンダルは、これまでもたびたび起こっている（『晴右記《はれみぎき》』永禄十年〈一五六七〉十月三十日条・『お湯殿の上の日記』天正八年〈一五八〇〉六月二十二日条・『言経卿記』慶長四年〈一五九九〉八月二十四日条など）。よって、猪熊事件が初めてのことではないが、この事件は当事者たちの人数が多かったこともあり、大問題となってしまったのである。では、どのようにして解決に導いたのであろうか。

発覚後、事態の糺明は、まず朝廷側で行っている。すなわち、女院《にょいん》（後陽成天皇生母、新上東門院《しんじょうとうもんいん》勧修寺《かじゅうじ》晴子《はれこ》）が指揮をとり、後宮からは大御乳人《おおおちのひと》（天皇の後見役たる女房）、ほかに勧修寺光豊・白川雅朝・富小路《とみのこうじ》秀直《ひでなお》らの公家衆が、糺明に携わった。その結果、七月四日に、当事者への処分――烏丸ら公家衆八人は役職を解いた上で謹慎、後宮女房衆の五人は実家に預け置く――が、いったん決定されるに至ったのである

(『時慶記』七月四・六日条)。

ただ、朝廷のみならず、家康もまた、武家伝奏の勧修寺光豊・広橋兼勝および昵近衆を通して、事件の糺明に当たっている(『時慶記』七月十四・二十一日条)。併せて、家康は朝廷側に向けて「当事者への処分は、天皇の意向通りにすべきである」という自身の意見を伝えた(『お湯殿の上の日記』七月十四日条)。また朝廷側でも、関白九条《くじょう》忠栄《ただひで》《ただなが》を含めた公家衆が審議を重ねていたが、具体的な処分内容を示すまでには至っていなかった模様である(『孝亮宿禰日次記《たかすけすくねひなみき》』七月十九日条)。その一方で、後陽成天皇は当事者たちに対して、厳罰を与えようとしていたため、決着はつかないままであった(『勧修寺《かじゅうじ》光豊《みつとよ》公文案《もんあん》』一二)。

八月に入り、家康はなおも厳罰を求める後陽成天皇の意向を尊重しつつも、今後のために十分な糺明が必要であることを朝廷に申し入れている(『お湯殿の上の日記』八月四日条)。その上で、家康は自身の配下の、京都所司代《しょしだい》(京都の治安維持や朝廷の警護を担う役職)板倉勝重《いたくらかつしげ》に命じて、当事者(公家衆と女房衆)一人一人の尋問を行わせている(『時慶記』八月六・八日条)。

朝廷側では、家康の進言を受けて、後陽成天皇が公家衆、特に摂家たちを集め、さらなる審議を繰り広げた。摂家たちは、審議を重ねた上で処分を決定しようと試みていたものの、最終的には厳罰を求める天皇の意向に同意したのである(『お湯殿の上の日記』八月四日条）。

その後も事件解決に向けて、家康—朝廷間で交渉が続けられた。結果、後陽成天皇は態度を一転させ、家康に処分を任せる旨を表明するに至ったのである（『勧修寺光豊公文案』二）。よって、家康は天皇の意向も踏まえ、十月に当事者の後宮女房衆と公家衆は流罪（追放刑）、主犯格たる猪熊と兼康は京で斬罪《ざんざい》（死罪）、という最終的な処分が決定され、十一月に実行されたのである（『角田文書《つのだもんじょ》』）。ただし、公家衆のうち烏丸光広と徳大寺実久の二名は勅免を受け、流罪は逃れている（『当代記《とうだいき》』巻五）。

以上のように、家康は基本的には当事者に対する厳罰を求める天皇の意向に背いてはいない。ただし、家康は「今後のために十分な糺明」が必要と述べており、実際に板倉を通して、事件の糺明に当たらせている。その際も、板倉が排他的な糺明を行うことはなかった。そこでは板倉と武家伝奏や昵近衆との連携が図られており、特に昵近衆は朝廷—幕府間の交渉役を務めている（『時慶記』七月二十一日条）。つまり、昵近衆の働きは、武家伝奏と同様か、あるいはその補佐的なものと捉えられる。まさに、家康と朝廷との間のパイプ役が期待された、昵近衆の面目躍如《めんぼくやくじょ》と言えよう。

かかる家康の行動を、「朝廷への圧迫」や「朝廷の統制」と捉えるのは、表面的な理解に過ぎない。「今後に向けての十分な糺明」を説く家康の意図は、猪熊事件そのものの解決ばかりではなく、それを超えて、天皇による公家衆の支配権の確立や朝廷の内部秩序を強固なものにするということを目指していたのである。

また注目すべきは、猪熊事件の解決に際して、秀頼が直接的に関わっていない点である。この時期も秀頼—朝廷間の関係は続いていたが、その内実は参礼など儀礼的な面での関係のみへと、変化していたのである。

家康と朝廷②——禁中並公家中諸法度の制定をめぐって

本書（単行本）が刊行される二〇一五年は、大坂夏の陣（慶長二十年〈一六一五〉五月）から、ちょうど四百年目に当たる。この大坂夏の陣で羽柴（豊臣）氏が滅亡した約二ヶ月後、家康は対天皇（朝廷）・公家衆政策の一環として、全十七ヶ条からなる「禁中並公家中諸法度」を制定・発布した。羽柴（豊臣）氏滅亡直後に発布したことから、この法度はこれまで、名実共に新たな全国支配者の地位に立った家康による、天皇（朝廷）・公家衆への統制策、と捉えられてきた。具体的には、第一条の「天皇が行うべきもろもろの学問・技芸の中で、第一に重要なのは学問である」という条文から、この法度は家康（徳川幕府）が「天皇を政治から遠ざけ、学問や文化の世界に封じ込める」ために制定した法（法度）と見なされたのである。江戸時代の天皇イコール無力な存在、というイメージは、多分にここから生まれたものであろう。

その後、特に一九九〇年代以降になると、次第に江戸時代の天皇に関する研究が進み、江戸時代の社会全体の中における天皇の役割や位置についても分析されるようになった。この法度に関する研究も深まった結果、発令に当たっては、大御所（前将軍）家康・二代将軍秀忠ら幕府（徳川）方ばかりでなく、朝廷方の関白二条《にじょう》昭実《あきざね》も含めた三人が連署（署名）している事実が注目されるようになった。

また、条文そのものについても検討が重ねられた。その結果、特に天皇に対する規定である第一条は、十三世紀初めの順徳《じゅんとく》天皇（在位一二一〇〜一二二一）がその皇子に日常の作法や教養のあり方を説いた『禁秘抄《きんぴしょう》』という書物からの引用であることが明らかとなった。さらに、近年の研究成果によると、天皇に対しては当時、「天皇が天皇としての役割を担うため、学問に励むことが第一である」という、公家衆からの期待が寄せられていたことが解明されている。つまり、第一条は「公家衆による期待の現れ」と捉えられているのである。

このように、当法度は当時の公家社会の意向を踏まえて幕府が規定したものであり、かつ発布も、「公武」双方の合意の上でなされていることがわかる。

では具体的に、法度の制定に当たって、公家側の意向も重視された点、そして制定の過程で確認できる公家衆の動きを見ていこう。

家康は、慶長十九年（一六一四）四月から公家衆に命じて古い記録を集めさせ、それをもとに法度の原案を練っている（『本光国師日記《ほんこうこくしにっき》』など）。例えば法度の第二条・第三条は、親王（天皇の子弟）や公家衆の朝廷内での座次《ざなみ》（席順）や官位昇進など、彼らの身分秩序を規定した条文である。

これらの条文を作成する前段階にも、家康が働きかけ、公家衆がその準備に当たっている様子が窺える。すなわち、慶長十九年十二月、家康が「親王を上位とする」という自らの見解を、時の天皇後水尾天皇（在位一六一一～二九）に示した。これを受けた後水尾天皇は摂家たちを召集し、彼らによる談義が開かれたのである（『言緒卿記《ときおきょうき》』十二月二十五日条）。

この談義には、関白九条忠栄をはじめとする摂家たちはもちろん、武家伝奏も集まった。広橋兼勝・三条西実条《さんじょうにしさねえだ》ら二名の武家伝奏は、談義の参集者に対して、家康の意向を伝える役目を負っていたのであろう。

注目すべきは、彼らのほかに昵近衆の広橋兼賢・柳原業光《やなぎはらなりみつ》・山科言緒《やましなときお》・高倉永慶《たかくらながよし》・烏丸光賢《からすまみつかた》・竹屋光長《たけやみつなが》らも加わっている点である。前述したように、彼ら昵近衆は朝廷内部の実務を担当する「家」の出身者であるから、日常的に朝廷内での行政面に関わっている。

とりわけ、この談義は朝廷内部の身分秩序を規定する法度第二条・第三条の制定に向けてのものであるから、彼ら昵近衆も実務担当という役目柄、この場に加わったのであろう。

このように、法度の制定にあたっては、公家衆たちも談義を通してそれに関わっている。さらに、法度制定の根本として、故実《こじつ》（先例・先例となるに足りる事例）や朝廷の実務に関する知識が重視されていたことがわかる。「禁中並公家中諸法度」は、ほぼ改定されることなく江戸時代末期まで用いられたが、幕府が朝廷へ一方的に「押しつけた」法度と見なすのは、やや一面的な理解と言えよう。

また、法度制定の準備段階における談義の状況から、公家衆、特に昵近衆に期待された役割も窺える。彼らには、故実を含めた種々の知識を示すこと、および法度制定に向けて朝廷側に家康の意向を伝えることが期待されていたのである。

家康の朝廷戦略

慶長期、特にその初期では、家康には積極的に朝廷や天皇と関係を構築していく必要があった。当時もなお、秀頼と朝廷・天皇は良好な関係を保ち続けていたことから、家康もまたその必要性・重要性を痛感したであろう。

このような状況下、家康は自身の存在を朝廷にアピールする方法として、秀頼との差異を強調した。すなわち、自身の「将軍」としての地位・立場の強調である。家康は、将軍任官を機に、かつての室町将軍たちの参内スタイル――昵近衆を編制し、彼らを率いての参内――を模倣することによって、それを示していく。

もっとも、家康による昵近衆の編制は、単なる参内のスタイルといった形式的な意味でなされたわけではなかった。秀頼―朝廷との関係が安定的に続いている中、家康には自身と朝廷を結ぶパイプ役が必要となったのである。昵近衆には、このパイプ役が担わされ、また彼らも家康の期待に応えるかのように、種々の交渉時で活躍を見せている。

このように家康は、天皇や朝廷との関係の構築・維持に努めてはいるものの、これまでの研究で指摘されてきたような、「秀頼―朝廷間の関係を断ち切る」あるいは、「昵近衆を用いて公家社会を分断させようとした」といった行動はとっていない。家康は、あくまで自身と天皇・朝廷との安定的な関係を取り結ぼうとしていたに過ぎないのである。

また、これまで、家康は法制や制度を整備していくことを通して、「朝廷統制」を進めていった、と指摘されることが多かった。しかし、家康の関わった、事件解決や法度制定のあり方を見つめ直すと、家康の意図は「朝廷統制」ではなく、天皇を中心とする朝廷や公家社会の秩序を再整備することにあったことが、読みとれるのである。

【主要参考文献】
今谷 明『武家と天皇——王権をめぐる相剋』（岩波新書、一九九三年）
笠谷和比古『関ヶ原合戦と近世の国制』（思文閣出版、二〇〇〇年）
笠谷和比古『関ヶ原合戦——家康の戦略と幕藩体制』（講談社学術文庫、二〇〇八年）
神田裕理『戦国・織豊期朝廷の政務運営と公武関係』（日本史史料研究会、二〇一五年）
高埜利彦『江戸幕府と朝廷（日本史リブレット）』（山川出版社、二〇〇一年）
田中暁龍『近世朝廷の法制と秩序』（山川出版社、二〇一二年）
野村 玄『天下人の神格化と天皇』（思文閣出版、二〇一五年）
橋本政宣『近世公家社会の研究』（吉川弘文館、二〇〇二年）
藤井讓治「江戸幕府の成立と天皇」（永原慶二ほか編『講座前近代の天皇　第2巻　天皇権力の構造と展開　その2』青木書店、一九九三年）
藤井讓治『天皇の歴史　天皇と天下人』（講談社、二〇一一年）

神田裕理（かんだ・ゆり）

一九七〇年生まれ。国際日本文化研究センター客員准教授。

◉主要業績　『戦国・織豊期の朝廷と公家社会』（校倉書房、二〇一一年）、『戦国・織豊期朝廷の政務運営と公武関係』（日本史史料研究会、二〇一五年）、『朝廷の戦国時代　武家と公家の駆け引き』（吉川弘文館、二〇一九年）、『宮廷女性の戦国史』（山川出版社、二〇二二年）など。

あとがき

「はじめに」でも書いた通り、信長・秀吉・家康の三人の天下人の中で、家康の影が一番薄い。その死後には東照大権現という神様となり、幕府創業者としての功績を過剰に讃えるためか、多くの俗説が江戸時代以降に生み出されたことによって、現代の私たちには正しい姿が伝わっていないようである。しかしながら、本年は家康の四百回忌ということもあり、その真の姿を知る良いきっかけになると考えた。

例えば、関ヶ原の戦いと大坂の陣は、家康の人生にとって大きな節目となった戦いだが、家康を主人公にした小説などを読むと、老獪《ろうかい》な手腕で豊臣家を陥れ、滅亡させたかのような悪い印象を受ける。しかも、フィクションと、一次史料に基づいた研究成果との乖離《かいり》が甚だしいのだが、一般の読者諸氏が学術研究書を読みこなすのは容易ではなく、かつ、それらの研究書を気軽に見られるわけではない。

本書は、家康をめぐる諸問題について、できるだけ丁寧な説明を行うことによって、初学者でもわかりやすく読んでいただけるようにした。家康に関する新しい知見を得て、従来説の誤りなどをご理解いただければ、望外の喜びである。また、ご多忙の中、執筆者の皆様にはご協力をいただき、厚く感謝を申し上げる次第である。

本書の編集には、柏書房編集部（現在は東京堂出版編集部）の小代渉氏のお世話になった。原稿を細かくチェックしていただき、有益な助言を得たことを厚く感謝申し上げたい。

なお、冒頭でも申し上げた通り、本書は一般書という性格から読みやすさを重視した。したがって、文中には学術論文のように、細かく注記を施していない。ご海容《かいよう》をお願い申し上げる次第である。さらに勉強をしたい読者には、それぞれの章末に主要参考文献を掲出しているので、書店や図書館などで手に取っていただければ幸いである。

二〇一五年十月

渡邊大門

文庫版あとがき

本書（単行本）が刊行されたのは、今から九年前のことである。令和五年（二〇二三）にNHK大河ドラマ「どうする家康」が放送されたので、研究者による優れた関連本が刊行されたが、本書はそれらと比べて何ら遜色のないものと考える。文庫化に際しては、その後における研究の進展に触れたり、単行本刊行後に公表された論文などを追加したりした。

本書が克服を目指したのは、江戸期の家譜・記録類をもとにした「松平・徳川中心史観」である。「松平・徳川中心史観」とは、家康が慶長八年（一六〇三）に征夷大将軍に就任したことから遡及して、それ以前の松平・徳川両氏の存在を特別視する歴史観である。「松平・徳川中心史観」は、後世に大きな影響を与えた。

現在の研究では「松平・徳川中心史観」が克服され、従来説の誤りがかなり正されている。私たちがよく知る有名な家康に関する「あの話」も、実は誤りだったということも珍しくない。つまり、二次史料の記述に頼った小説じみた話というのは、もはや全く信が置けないということになろう。

とはいえ、講演などで家康の話をさせていただくと、家康に関する誤った認識がいかに多いかに気づかされる。

「家康は我慢強かった」というのもその一つだろう。人質時代の家康の逸話は多く、その我慢強さは幼少期に養われたとされている。しかし、一次史料から家康が我慢強かったか否かを論証するのは、極めて困難である。また、「人の一生は重荷を負て遠き道をゆくがごとし……」という家康の遺訓は、幕末に創作されたものであることが明らかにされた（徳川光圀の遺訓がベース）。どちらも面白い話だが、非常に疑わしい。

三方原の戦いでの敗戦後、家康が戒めの意味を込めて描かせたという「しかみ像」（「徳川家康三方ヶ原戦役画像」徳川美術館所蔵）も、今となっては江戸時代に描かれたものので、もともとは長篠の戦いの時のものだったと指摘されている。家康が逃亡中に脱糞したという話もあるが、こちらも疑わしい。

こうした誤りを講演で指摘すると、来場者の中には非常にがっかりされる方もいるが、できるだけ正しいことを伝えるのも責務である。本書でも随所にそうした誤りを指摘している。

本書の文庫化に当たっては、草思社編集部の貞島一秀氏のお世話になった。記して、厚く感謝を申し上げる次第である。

二〇二四年十一月

渡邊大門

執筆者一覧

第一章――小川雄（おがわ・ゆう）

第二章――柴裕之（しば・ひろゆき）

第三章――鈴木将典（すずき・まさのり）

第四章――渡邊大門（わたなべ・だいもん）

第五章――長屋隆幸（ながや・たかゆき）

第六章――竹井英文（たけい・ひでふみ）

第七章――堀越祐一（ほりこし・ゆういち）

第八章――光成準治（みつなり・じゅんじ）

第九章――白峰旬（しらみね・じゅん）

第十章――水野伍貴（みずの・ともき）

第十一章――渡邊大門（わたなべ・だいもん）

第十二章――渡邊大門（わたなべ・だいもん）

第十三章――千葉篤志（ちば・あつし）

第十四章――藤尾隆志（ふじお・たかし）

第十五章――神田裕理（かんだ・ゆり）

略歴の詳細は各章末を参照

編者紹介

渡邊大門（わたなべ・だいもん）

一九六七年、神奈川県生まれ。歴史学者。関西学院大学文学部史学科日本史学専攻卒業。佛教大学大学院文学研究科博士後期課程修了。博士（文学）。現在、株式会社歴史と文化の研究所代表取締役。著書に『関ヶ原合戦全史 1582-1615』『大坂の陣全史 1598-1616』（以上、草思社）、『光秀と信長 本能寺の変に黒幕はいたのか』『奪われた「三種の神器」 皇位継承の中世史』（以上、草思社文庫）、『誤解だらけの徳川家康』（幻冬舎新書）、『豊臣五奉行と家康 関ヶ原合戦をめぐる権力闘争』『戦国大名は経歴詐称する』（以上、柏書房）など。

＊本書は、二〇一五年に柏書房より刊行された
『家康伝説の嘘』を改題し、加筆修正のうえ
文庫化したものです。

草思社文庫

家康伝説の謎

2024年12月9日　第1刷発行

編　者　渡邊大門

発行者　碇　高明

発行所　株式会社 草思社

〒160-0022　東京都新宿区新宿1－10－1

電話　03(4580)7680(編集)

03(4580)7676(営業)

https://www.soshisha.com/

本文組版　浅妻健司

印刷所　中央精版印刷 株式会社

製本所　中央精版印刷 株式会社

本体表紙デザイン　間村俊一

ISBN978-4-7942-2760-7　Printed in Japan

ご意見・ご感想は、
こちらのフォームからお寄せください。
https://bit.ly/sss-kanso